T0108192

Das antike Rom

① Juppiter-Tempel

② Arx mit Juno-Tempel

③ Vesta-Tempel

④ Apoll-Tempel

⑤ Thermen des Agrippa

⑥ Dis und Proserpina-Tempel

⑦ Circus Maximus

⑧ Kaiserforen mit Trajanssäule

⑨ Mausoleum Augusti

⑩ Colosseum

⑪ Kaiserpaläste

⑫ Trajansthermen

⑬ Ara pacis

⑭ Pompeiustheater

① QUIRINAL

② VIMINAL

③ ESQUILIN

④ CAELIUS

⑤ AVENTIN

⑥ PALATIN

⑦ KAPITOL

V&R

VIVA 2

Lehrgang für Latein ab Klasse 6 – Ausgabe Bayern

von
Verena Bartoszek
Verena Datené
Sabine Lösch
Inge Mosebach-Kaufmann
Gregor Nagengast
Christian Schöffel
Barbara Scholz
Wolfram Schröttel

Beratung: Theo Wirth (Wortschatz und Grammatik)

Illustrationen: Miriam Koch

Vandenhoeck & Ruprecht

Bibliografische Information der Deutschen Nationalbibliothek

Die Deutsche Nationalbibliothek verzeichnet diese Publikation in der Deutschen Nationalbibliografie; detaillierte bibliografische Daten sind im Internet über http://dnb.d-nb.de abrufbar.

ISBN 978-3-525-71087-6

© 2014, Vandenhoeck & Ruprecht GmbH & Co. KG, Göttingen/
Vandenhoeck & Ruprecht LLC, Oakville, CT, U.S.A.
www.v-r.de
Alle Rechte vorbehalten. Das Werk und seine Teile sind urheberrechtlich geschützt. Jede Verwertung in anderen als den gesetzlich zugelassenen Fällen bedarf der vorherigen schriftlichen Einwilligung des Verlages.
Printed in Germany.

Redaktion: Susanne Gerth
Layout, Gestaltung, Satz und Litho: SchwabScantechnik, Göttingen
Druck und Bindung: Offizin Andersen Nexö Leipzig GmbH, Zwenkau

Gedruckt auf alterungsbeständigem Papier.

Liebe Schülerin, lieber Schüler,

dieser Band führt dich ins Jahr 107 n. Chr., als in Rom Kaiser Trajan seinen großen Triumph feierte.

Und was für ein großes Fest das war! Das durfte natürlich auch die Familie des Gaius Bruttius Praesens nicht verpassen – vor allem die beiden Geschwister Lucius und Fulvia wollten den Triumphzug unbedingt sehen. Sonst aber leben sie doch lieber auf dem Land, denn der Vater hat genug von der Politik und der Hektik der Großstadt.

Auf den Seiten 10–11 lernst du die Familie kennen.

Damit du dich in diesem Buch gut zurechtfindest, gibt es auf den folgenden Seiten ein Inhaltsverzeichnis.

Hier noch einige Tipps zum Arbeiten mit dem Buch:
- Zu Beginn einer jeden Lektion erzählt dir ein kurzer lateinischer Text von einem Ereignis im Leben der Familie. Dabei lernst du immer einige neue Wörter und neue Grammatik.
- Wenn du mehr lesen willst, kannst du dich zusätzlich in eine kleine Geschichte im Zusatztext vertiefen – das ist aber keine Pflicht und daher mit einem Sternchen * gekennzeichnet.
- Damit du auch wirklich fit wirst und Freude an Latein hast, findest du viele Übungen. Natürlich musst du nicht alle machen – dein Lehrer hilft dir sicher auch bei der Auswahl. Die Übungen kommen immer in der gleichen Reihenfolge:
  1. Einführungsübungen: Die Übungen in der ersten Zeile sind dafür da, die neue Grammatik kennenzulernen. Sie enthalten noch keine neuen Wörter.
  2. Wortschatzübungen: Wenn man eine neue Sprache lernt, ist es immer das Wichtigste, die Wörter zu können und zu wissen, was sie bedeuten. Deshalb gibt es dazu besonders viele Übungen. Weil jeder anders lernt, sind die Übungen unterschiedlich: Malen, pantomimisch spielen oder die Bedeutung einem Mitschüler erklären – du wirst sicher bald merken, welche Übung dir am besten hilft, dir die Wörter zu merken.
  3. Formen- und Syntaxübungen: Mit diesen Übungen trainierst du, Wörter im Satz richtig zu erkennen und zu übersetzen.
  Wiederholungsübungen sind **blau** gekennzeichnet; Übungen, die ein bisschen kniffliger sind, grün.

Nach drei Lektionen findest du weitere Informationen zur römischen Welt, methodische Hinweise, die dir das Arbeiten im Lateinunterricht erleichtern, und zusätzliche Übungen (z. B. für die Vorbereitung auf eine Schulaufgabe).

Wir wünschen dir viel Freude mit VIVA!

Die Familie stellt sich vor ....

In Rom

Familienbesuch in Kampanien: Alte Zeiten

In der Kunstgalerie: Mythen um Troja

Die Römer und das Fremde

Im Theater

Rondogramme
Theo Wirth, Christian Seidl, Christian Utzinger:
Sprache und Allgemeinbildung © Lehrmittelverlag Zürich

Abbildungen
Agnete: 72, Abb. 1
akg/De Agostini Pict.Lib.: 25; 31; 33, Abb. 4; 86, Abb. 3; 111
akg-images/Electa: 57
akg-images/Elizabeth Disney: 33, Abb. 2
akg-images/Erich Lessing: 33, Abb. 3; 52, Abb. 1; 53, Abb. 3; 66,
    Abb. 1; 68
akg-images/Gilles Mermet: 53, Abb. 2; 86, Abb. 2
akg-images/Nimatallah: 12, Abb. 3; 100
akg-images/Peter Connolly: 71
akg-images/Pirozzi: 27, Abb. 3
akg-images: 27, Abb. 2; 65; 69; 86, Abb. 1
AlMare: 107, Abb. 3
Augusta Raurica – römische Speisen (Foto: Roland de Versal): 12, Abb. 2
Bibi Saint-Pol: 67, Abb. 4
bpk | RMN – Grand Palais | Musée du Louvre | Hervé Lewandowski:
    13, Abb. 5
Helmut Drieger (Verein Vetoniana): 73, Abb. 2
Matthias Gerth: 27, 4; 101
Jastrow: 107, Abb. 4
Johann Jaritz: 47, Abb. 4
Matthias Kabel: 26, Abb. 1
Napoleon 4: 106, Abb. 2
Köln, Römisch-Germanisches Museum – Rheinisches Bildarchiv:
    13, Abb. 4
Anthony Majanlahti: 87, Abb. 4
Metropolitan Museum of Art: 66, Abb. 2 und 3
Rita 1234: 87, Abb. 5
Marc Ryckaert: 81
Christian Schöffel: 51
Giorgio Sommer: 32, Abb. 1
The VRoma Project (www.vroma.org): 61
Frank Vincentz: 73, Abb. 3
Michael Wal: 47, Abb. 3
Elke Wetzig: 46, Abb. 2
Guenter Wieschendahl: 46, Abb. 1
www.shutterstock.com, nikidel: 92/93

Politiker – ein Traumberuf?

Nein! Die Antwort des Gaius Bruttius Praesens (geb. um 68; gest. 140 n. Chr.) fällt eindeutig aus. Denn Domitian (81–96 n. Chr.) war ein schwieriger Kaiser, und so beschloss Bruttius, sich aus dem öffentlichen Leben zurückzuziehen und zusammen mit seiner Frau auf seinem Landsitz im süditalienischen *Lucania* zu leben. Hier ist er sein eigener Herr, unabhängig von den Launen der jeweiligen Kaiser. *Lucania!* Welch eine Landschaft! Und das Essen … Leckere Würstchen gibt es hier, *lucanicae,* raffiniert abgeschmeckt mit Pinienkernen, Lorbeerblättern, Pfeffer und Kräutern.

Zugegeben, die Verhältnisse in Rom haben sich unter Kaiser *Trajan* (Regierungsantritt 98 n. Chr.) deutlich verbessert: Trajan tut viel für die Stadt. An den Grenzen des Imperiums herrscht Ruhe. Erst kürzlich (106 n. Chr.) hat Trajan einen großen Sieg über die *Daker* (Volk im heutigen Rumänien) davongetragen. Dennoch braucht sein schriftstellernder Freund und Politikerkollege Plinius schon gute Argumente, um Praesens zu einer Rückkehr in die Politik zu bewegen …

Lucius
(Sohn)

Flavia (Mutter)

Honorātus
(Großvater)

Fulvia
(Tochter)

Gāius Bruttius Praesens (Vater)

Triclinium (Speisezimmer) aus der Römerstadt
Caesaraugusta und Speisen aus Augusta Raurica

Heute ist der Tag der Saturnalien. Der Speisesaal ist schön
dekoriert, das Essen vorbereitet. Köstlicher Wein steht
bereit. An einem solchen Feiertag benutzt man natürlich
das gute Geschirr: Für die Speisen ein Service aus feinster
Keramik und für den Wein die schwarzfigurige Amphore aus
Griechenland. Auch der edle Becher aus getriebenem Silber
kommt zum Einsatz, dazu das kostbare Diatretglas, ein wahres
Meisterstück römischer Glaskunst!

Griechische schwarzfigurige Amphore

1 Auf dem silbernen Skyphos ist ein Triumphzug des Kaisers Tiberius abgebildet. Beschreibe und erläutere die Abbildungen.

2 Beschreibe die Amphore: Welcher Mythos ist hier dargestellt? Begründe deine Antwort.

3 Sieh dir das Diatretglas genauer an: Wie ist es gearbeitet? Informiere dich im Internet.

Diatretglas, Römisch-Germanisches Museum Köln

Silberbecher (Skyphos) aus dem Schatz von Boscoreale

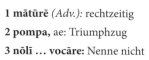

Triumph über das Mitleid?

Heute feiert Kaiser Trajan seinen großen Triumph für den Sieg über die Da-
ker. Ganz Rom ist deshalb auf den Beinen. Lucius und Fulvia drängen sich
durch die Menschenmassen und erreichen endlich das Forum Romanum.

Fulvia: »Ecce forum plēnum hominum – nihil triumphī vidēbimus!«

Lūcius: »Mea culpa nōn est. Sī tū magis properāvissēs, haud tam sērō
vēnissēmus. Sin mātūrē[1] vēnissēmus, nunc nōn mediā in turbā, sed in
prīmō locō stārēmus et omnia cernere possēmus.«

5 Tum servus: »Domina, tibī aderō. Sī licet, tē tollam.«

Iam Fulvia pompam[2] vidēre potest: Spectat omne genus ōrnāmentōrum
et cōpiam mīram aurī argentīque et multās bēstiās, quās numquam anteā
vīdit. Nihil autem eam magis movet quam ingentēs tabulae, in quibus
fortūnam miseriamque bellī cernit: vīllās et templa, quae ārdent; mīlitēs,
10 quī hostibus nōn parcunt; imperātōrem, quī victōriā singulārī gaudet.

Fulvia, dum agmen Dācōrum videt, trīstis est: Miseria hostium
captīvōrum eam movet.

Lūcius: »Nōlī[3] eōs miserōs vocāre! Bellum iūstum fuit: Imperātor
Trāiānus Dācōs neque oppūgnāvisset neque eōs captīvōs reddidisset, nisī
15 sociōs nostrōs oppressissent! – Ecce Trāiānus! Nōnne Iovī similis est?«

1 mātūrē *(Adv.):* rechtzeitig
2 pompa, ae: Triumphzug
3 nōlī … vocāre: Nenne nicht

1 Beschreibe das Bild und benenne einzelne Gegenstände
mit einem lateinischen Wort aus dem Text.

2 Erkläre die Situation in Z. 1–4 und erschließe die Bedeutung
der neuen Formen.

3 Stelle schwierige Sätze anhand der Einrückmethode grafisch dar.

4 Arbeite heraus, wie Fulvia und Lucius jeweils den Triumphzug erleben,
und belege am Text.

5 Beurteile Lucius' Aussage (Z. 13–15) aus römischer und aus
deiner eigenen Sicht.

Grundwissen: Triumphzüge

Unter dem Beifall der Bevölkerung zieht ein Triumphzug über
die *Via Sacra* (Heilige Straße) zum Kapitol hinauf. Angeführt
wird der Zug von Trägern mit Bildern von der Schlacht. Es
folgen Priester mit Opfertieren und hohe Senatsbeamte. Anschließend kommen die Kriegsgefangenen, die später als
Sklaven verkauft werden. Dann endlich erscheint der Feldherr
mit seinen siegreichen Truppen. Gekleidet wie Jupiter fährt
der Triumphator auf einer *Quadriga,* einem von vier Pferden
gezogenen Streitwagen. Ein Staatssklave hält den Sieger-
kranz über sein Haupt und flüstert ihm zu: *Hominem te esse
memento* (Denke daran, dass du ein Mensch bist). Ob dem
Feldherrn ein Triumphbogen errichtet wird?

* Ein einziger Triumph?

Drei Legionäre, die mit Trajan gegen die Daker gekämpft haben, treffen sich am Tag nach dem großen Triumphzug in einer Taverne.

Quīnctilius: »Vīdistisne aurum, arma, ōrnāmenta, quae Dācīs ēripuimus? Egō magnam pecūniam ab imperātōre accēpī, quia tam bene pūgnāvī. Sī vellem, etiam tōtam tabernam emere possem.«

Antōnius: »Dēsine tandem bona tua verbīs in falsum augēre[1]! Nisī sōlam
5 pecūniam amārēs, puellās pulchrās, quae triumphum spectāvērunt, vīdissēs. Ūna ex eīs clāmābat, dum mē et Gāium et Quīntum (amīcōs meōs) spectat: ›Ecce virī fortēs! Sī licēret, omnibus tribus[2] nūberem.‹«

Clōdius: »Quid dīcitis dē aurō vel puellīs? Eheu! Uxor mea mē relīquit, dum nōs in Dāciā pūgnāmus. Vae mihī! Nisī abīssem, nunc sōlus nōn
10 essem!«

Antōnius: »Sōlus nōn es. Age[3], bibe[4] nōbīscum! Quīnctilius certē prō vīnō[5] solvet[6].«

1 Erkläre das spezielle Problem des Clodius.

1 in falsum augēre: übertreiben
2 tribus: *Dat. zu* trēs
3 age!: Komm!
4 bibere: trinken
5 vīnum, ī: Wein
6 solvere: *hier:* bezahlen

1 Überraschung!
Übersetze und beschreibe dann die neuen Erscheinungen.

Fulvia: »Hodie cum amica luderem, si vellet. Sed magis ei placet forum adire.«
Lucius: »Si mecum venires, etiam tu in foro res[1] pulchras videres.«
Fulvia: »Si tecum irem, nihil nisi[2] viros fortes et equos spectarem.«
Lucius: »Si ludi essent, tibi id dicerem. Sed hodie triumphum spectare possumus.«

1 res *(Akk. Pl. f.):* Dinge – **2 nihil nisi:** nur

2 Die Daker: ein gefährlicher Feind
Übersetze und beschreibe dann die neuen Erscheinungen.

Nisi[1] gentes Dacorum[2] Romanos petivissent, ii bellum cum barbaris non gessissent[3]. Nisi autem milites Romani copias Dacorum[2] vicissent, omnes magno in periculo fuissent. Nunc autem Traianus imperator gaudet: »Si victoriam non peperissemus, heri triumphum agere non potuissem.«

1 nisi: wenn nicht – **2 Daci,** orum: die Daker – **3 bellum gerere,** gero, gessi: Krieg führen

3 | 1 Stelle alle lateinischen Wörter zusammen, die du brauchst, um das Bild zu beschreiben.

2 Bilde kurze lateinische Sätze und lass deinen Nachbarn übersetzen.

4 | 1 Io triumphe!
Gestalte eine Mindmap zum Thema »Triumph«. Verwende bekannte und neue Vokabeln.

2 Informiere dich, welches »Rahmenprogramm« die Römer dort erwartete.

5 »Verwandte Wörter«
Nenne jeweils das lateinische Adjektiv, mit dem die folgenden Wörter verwandt sind. Erschließe dann ihre Bedeutung.

Substantive: tristitia – pulchritudo – fortitudo – iustitia – fides – libertas – similitudo – duritia

6 Kleine Wörter – große Wirkung!
Übersetze und finde Eselsbrücken zur Unterscheidung.

a) mox – modo – mons
b) si – nisi – sin – sine
c) num – dum – sum – tum
d) sero – septem – semper

7 So sprechen Politiker im Krieg.
Wähle eine passende Übersetzung für die gängigen Phrasen.

bellum iustum – sociis adesse – milites iter faciunt – de salute desperare – pacem imponere – hostibus parcere – cladem accipere – pacem petere – pacem facere – obsides dare – arma tradere

8 | 1 Präsens- oder Perfektstamm? Bestimme die Form und sortiere.

Konj. Imperf.		Konj. Plqpf.	
? ?		? ?	

spectaremus – oppugnavisset – arderent – adessem – properavisses – venissemus – fuissem – peteret – possetis – sustulissent – ageretis – faceres

2 Bilde jeweils die andere Form.

9 Formen bilden mit System – Ergänze die fehlenden Formen.

Inf. Präs.		Konj. Imperf.	Inf. Perf.		Konj. Plqpf.	
?	?	venirem	?	?	?	?
?	?	? ?	?	?	reddidisses	
?	?	cuperet	?	?	? ?	
?	?	? ?	?	?	pepercissemus	
?	?	videretis	?	?	? ?	
?	?	? ?	?	?	arsissent	

10 Konjunktiv oder nicht? Bestimme Modus und Tempus.

a) studebam – promisisset – regeremus – tenueram – ducerent – timuisses – accipiebatis – solveret – dixeram

b) sustulerant – terrebam – stetissent – scirent – doceremus – appellavissent – cognoverat – vidisses – poposcissetis

11 Deklinationen: Schau auf das Ende! Wähle die nach KNG passende Form des Adjektivs.

a) genera (multi, multae, multa)
b) verborum (dulcium, dulcibus, dulcis)
c) silentium (ingentem, ingens, ingenti)
d) hostibus (saevis, saevum, saevos)
e) clade (grave, gravi, graves)
f) amico (eleganti, elegans, elegantium)

12 Vae victis! Fulvia und Lucius überlegen, wie sie sich als Gefangene/als Soldat fühlen würden. Bilde Sätze zum Bild und lass deinen Nachbarn übersetzen. Eine kleine Hilfe:

captivus: tristis, flere, poenam dare
miles: laetus, gaudere, imperatorem laudare

13 Wenn das Wörtchen »wenn« nicht wär … Übersetze und ergänze auf Deutsch.

a) Si magis properaremus …
b) Nisi media in turba staremus …
c) Si tu me iuvares …
d) Si imperator tandem veniret …
e) Nisi captivi tam miseri essent …
f) Si mater quoque adesset …
g) Nisi negotia haberem …
h) Si feriae[1] tandem adessent …
1 feriae: Ferien

14 Hätte, wäre, könnte: Von Aeneas bis Trajan. Übersetze.

Nisi Graeci urbem Troiam delevissent, Aeneas cum sociis fortibus patriam novam non petivisset. Sed nisi mater Venus ei affuisset, numquam in Italiam pervenisset. Nisi Romani tam fortes se praebuissent[1], imperium[2] magnum sibi non paravissent. Nisi imperator Traianus tam probus esset, imperium[2] maximum[3] non regeret.

1 se praebere: sich erweisen als – **2 imperium,** i: Reich – **3 maximus,** a, um: der/die/das größte

Ein besonderer Wunsch

Bruttius möchte das Atrium seines Hauses in Lukanien renovieren. Deshalb gibt er bei dem bekannten römischen Kunsthandwerker Aristos ein großes Mosaik in Auftrag, auf dem der Europa-Mythos abgebildet sein soll.

Aristos: »Iam saepe puellam fīnxī, quae in taurō sedet.«

Bruttius: »Id est, quod vulgus exspectat. Egō quidem Eurōpam, quae in taurō sedet, nōlō. Audī fābulam, tum intellegēs:

5 Eurōpa, cum ad lītus cum amīcīs lūderet, subitō mediīs in herbīs ingentem taurum aspexit. Cuius color¹ erat niveus², fōrma nōbilis, habitus³ placidus.

Eurōpa, cum prīmō bēstiam tangere metueret, tamen mox eam adiit. Cum flōrēs carpsisset, eōs taurō porrēxit⁴. Quī cum dōnō gaudēret, mānibus⁵ Eurōpae ōscula dulcia dedit. Puella taurum rogāvit, quis esset
10 et quid vellet. Taurus mūgīvit⁶ et puellae pectus praebuit, ut contingeret. Etiamsī puella nesciēbat, quem tangeret, tergō taurī cōnsīdere audet – subitō bēstia eam in mare altum abdūcit.«

Aristos: »Tē pergere opus nōn est. Verbīs tam doctīs atque ēlegantibus nārrāvistī, ut imāginem iam animō fingerem: puellam pulchram, quae
15 taurō mīrō herbās flōrēsque variōs dat.«

Bruttius: »Profectō sapis!«

1 **color,** colōris *m.:* Farbe
2 **niveus,** a, um: weiß wie Schnee
3 **habitus:** Aussehen
4 **porrigere:** hinstrecken
5 **manibus:** *Dat. Pl. zu* manus: Hand
6 **mūgīre:** muhen, brüllen

1 Gliedere die Geschichte (Z. 4–12) und gib den einzelnen Abschnitten Überschriften. Gib dann die Handlung in eigenen Worten wieder.

2 Arbeite heraus, an welchen Stellen im Text angedeutet wird, dass es sich nicht um einen normalen Stier handelt.

3 Erzähle die Geschichte aus der Sicht von Europa oder dem Stier. Beziehe auch dein Wissen aus dem Informationstext mit ein.

Grundwissen: Göttliche Affären

Auch Götter haben ihre kleinen Schwächen, besonders Jupiter mit seiner Vorliebe für hübsche Mädchen. Die Liste seiner Liebschaften ist lang, seine Vorgehensweise hinterlistig: *Europa* begegnet er als Stier, *Alkmene* in Gestalt ihres Ehemanns *Amphitryon, Leda* als Schwan, *Danae* sogar als goldener Regen. Auch ein Junge ist dabei, *Ganymed*. Doch statt ihrem Gatten Jupiter die Leviten zu lesen, bestraft Juno lieber dessen Opfer, so wie die Nymphe *Io,* die von Jupiter in eine Kuh verwandelt worden war. Gestochen von einer Bremse der Juno irrte sie als Kuh halb wahnsinnig vor Schmerzen durch die Welt, bis sie schließlich von Juno zurückverwandelt wurde. Die moderne Astronomie hat einigen Geliebten Jupiters ein Denkmal gesetzt. Weißt du, in welcher Form?

*Leda und der Schwan

Auch Lucius ist von dem Motiv des neuen Mosaiks begeistert. Er erzählt seiner Schwester gleich noch eine Geschichte von Jupiters Liebschaften:

Lēda uxor pulchra Tyndareī[1] rēgis erat. Quae cum libenter bēstiās spec-
tāret et flōrēs herbāsque legeret, per campōs iit. Cum ad flumen altum
pervēnisset, cycnum[2] niveum[3] aspexit. Cuius fōrma nōbilis erat et vōx
iūcunda: Cycnus[2] carmen dulce cantābat, quod cor Lēdae mōvit. Quae
5 cycnum[2] adiit, ut eum tangeret.

Sed cycnus[2] Iuppiter erat! Lēda, cum stulta nōn esset, tamen sērō intellēxit, quid bēstia in animō habēret. Iam cycnus[2] eam complexus est[4] …
Tyndareus[1] marītus autem, cum nihil dē dolō deī scīret, uxōrem amāre
nōn dēsiit. Paulō post[5] Lēda duo ova[6] peperit, in quibus erant duo fīliī et
10 duae fīliae.

1 **Tyndareus,** ī: *König von Sparta*

2 **cycnus,** ī: Schwan

3 **niveus,** a, um: weiß wie Schnee

4 **complexus est:** (er) umarmte

5 **paulō post:** wenig später

6 **ovum,** ī: Ei

1 Gliedere die Geschichte und gib die Handlung in eigenen Worten wieder.

2 Beschreibe, welchen Trick Jupiter anwendet, um sich Frauen zu nähern.

3 Vergleiche die römischen Götter mit deiner eigenen Vorstellung von Gott.

1 Eine unglückliche Ehefrau
Übersetze und beschreibe dann die neuen
Erscheinungen.

Iuno[1] saepe de marito desperabat, cum
Iuppiter iterum atque iterum puellas mortales[2]
adiret. Qui Iunonem, cum dea magna esset,
neglexit. Qua de causa Iuno maritum saepe
reprehendebat.
Cum Iuppiter Europam abduxisset[3], Iuno tam
misera erat, ut clamorem magnum tolleret.

1 Iuno: *Göttin; Frau von Jupiter* – **2 mortalis,** e:
sterblich – **3 abduxisset:** *erschließe aus* ab-ducere

2 Termin beim Handwerker Aristos
Übersetze und beschreibe dann die neuen
Erscheinungen.

Aristos e Bruttio quaesivit, quis[1] esset et
quid vellet. Audire voluit, cur Bruttius ad se
venisset, quae esset fama sua. Scire debuit,
quantum[2] pecuniae dominus solvere posset
et qua de causa imaginem[3] novam habere
cuperet. Non quaesivit, quando Bruttius
imaginem[3] exspectaret.

1 quis: wer – **2 quantum** + *Gen.:* wieviel – **3 imago,**
imaginis *f.:* Bild, Mosaik

3 Wortfix: Ordne folgende Wörter den Bildern zu.
Nenne Bedeutung und Deklination.

taurus – litus – captivus – oculus – corpus –
vulgus – pectus

4 Sachfelder
Erstelle eine Mindmap mit lateinischen Wörtern
zu folgenden Themen: a) Liebe und Begehren –
b) Wasser und Meer

5 Pantomime
Notiere fünf Verben aus Lektion 22. Spiele sie der
Klasse vor. Die Mitschüler notieren ihre Lösung.
Wer errät alle?

6 Eselsbrücken
Lies dir den Text »Ein besonderer Wunsch« durch
und notiere alle Vokabeln, die du nicht mehr
weißt. Ermittle die Grundform und frage deinen
Partner nach der Bedeutung oder schlage nach.
Überlegt euch gemeinsam Eselsbrücken für diese
Wörter.

7 Verben und Konjugationsklassen
Nenne den Infinitiv Präsens und sortiere nach
Konjugationsklassen.

a	e	i	kons./kurzvok.

luderet – sedet – narravisti – aspexit –
venerat – cupio – gauderet – exspectat –
audi – fingerem – praebuit – rogavit

8 **Konjunktiv oder nicht? Sortiere die Formen nach Modus und Tempus.**

Indikativ		Konjunktiv	
Imperfekt	Plusquamperf.	Imperfekt	Plusquamperf.

docebat – erravissent – delerent – sedebatis – condiderat – fingeret – aspexerat – metueret – auderem – praebuisses – carpsissent

9 **Konjunktive – Bilde die fehlenden Formen.**

Ind. Präsens	Konj. Imperfekt		Konj. Plqpf.	
timet	?	?	?	?
carpit	?	?	?	?
considit	?	?	?	?
est	?	?	?	?
contingit	?	?	?	?

10 **Gleichzeitig oder vorzeitig? Bestimme das Zeitverhältnis und wähle eine Übersetzung aus.**

Pater Europae ex eius amicis quaesivit …
a) ubi filia esset.
   wo seine Tochter (ist/gewesen ist).
                       (sei/gewesen sei).
b) cur taurus eam abduxisset.
   warum der Stier sie (entführt/entführt hat).
                       (entführe/entführt habe).
c) cur ei non affuissent.
   warum sie ihr nicht (helfen/geholfen haben).
                       (hälfen/geholfen hätten).

11 **Gleichzeitig oder vorzeitig? Bestimme das Zeitverhältnis und übersetze.**

Iuno deliberavit …
a) quid maritus nunc faceret.
b) quid maritus pridie[1] fecisset.
c) quam puellam Iuppiter pridie[1] convenisset.
d) cur Iuppiter maritus fidus non esset.
e) quomodo alias puellas punivisset[2].
f) quomodo ea omnia tolerare potuisset.
1 pridie *(Adv.):* am Tag zuvor – **2 punire:** bestrafen

12 **Bestimme das Zeitverhältnis und übersetze. Achte auf die Bedeutung von *ut* und *cum*.**

Iuppiter, *cum* amore arderet, litus adiit. Se in taurum pulchrum vertit[1], *ut* Europa eum adiret. Et vere: Forma eius tam nobilis erat, *ut* Europa eum tangere vellet: *Cum* flores carpsisset, eas tauro praebuit. Et taurus, *cum* dono gauderet, oscula dedit. *Cum* Europa tergo tauri consedisset, deus eam abduxit.
1 se vertere in: sich verwandeln in

13 **Irrealis oder nicht? Übersetze. Entscheide jeweils, ob bzw. wie du die Konjunktive im Deutschen wiedergeben musst.**

Europa:
a) »Nisi taurus me abduxisset, non flerem.«
b) Sed cum me tangeret, amore arsi.
c) Tam laeta fui, ut non deliberarem.
d) Si deum cognovissem, fugissem.
e) Vae! Nisi tam stulta fuissem, nunc sola in insula non essem.«

14 **»cum« – mit, weil, obwohl, als? Übersetze.**

Iuppiter *cum* Europa Cretam insulam petivit. Ibi puellam reliquit, *cum* iram Iunonis uxoris timeret. Europa, *cum* de salute sua iam desperaret, tandem deam Venerem[1] aspexit. Quae dixit: »Pars terrae[2] nomen[3] a te accipiet.« Europa, *cum* ea verba audivisset, magno *cum* gaudio in insula dulci vivebat.
1 Venus, Veneris: Venus *(Göttin der Liebe)* – **2 pars terrae** *f.:* Erdteil – **3 nomen,** nominis *n.:* Namen

Io Saturnalia!

Während der Renovierungsarbeiten in seinem Landhaus bleibt auch Bruttius in Rom und verbringt dort die Wintermonate. Heute wird gefeiert, denn es ist Saturnalienfest, und da geht es ausgelassen zu:

Servus 1: »Heus, Bruttī, optō, ut abeās et dēs mihī alterum pōculum[1] vīnī!«

Servus 2: »Immō – apportā tōtam *amphoram*, ut sitim explēre[2] possīmus! Mōre enim Sāturnāliōrum oportet nōs ›rēgem bibendī[3]‹
5   creāre. Igitur curre, Bruttī, ut vincam!«

Servus 3: »Numquam vincēs. Multum bibistī et iam matus[4] es!«

Servus 2: »Hercle[5]! Certē matus[4] sum – sed hodiē sēdem dominī obtineō. Neque Lūcius solet temperāre vīnō …«

Servus 1: »… neque puellīs …«

10 Servus 3: »Tē ōrō, nē tālia dīcās! Nōs nōn decet sermōnem dē vitiīs dominī habēre. Cavēte ācrem īram dominī!«

Servus 2: »Quārē? Lībertās Decembris[6] est! Hodiē audeō dīcere, quid[7] mihī placeat. Num quid herī acciderit, īgnōrātis? Bruttī fīlius clam abiit, ut convenīret … – Ah, Bruttī, tandem venīs! Mihī pōculum[1] complē!
15 Tangomenās faciāmus[8], ut sciāmus, quis sit rēx bibendī[3]!! Iō Sāturnālia!«

1 pōculum, ī: Becher
2 sitim explēre: den Durst löschen
3 bibendī: im Wetttrinken (Sieger ist, wer nüchtern bleibt)
4 matus, a, um: betrunken
5 Hercle!: Beim Hercules!
6 December, Decembris: Dezember
7 quid: *hier:* was auch immer
8 tangomenās faciāmus: lasst uns weitertrinken

1   Nutze die Vokabelangaben neben dem Text und äußere Vermutungen über den Inhalt des Textes.

2   Beschreibe das Verhalten der Sklaven und begründe es. Beziehe die Informationen über das Saturnalienfest und dein Wissen über das Verhältnis von Herren und Sklaven mit ein.

3   Erläutere am Beispiel der Sklaven, welche Folgen Alkohol hat.

Saturnalien

Endlich ist er da, der 17. Dezember, und damit die Saturnalien. Sie erinnern an das Goldene Zeitalter des Gottes Saturn, als es noch keine Standesunterschiede gab. Jeder hat an diesem Tag frei, selbst die Sklaven. Viele werden sogar von ihren Besitzern bedient. Dinge sind erlaubt, die sonst verboten sind, z. B. Glücksspiele. Mit einem *sacrificium publicum* (öffentliches Opfer) zu Ehren Saturns wird das Fest eröffnet. Man flaniert über einen besonderen Markt, um Geschenke zu kaufen, vor allem Tonfigürchen *(sigillaria)*. Auch Geschirr, Süßigkeiten, Parfum und Kerzen stehen hoch im Kurs. Später nannte man nicht nur die Tage nach dem 17. Dezember *sigillaria,* sondern auch den eigens für die Saturnalien veranstalteten Markt. Dies erinnert an unsere Weihnachtsmärkte. Kein Wunder also, dass jeder dem Fest entgegenfieberte.

* Eine Zeit wie im Märchen

Jedes Fest hat einen besonderen Anlass: Die Saturnalien gehen auf eine my-
thische Zeit zurück, in der der Gott Saturn König ist.

Rēgnum Sāturnī aurea aetās[1] est: Sāturnus rēx tam iūstus est, ut nēmō
servus esse dēbeat. Quā lībertāte omnēs aequī[2] sunt, ut sermōnem
līberum habēre possint. Neque sunt rēs prīvātae[3], sed omnia sunt
commūnia[4]. Igitur nēmō optat, ut vīnum bibat, cum amīcus nihil nisī
5   aquam habeat.

Iovī autem, filiō Sāturnī, mōrēs patris nōn placent. Cum ipse[5] hominēs
regere studeat, patrem vī petit, tum vinculīs tenet, tandem sēdem eius
obtinet.

Sāturnālibus igitur Rōmānī recordantur[6], quam[7] iūcunda tum fuerit vīta,
10 cum Sāturnus rēx esset Ītaliae. Imprīmīs servī optant, ut iterum tālia
tempora adsint. Itaque *statuam* Sāturnī vinctī[8] ē templō dūcunt, ut deō
lībertātem dent.

1 **aurea aetās:** goldenes Zeitalter

2 **aequus,** a, um: gleich

3 **rēs prīvātae:** Privateigentum

4 **commūnis,** e: gemeinsam

5 **ipse:** selbst

6 **recordantur:** sie erinnern sich (daran)

7 **quam:** wie

8 **vinctus,** a, um: gefesselt

1   Charakterisiere die Zeit Saturns. Belege deine Antworten mit lateinischen
Begriffen aus dem Text.

1 »Vaterpflichten«
Lucius soll seinen Vater vertreten und erhält Anweisungen. Übersetze und beschreibe dann die neuen Erscheinungen.

Bruttius: »Exspecto, …
– ut tu servis officia des.
– ut servos laudes aut moneas.
– ut servi tibi semper pareant.
– ne servi officia neglegant.
– ut soror matri adsit.«

2 Vae – Saturnalia!
Bruttius Praesens hat keine gute Erinnerung an die Saturnalien. Übersetze und beschreibe dann die neuen Erscheinungen.

Bruttius: »Vae mihi! Non ignoro …
– quid servi de nobis narraverint.
– quae verba mala audiverimus.
– quam copiam cibi emerim.
– quanta[1] miseria nostra fuerit.«
1 quantus, a, um: wie groß

3 Verwechslungsgefahr! Unterscheide und überlege dir Eselsbrücken.

a) optare – obtinere – opprimere
b) comprehendere – comperire – complere
c) creare – credere – cupere
d) solvere – solere
e) agere – abire – accidere – accipere

4 | 1 Für Sprachforscher: Nenne die lateinischen Ursprungswörter und ihre Bedeutung.
2 Erkläre die Bedeutung der Fremdwörter und vergleiche sie mit dem lateinischen Wort.

Der Bürgermeister bangt um die *Attraktivität* seiner Ortschaft als *Feriendomizil*: Welche *Alternative* zur *Vinothek* können wir bieten? Welche *Optionen* haben wir? *Klammheimlich* hat die Nachbargemeinde eine *komplette* Ferienanlage gebaut. Wir benötigen dringend eine ähnlich *spektakuläre* Idee!

5 Ein Wort – verschiedene Bedeutungen. Übersetze.

a) Populus consules bonos creat.
b) Pater et mater liberos creant.
c) Poeta carmina pulchra creat.
d) Terra flores varios creat.

6 Sachfelder: Erstelle eine Mindmap zum Thema »Mensch und Charakter«. Berücksichtige verschiedene Wortarten.

7 | 1 Stelle alle lateinischen Wörter zusammen, die du brauchst, um das Bild zu beschreiben.
2 Bilde kurze lateinische Sätze und lass deinen Nachbarn übersetzen.

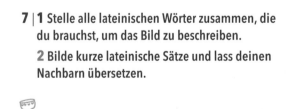

8 Verben! Sortiere nach Konjugationsklassen und bilde den Konjunktiv Präsens.

a	e	i	kons./kurzvok.

opto – sedet – bibit – aspicio – solet – laudat – audet – audit – fingo – praebet – tempero

9 Mit System! Bilde alle Konjunktivformen der 3. Pers. Sg.

optare	optet		optaret		optaverit		optavisset	
dare	?	?	?	?	?	?	?	?
complere	?	?	?	?	?	?	?	?
accidere	?	?	?	?	?	?	?	?
audire	?	?	?	?	?	?	?	?

10 Formen erkennen: Indikativ Präsens, Futur oder Konjunktiv Präsens? Sortiere.

Ind. Präsens	Futur	Konj. Präsens
? ?	? ?	? ?

placeat – placebit – solet – soleat – obtineat – currat – curret – currit – veniet – veniat – temperat – accidit – accidet – accidat

11 Bald wird das Mosaik fertig sein! Bruttius ist schon ganz aufgeregt. Ergänze die richtige Form und übersetze.

Bruttius: »Opto, ut …
a) Aristos mox imaginem puellae (fingere).
b) familia imagine (gaudere).
c) etiam liberi ornamentum (diligere).
d) hospites ornamentum (laudare).«

12 Das(s) bloß nicht …
Übersetze. Achte auf die richtige Wiedergabe von *ut* und *ne*.

a) Servi poscunt, ut dominus vinum apportet.
b) Bruttius statim currit, ut iis pareat.
c) Tamen optat, ut mox in campis laborent.
d) Lucius clam abit, ne pater eum reprehendere possit.
e) Bruttius autem optat, ut filius salvus redeat.

13 Bruttius fürchtet die Saturnalien. Übersetze.

a) Bruttius timet, ne servi in atrium[1] conveniant.
b) Timet, ne servi magnam copiam vini bibant aut ubique[2] fundant.
c) Timet, ne servi verba mala de domino dominaque dicant.
d) Timet, ne servi cras laborare non possint.
1 atrium, i: Innenhof – **2 ubique:** überall

14 Über die Schulter geschaut
Markiere die AcIs mit einer Klammer. Bestimme das Zeitverhältnis und übersetze.

Pater liberos artificem[1] adire iubet. Scire vult, quo tempore artifex[1] imaginem conficiat[2]. Liberi artificem[1] laborare vident. Eum multas tesseras[3] iam posuisse[4] cognoscunt. In imagine puellam in tauro sedere vident. Cernunt puellam tauro flores dedisse.
Domi patri narrant, quid viderint. Qui non gaudet …
1 artifex, -ficis *m.*: Künstler – **2 conficere:** fertigstellen – **3 tessera,** ae: Mosaiksteinchen – **4 posuisse:** *Infinitiv Perfekt zu* ponere

Mosaik aus Byblos (Libanon), 3. Jh. n. Chr.

1 Trajanssäule

Trajan und die Heiligen

Trajan und die Heiligen? Zugegeben, das wirkt zunächst etwas befremdlich. Schließlich ist Trajan, soweit man das weiß, nie einem Heiligen begegnet. Und doch ist sein Name eng mit Heiligen *(Sancti)* verbunden.

Hier des Rätsels Lösung: Am Niederrhein gibt es eine kleine Stadt mit einem recht seltsamen Namen: *Xanten.* Berühmt ist sie durch ihren Dom und ihren archäologischen Park. Dieser Park wurde auf den Überresten der römischen *Colonia Ulpia Traiana* gebaut, die in der Antike zu den 150 bedeutendsten Städten des *Imperium Romanum* zählte. Nur wenige Städte hatten den Rechtsstatus einer *colonia*. Das Besondere: Alle Einwohner besaßen das römische Bürgerrecht.

Neben Trier *(Colonia Augusta Treverorum)* und Köln *(Colonia Claudia Ara Agrippinensium)* war Xanten die dritte bedeutende große Stadt nördlich der Alpen. Hervorgegangen war sie aus dem Legionslager *Vetera II.* Es stammte aus der Zeit, als Augustus noch seinen germanischen Träumen nachhing. Ihren neuen Namen erhielt sie im Jahr 98 oder 99 n. Chr. nach *Marcus Ulpius Traianus,* dem neuen Stern am römischen Kaiserhimmel.

Trajan wurde 53 n. Chr. in der spanischen Provinzstadt *Italica* geboren – nicht unbedingt die ideale Voraussetzung für eine politische Karriere. Doch schon sein Vater war Konsul und danach Statthalter von Syrien gewesen. Deshalb schlug auch Trajan die militärische und später die politische Laufbahn ein. Beides führte ihn an die Grenzen des Imperiums nach Germanien und die Gebiete südöstlich der Donau.

Rom hatte zu dieser Zeit viel Schlimmes mit seinen Kaisern erlebt, zuletzt mit *Domitian* (81 bis 96 n. Chr.), einem sehr umstrittenen Kaiser: Bei der Bevölkerung genoss er zwar wegen seiner straffen Regierungspolitik ein hohes Ansehen, aber gleichzeitig waren ihm zahlreiche Menschen, darunter viele Senatoren, zum Opfer gefallen. Im Jahr 96 wurde Domitian ermordet. Ihm folgte der angesehene, aber recht betagte *Nerva.* Als dieser im Jahr 98 n. Chr. den Folgen eines Schlaganfalls erlag, wurde sein Adoptivsohn Trajan Kaiser.

Er blieb aber zunächst in den Donauprovinzen, um die Grenze des Imperiums gegen einen drohenden Angriff der Daker zu befestigen. Erst 99 ging er nach Rom.

Im Jahre 101 zog Trajan wieder an die Donau und führte nun erfolgreich gegen die Daker Krieg. Für seinen Sieg im Jahre 106 bewilligte ihm der Senat 107 nicht nur einen Triumphzug, sondern ließ sogar später eine Säule mit der Darstellung seines Sieges aufstellen.

Die Maßnahmen gegen die Daker hatten zwar ein großes Loch in die Staatskasse gerissen, dennoch nahm Trajan nach seiner Rückkehr wichtige städtebauliche und soziale Projekte in Angriff. Er baute u. a. ein von Nerva initiiertes Fürsorgewerk für mittellose Kinder aus und ließ ein Forum mit angrenzendem Markt errichten, das in seiner Ausstattung einer Shopping-Mall ähnelt. Man konnte sogar Meeresfisch direkt aus dem Salzwasserbecken kaufen.

Aus römischer Sicht erwies sich die Regierungszeit Trajans als Glücksfall. Er führte eine straffe Verwaltung ein, es gab keine Redeverbote mehr und niemand musste fürchten, wegen angeblicher Majestätsbeleidigung angezeigt zu werden. Als Trajan 117 starb, hatte das Imperium sein größtes Ausmaß erreicht. Die Römer zahlten dafür allerdings einen hohen Preis: Die Sicherung der Grenzen war nämlich militärisch kaum zu leisten und das sollte sich später bitter rächen.

Kehren wir nach Xanten zurück. Die *Colonia Ulpia Traiana* lag unmittelbar am Rhein, an der Grenze zum nichtrömischen Germanien. Sie war Handelsmetropole und Garnison zugleich. Viele Legionäre waren hier stationiert. Eine Legion wurde später sehr berühmt. Sie hieß die Thebäische. Man erzählt von ihr, dass alle, Offiziere wie einfache Soldaten, zum Christentum übergetreten waren. Den römischen Kaisern aber waren die Christen äußerst suspekt, ihre Religion galt sogar seit Domitian als *illicita* (verboten). Immer wieder kam es zu Verfolgungen. Viele starben als *Märtyrer* (Zeugen für Christus). Genau dieses Schicksal erlitten im 3. Jhdt. n. Chr. auch die Legionäre der Thebäischen Legion. Später hat man sie in der *Colonia Ulpia Traiana* als Heilige, als *Sancti*, verehrt. Aus Respekt vor ihnen sprachen die Gläubigen nun nicht mehr von der *Colonia Ulpia Traiana*, sondern – von den *Sancti*. Regelmäßig kamen Pilger *ad Sanctos*, um sie zu verehren. Später baute man ihnen sogar einen Dom und so wurde aus der einstigen *Colonia Ulpia Traiana* im Laufe der Zeit die Stadt *ad Sanctos = Xanten*.

2 Bildausschnitt aus der Trajanssäule

1 Erkläre die Überschrift.
2 Die Regierungszeit Trajans gilt als eine der glücklichsten Phasen der römischen Geschichte. Nenne mindestens drei Gründe.
3 Beschreibe den Ausschnitt aus der Trajanssäule (Abb. 2) und deute ihn. Vergleiche die Szene mit dem Bild auf Seite 15.
4 Beschreibe die Münze (Abb. 3). Was könnte abgebildet sein?

3 römische Münze

4 Trajansmärkte

Auf den Spuren Vitruvs: Systematik der Verbformen

Mittlerweile hast du schon sehr viele Verbformen kennengelernt. Nun ist es an der Zeit, dich mit der Systematik dieser Verbformen vertraut zu machen:

Dass die lateinische Sprache klare Strukturen liebt, ist für dich nichts Neues mehr. Und dass dies auch für den Aufbau lateinischer Verbformen gilt, weißt du spätestens seit Lektion 17. Betreiben wir also ein wenig Latein-Architektur.

Im Lateinischen gibt es für das Einzelbauteil in der Architektur einen Fachausdruck, *modulus* = Maß. Dieser Begriff geht auf den römischen Architekten *Vitruv* zurück und bezeichnet eigentlich das Grundmaß einer Säule. Daraus hat sich dann die Bedeutung *Bauteil* entwickelt, so dass wir auch bei der Bildung der Verbformen von *Modulen* sprechen können.

Ein Verb hat unveränderliche und veränderbare Module. Das unveränderliche Modul im lateinischen Verb nennt man *Wortstamm,* die veränderbaren Module heißen *Endungen.* Wenn du also eine Verbform sicher bestimmen willst, musst du immer beide Module gemeinsam betrachten.

Unveränderbares Modul – der Wortstamm

Jedes Verb hat immer mindestens zwei unveränderliche Module, den Präsensstamm und den Perfektstamm. Damit du sicher erkennst, ob es sich um den Präsens- oder den Perfektstamm handelt – und zu welchem Wort der Stamm gehört – musst du immer die Stammformen im Wortschatz mitlernen.

Veränderliche Module – die Endungen

Die Endungen zeigen dir, um welche Person, welchen Numerus, welches Tempus und welchen Modus es sich handelt.

Doch schauen wir uns das Ganze einmal in der Praxis an und du wirst sehen: Das ist keine Hexerei!

Formen des Präsensstamms Aktiv von *clamare*

	Indikativ	Konjunktiv
Präsens:	clama-t	clam-e-t
Imperfekt:	clama-**ba**-t	clama-**re**-t
Futur I:	clama-**bi**-t	- - - -

Formen des Perfektstamms Aktiv von *clamare*

	Indikativ	Konjunktiv
Perfekt:	clamav-**it**	clamav-**eri**-t
Plusquamperfekt:	clamav-**erat**	clamav-**isse**-t
Futur II:	clamav-**erit**	- - - -

Klippen umschiffen beim Übersetzen: *ut* und *cum*

Wenn ein lateinischer Muttersprachler *ut* oder *cum* hörte, verstand er intuitiv sofort, was gemeint war. Wir hingegen müssen beim Übersetzen genau überlegen, welche deutsche Wiedergabe am besten passt.

Dazu musst du vor allem auf den Inhalt schauen. Probiere es selbst aus!

1 Entscheide dich für eine passende Wiedergabe für *cum* und begründe deine Wahl.

a) *Cum* Europa ad litus luderet, taurum pulchrum vidit.

Als
Weil   } Europa am Strand spielte, sah sie einen schönen Stier.
Obwohl

b) *Cum* taurum delectare vellet, flores carpsit.

Als
Weil   } sie den Stier erfreuen wollte, pflückte sie Blumen.
Obwohl

2 Entscheide dich für eine passende Wiedergabe für *ut* und begründe deine Wahl.

a) Servi optant, *ut* Gaius Bruttius vinum apportet.

Die Sklaven wünschen, { dass / damit } Gaius Bruttius ihnen Wein bringt.

b) Itaque eum in cellam mittunt, *ut* vinum apportet.

Deshalb schicken sie ihn in die Vorratskammer, { dass / damit } er den Wein holt.

c) Servi tantum vini bibunt, *ut* mati sint.

Die Sklaven trinken so viel Wein, { dass / damit } sie völlig betrunken sind.

Das habe ich gelernt:

Die lateinischen Verbformen setzen sich aus unveränderlichen und veränderbaren Modulen zusammen. So kann ich Person, Numerus, Tempus und Modus genau bestimmen.

Bei *ut* und *cum* muss ich genau auf den inhaltlichen Zusammenhang achten, um mich für eine passende Übersetzung entscheiden zu können.

1 | 1 Mutter Latein und ihre Töchter – Italienisch
Nenne die lateinischen Ursprungswörter und ihre
deutsche Bedeutung.

2 Vergleiche die italienischen Wörter mit ihrem
lateinischen Ursprung und beschreibe, wie sie sich
verändert haben. Kannst du Regeln aufstellen?

immagine – sermone – toro – oro – fiore –
tempio – pieno

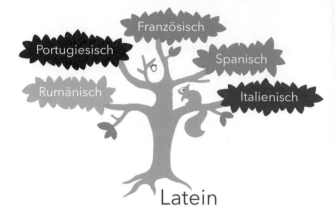

2 | 1 Gib zu folgenden Wörtern die deutschen
Bedeutungen an.

2 Sortiere nach Wortarten (Präposition, Fragewort,
Subjunktion).

quis – cum – ne – nisi – propter –
quamquam – quare – quia – quid –
quomodo – sin – sine – ut

3 Für Sprachforscher!
Konjugiere »optare« im Präsens. Ordne folgende
italienischen Formen den richtigen Personen zu:

optiamo – opto – optate – optano

4 Konjunktive sortieren (1)
Sortiere in Konjunktiv der Gleichzeitigkeit und
Konjunktiv der Vorzeitigkeit.

Gleichzeitigkeit	Vorzeitigkeit

aspexissem – cerneretis – circumdarent –
condidisset – doceres – oppugnavisses –
pepercissent – reducerent

5 | 1 Konjugieren im Konjunktiv
Bilde zu folgenden Formen den Konjunktiv
Imperfekt und Plusquamperfekt.

2 Bilde den Konjunktiv Präsens und Perfekt.

a) oppugnat   b) properant
c) sunt   d) venio
e) accidit   f) cernis
g) tangimus   h) aspicitis

6 | 1 Konjunktive sortieren (2)
Sortiere in Konjunktive der Gleichzeitigkeit und
Konjunktive der Vorzeitigkeit.

2 Benenne, woran du sie erkennst.

Gleichzeitigkeit		Vorzeitigkeit	
Konj. Präs.	Konj. Imp.	Konj. Perf.	Konj. Plqpf.

accidat – biberis – fingeret – carperetis –
sapiam – considerent – sedisses –
obtineamus – tetigerit – contigissem –
optaverit – oppressissetis

7 Konjunktivformen
Welche Form passt nicht? Begründe deine
Auswahl.

a) abirent – audent – obtinerent – redderent
b) accideris – pergis – sustuleris – sapiveris
c) biberitis – properaveritis – sederitis – eritis
d) properat – pergat – tollat – parcat
e) creat – dat – sedeat – oppugnat
f) veniat – optat – fingat – audeat
g) docet – sedet – laudet – terret

8 Entscheide: Irrealis der Gegenwart oder Irrealis der Vergangenheit? Dann übersetze.

a) Nisi liberi cucurrissent, sero venissent.

b) Nisi forum plenum hominum esset, Fulvia bestias et tabulas spectare posset.

c) Lucius: »Captivos miseros vocarem, nisi bellum iustum fuisset.«

9 | 1 Quis est? Mache die direkten Fragen zu indirekten Fragen. Beginne so: »Quaero, ...« Dann übersetze.

2 Beantworte die Fragen.

a) Quis Dacos oppugnavit et captivos reddidit?

b) Quem Europa in litore aspexit?

c) Quomodo taurus Europam rapit?

d) Quando servi sedes dominorum obtinent?

10 Iuppiter und Europa: Wähle eine passende Übersetzung für »cum« und begründe.

a) Iuppiter filiam regis adamavit[1], cum Iunonis maritus esset.

b) Decrevit[2] Europam abducere, cum eam amaret.

c) Cum Europam ad litus ludere aspexisset, eam forma tauri petivit.

d) Europa flores carpsit, cum taurum delectare vellet.

1 adamare (+ Akk.): sich verlieben in – **2 decernere,** decerno, decrevi, decretum: beschließen

Europa auf dem Stier (Fresko aus Pompeji)

11 Iuppiter und Europa: Wähle eine passende Übersetzung für »ut« und begründe.

a) Iuppiter in taurum tam pulchrum mutatus est[1], ut Europae maxime placeret.

b) Europa tauro flores porrigit[2], ut eum dono delectet.

c) Taurus optat, ut Europa tergo considat.

1 mutatus est: er hat sich verwandelt – **2 porrigere,** porrigo, porrexi, porrectum: anbieten

12 Der prahlende Soldat: Übersetze und benenne die Sinnrichtung der Nebensätze.

a) Miles puellae fabulam narrat, ne tristis sit.

b) »Quamquam hostes metuimus, non fugimus.

c) Nisi ego tam fortis fuissem, magnam cladem accepissemus.«

d) Sed fabula tam mira est, ut puella ei non credat.

13 | 1 Informiere dich über den Ablauf eines Triumphzuges. Beschreibe die Bilder auf dem Silberbecher von Seite 13 und ordne sie in diesen Ablauf ein.

2 Überlege, was das römische Motto »do, ut des« für das Verhältnis zwischen Menschen und Göttern bedeutet.

Historisches Foto der Ausgrabung von Pompeji (ca. 1890)

Gipsabguss einer Leiche

In der Mitte des Golfs von Neapel liegt der Vesuv; die Ausläufer der Stadt reichen weit den Berghang hinauf – obwohl der Berg ein aktiver Vulkan ist.

Das war schon in der Antike so. Der fruchtbare vulkanische Boden hat die Gegend aber dennoch attraktiv gemacht – und reich: Viele Villen der Gegend waren mit kostbaren Fresken und Mosaiken ausgestattet, die zeigen, dass sich hier gut leben ließ – solange sich der Berg ruhig verhielt …

Immer wieder kam es zu starken Erdbeben – so auch im Jahr 62 n. Chr. Daher hätten die Bewohner eigentlich gewarnt sein müssen, doch der verheerende Vesuvausbruch im Jahr 79 n. Chr. kam völlig überraschend. Viele konnten sich nicht retten und fanden den Tod. Ende des 19. Jahrhunderts gelang es dem italienischen Archäologen Giuseppe Fiorelli, neben den Gebäuden auch die Opfer der Vulkankatastrophe sichtbar zu machen: Ihre Körper hatten unter Asche, Bimsstein und Lava einen Hohlraum hinterlassen, der mit Gips aufgefüllt werden kann, um eine originalgetreue »Kopie« zu erhalten.

Antikes Fresko (Wandgemälde) aus Pompeji

1 Beschreibe das Fresko aus Pompeji. Welche Hinweise auf den fruchtbaren Boden der Gegend findest du?

2 Vergleiche die Form des Vulkans auf dem Fresko mit dem Foto.

3 Anders als das Fresko wirkt das Relief bedrohlich. Sammle und erkläre die Bildelemente, die dafür verantwortlich sind. Welches Ereignis könnte abgebildet sein?

Relief aus Pompeji

Geschichten aus alten Zeiten

Wie jedes Jahr ist die Familie auch diesmal wieder das Frühjahr in ihrem Landhaus in Kampanien. Fulvia und Lucius verbringen viel Zeit mit ihrem Großvater, der gerne aus alten Zeiten erzählt.

Avus: »Bene meminī temporis, quō imperātor Vespasiānus[1] Agricolam[2] cum exercitū in Britanniam mīsit. Egō manuī virōrum audācium atque fortium praefuī. Quī magnōs Britannōrum impetūs dēfendērunt. Ingentī virtūte hostēs …«

5 Fulvia: »… pepulistis. Istās[3] rēs nōn īgnōrāmus.«

Avus: »Agricola[2] autem nōn sōlum pūgnāre solēbat, sed etiam terram asperam atque vāstam cognōscere voluit. Aliquandō cāsū barbarum quendam[4] convēnimus, quī rēs mīrās nārrāvit. Dīxit: ›Peregrīnī[5], vōs obsecrō, nē petātis Nēsam[6] lacum. Ibī enim habitat mōnstrum horrendum[7],
10 quod perniciēī hominum studet. Nēmō enim vestrum effugiet: Faciēs eius tanta est, ut tōtam nāvem dēvorāre[8] possit.‹

Quae rēs nōs spē magnae victōriae complēvit. Itaque Agricola magnam partem exercitūs mīsit, ut mīlitēs mōnstrum ferum peterent et eī perniciem parārent.«

15 Lūcius: »Cum autem post iter quīnque diērum ad lacum altum vēnissētis, ibī propter cālīginem[9] nihil vīdistis, neque mōnstrum neque hominēs. Mōnstrum sī rē vērā convēnissētis …«

1 Titus Flāvius Vespasiānus, ī: *römischer Kaiser (69–79 n. Chr.)*

2 Gnaeus Iulius Agricola, ae: *römischer Feldherr und Statthalter in Britannien*

3 iste, ista, istud: diese, dieser, dieses *(abschätzig)*

4 quendam *(Akk. Sg.):* einen gewissen

5 peregrīnus, ī: Fremder

6 Nēsa lacus: Loch Ness

7 horrendus, a, um: schrecklich

8 dēvorāre: verschlingen

9 cālīgo, cālīginis *f.:* dichter Nebel

1 Stelle aus dem Text bereits bekannte und neue Wörter zum Sachfeld »Krieg/Kampf« zusammen und ordne sie in einer Mindmap.

2|1 Gib die Erzählung des Großvaters in eigenen Worten wieder.

2 Arbeite heraus, welches Bild die Römer von Britannien hatten, und belege am Text.

3|1 Beschreibe, wie die Geschwister auf Opas Erzählung reagieren.

2 Erzähle die Geschichte zu Ende.

Grundwissen: Britannien

Dass Britannien eine Insel ist, weiß heute jedes Kind. Trotzdem stellt die nördliche Umsegelung Britanniens nach wie vor eine große Herausforderung dar. Die durch den Feldherrn *Agricola* initiierte Umsegelung im Jahre 84 n. Chr. war also eine echte Mutprobe, vergleichbar mit der Fahrt eines Christoph Columbus. Niemand wusste, ob Britannien tatsächlich eine Insel war. Britannien hatte die Römer schon lange gereizt. Bereits 55 und 54 v. Chr. war Caesar übergesetzt, weil er hier riesige Silbervorräte vermutete. Die Unternehmung war ein ziemlicher Flop. Erst knapp 100 Jahre später wagten die Römer einen zweiten, diesmal allerdings erfolgreichen Versuch. Danach ging es mit der Eroberung Schlag auf Schlag. Da die Insel aber im Norden nur schwer zu kontrollieren war, errichteten die Römer entlang der Grenze einen Schutzwall mit befestigten Lagern, den späteren *Hadrianswall*.

* Caesar in Britannien

Schon gut 130 Jahre vor Agricola landete C. Iulius Caesar bei zwei Expeditionen 55 und 54 v. Chr. in Britannien und machte eher wenig erfreuliche Bekanntschaft mit den Bewohnern der britischen Insel.

Britannī iterum atque iterum manūs Rōmānōrum magnō impetū petīvērunt. Tandem Caesar hostium perniciem parāre studuit. Itaque exercitum ad flūmen Tamesim[1] dūxit. Quam[2] asperae erant rēs! Rōmānī, cum alterā ex parte flūminis iam exercitūs hostium vidērent, paene[3]
5 fūgērunt[4]: Tantus enim erat horror[5] barbarōrum – nōn hominēs, sed mōnstra vīdērunt! Nam faciēs Britannōrum mīlitum erant caeruleae[6]! Quā dē causā mīlitēs deōs obsecrāvērunt, ut dēfenderent exercitum Rōmānum contrā barbarōs. Tum audācēs flūmen tantō impetū trānsiērunt, ut hostēs effugerent vel sē reciperent.
10 Caesar spē victōriae mōtus[7] omnēs legiōnēs mīsit, ut Britannōs oppūgnārent. Et rē vērā aliquot diēbus post Rōmānī Britannōrum exercitūs nōn cāsū, sed ingeniō[8] Caesaris pepulērunt.

1 Tamesis, *Akk.* Tamesim: Themse

2 quam: *hier:* wie

3 paene: fast

4 fūgērunt: *übersetze mit Irrealis der Vergangenheit*

5 horror: Schrecken

6 caeruleus, a, um: blau

7 mōtus, a, um: bewegt *(wer findet eine schönere Übersetzung?)*

8 ingenium, ī: Genialität

1 Informiere dich über die Kriegstaktik der Britannier.

1 Raus aufs Land: Campanien
Übersetze und erstelle ein Deklinationsschema für »res«. Ergänze die fehlenden Formen.

Familia multas res[1] in urbe agebat. Tandem omnes multis cum rebus iter in Campaniam fecerunt. Re vera: Ibi multae res iucundae familiae[2] iam paratae erant. Lucius spei[3] plenus avum et matrem salutat. Sed vae! Mater rem tristem ei parat: Post iter duorum dierum[4] primo res suas removere debet.

1 res: Sache – **2 familiae paratae erant:** *hier:* warteten auf die Familie – **3 spes:** Hoffnung – **4 dies:** Tag

2 Das römische Heer – unbesiegbar?
Übersetze und erstelle ein Deklinationsschema für »exercitus«. Ergänze die fehlenden Formen.

Exercitus[1] Romanus magnus et clarus erat. Saepe imperatores exercitum hostes adire iubebant. Barbari, nisi casu[2] aut fortuna vicerunt, exercitui[1] Romano resistere non potuerunt. Virtus exercitus[1] Romani tam magna erat, ut milites neque maribus neque lacibus[3] terrerentur[4].

1 exercitus: Heer – **2 casus:** Zufall – **3 lacus:** See – **4 terrerentur:** sie wurden erschreckt

3 Wortfix: Nenne zu jedem Bild mindestens ein passendes lateinisches Wort.

4 | 1 Wörter umschreiben: Welches neue Wort ist gemeint?

– qui non timet, est ? ? ? ? ?
– multi milites: ? ? ? ? ? ? ? ? ?
– partes corporis: ? ? ? ? ? / ? ? ? ? ? ?
– quid est plenum aquae: ? ? ? ? ?

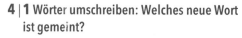

2 Formuliere weitere Umschreibungen auf Deutsch oder Latein, dein Nachbar rät.

5 Sachfelder
Erstelle eine Mindmap zu folgenden Themen:
a) Körper – b) Natur

6 Pantomime
Notiere fünf Verben aus dieser und aus vorigen Lektionen. Spiele sie der Klasse vor, die Mitschüler notieren ihre Lösung. Wer errät alle?

7 | 1 So viele -us
Nenne Bedeutung und Deklination. Fasse in eigenen Worten zusammen, welche Wörter auf -us enden können.

servus – lacus – corpus – casus – virtus – genus – manus – pecus – dominus

2 Ergänze jeweils ein passendes Adjektiv und bilde dann den Genitiv Singular.

8 Für Sprachforscher: Was bedeuten wohl folgende Wörter? Nenne das lateinische Ursprungswort.

Ital.: la mano – il lago – cinque – il parte – vasto
Frz.: la face – la main – espérer (Verb) – le cas
Dt.: partiell – Memo – Maniküre – temporär

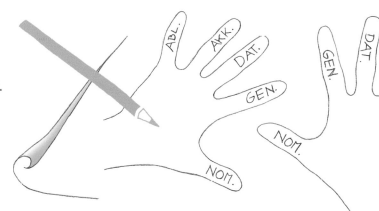

9 Deklinieren – liegt auf der Hand!
Zeichne die Umrisse deiner Hände auf ein Blatt. Jeder Finger steht für einen Kasus. Dekliniere:

a) res
b) casus
c) res nova, res tristis
d) casus novus, casus tristis

10 Miles and more …
Ordne die passenden Substantive zu.

a) audaces (moribus, milites, dominis)
b) tanta (spes, monstrum, manui)
c) asperis (lacus, res, moribus)
d) vasto (diebus, lacu, campos)
e) feri (monstri, res, parte)
f) asperae (tempora, res, rei)

11 Genitivus subiectivus – Genitivus obiectivus
Unterscheide und übersetze.

a) spes captivorum – spes salutis
b) victoria Romanorum (2x)
c) timor[1] hostium (2x)
d) amor matris meae (2x)
e) beneficium amici (2x)

1 timor: Substantiv zu *timere*

12 Großvaters wilde Geschichten. Übersetze.

Aliquando avus cum exercitu iter fecit. Milites, cum ad lacum venissent, spem in otio ponebant. Imperator autem, cum perniciem timeret, eos aquam adire non sivit[1]. Cum monstrum in lacu habitare audivissent, avus cum amico in aqua submersit[2]. Magno cum clamore capita[3] sustulerunt. Miles: »Ecce! Monstrum duobus cum capitibus[3]!«

1 sinere, sino, sivi: lassen – **2 submergere,** submersi: untertauchen – **3 caput,** capitis *n.*: Kopf

Ein Tag, schwarz wie die Nacht

Der ungewöhnliche Berg, den man über die Ebene Kampaniens weithin
sehen kann, zieht immer wieder die Blicke von Fulvia und Lucius auf sich.
Schließlich sprechen sie ihren Großvater darauf an und er beginnt zu erzählen.

Hodiē Vesuvius mōns[1] quiētus appāret.
Sed XXVIII annīs ante cīvēs calamitāte imprōvīsā oppressī sunt:
Ēruptiōne Vesuviī complūra oppida omnīnō dēlēta sunt.

Iam anteā in Campāniā[2] gravī terrae mōtū multae domūs dēlētae erant.
5 Hominēs autem sīgna perīculī neglēxerant: Cum domūs restitūtae
essent, Campānī[3] sē tūtōs esse putābant.

Subitō Vesuvius rūrsus ēvigilāvit[4]. Prīmum ingēns nūbēs[5] appāruit, cui
pīnūs[6] fōrma erat. Deinde cinis tantāsque lapidēs dēcidēbant, ut diēs
obscūrus esset tamquam nox. Hominēs timōre captī sunt et domōs
10 relinquere voluērunt. Sed cum tēctī ruptī essent, multī prohibitī sunt, nē
in apertum pervenīrent. Tum ē Vesuviō monte flammae ēmissae sunt,
quae noctem illustrābant[7].

Incolīs Pompeiōrum[8] et Herculāneī[9] nūlla salūtis spēs fuit: Aliī lapidi-
bus necātī sunt, aliī flammīs exstīnctī sunt, aliī, cum clausī essent, intrā
15 domōs periērunt.

1 Vesuvius mōns: Vesuv *(Vulkan in Kampanien)*

2 Campānia, ae: Kampanien; *Name einer Landschaft an der Westküste Italiens*

3 Campānus, ī: Bewohner von Kampanien

4 ēvigilāre: aufwachen

5 nūbēs, is *f.:* Wolke

6 pīnus, ūs *f.:* Pinie

7 illustrāre: erleuchten

8 Pompeiī, ōrum *(m. Pl.):* Pompeji; *Stadt in Kampanien*

9 Herculāneum, ī: Herkulaneum; *Stadt in Kampanien*

1 Erstelle aus dem Text ein Sachfeld zum Thema »Vulkanausbruch«.

2 Gib den Ablauf des Vulkanausbruchs (Z. 7–12) in eigenen Worten wieder. Orientiere dich dabei an den gliedernden Konnektoren.

3 Finde heraus, was aus Sicht der Wissenschaft über die damalige Vesuvkatastrophe bekannt ist, und informiere dich über die betroffenen Städte. Vergleiche deine Ergebnisse mit der Darstellung im Text.

Grundwissen: Der Vesuvausbruch

Welch eine Tragödie! In nur wenigen Stunden versanken am 24. August 79 n. Chr. vier Städte unter der Asche des Vesuvs. Die Asche hat unzählige Menschen im Augenblick ihres Todes erstarren lassen, ihre versteinerten Körper fand man bei den Ausgrabungen. Der Anblick ist erschütternd und rückt die Katastrophe in unheimliche Nähe.
Historisch gesehen ist der Vesuvausbruch allerdings ein »Glücksfall«. Er gewährt Momentaufnahmen in das Alltagsleben römischer Städte. Ganze Straßenzüge sind erhalten, sodass man die Lebens- und Essgewohnheiten der Einwohner rekonstruieren kann. In Pompeji beispielsweise war gerade Wahlkampf. Außerdem hatten die Einwohner eine Vorliebe für Sonnenuhren. 35 Stück hat man gefunden!

* Wer suchet, der findet

Im 19. Jahrhundert wurde Pompeji wiederentdeckt …

Statim *ruīnae* Pompeiōrum[1] ā latrōnibus[2] multārum gentium perquisi-
tae[3] sunt. Quī rēs antīquās quaesīvērunt, ut eās magnō pretiō vēnderent.
Tum multae rēs aut ā mercātōribus in tōtum orbem terrārum missae
sunt aut, cum inānēs essent, dēlētae sunt.

5 Nostrīs temporibus hominēs vestīgia[4] antīqua adhūc ūsuī pūblicō
esse[5] cēnsuērunt. Extrā[6] urbem *theātrum*, templum, vīllās ingentēs
invēnērunt. Etiam hodiē fōrmas hominum bēstiārumque vidēre possumus, quae vix dēlētae sunt. Quae multōs cīvēs calamitāte imprōvīsā
oppressōs esse neque fugere potuisse dēmōnstrant.

1 **Pompeiī,** ōrum *(m. Pl.):*
Pompeji; *Stadt in Kampanien*

2 **latrō,** ōnis *m.:* Räuber

3 **perquirere:** durchsuchen

4 **vestīgium,** ī: Spur

5 **adhūc ūsuī pūblicō esse:** noch
von Nutzen für die Öffentlichkeit sein

6 **extrā** *(+ Akk.):* außerhalb von

1 Der obige Text beschreibt zwei verschiedene Phasen der »Nutzung« der
pompejanischen Funde. Benenne sie und erläutere die Entwicklung in
eigenen Worten.

2 Erläutere, warum die moderne Wissenschaft für die Funde besonders
dankbar ist.

1 Opa erzählt: Ein schlimmes Erdbeben!
Übersetze und beschreibe dann die neuen
Erscheinungen.

»Multis annis ante[1] magna calamitas accidit:
Multi cives in oppido nostro habitaverunt.
Oppidum a multis civibus habitatum est.
Subito motus terrae[2] homines terruit. Homines motu terrae[2] territi sunt.
Clamorem liberorum et mulierum audivimus.
Clamor liberorum et mulierum auditus est.«

1 ante: vor – **2 motus terrae:** Erdbeben

2 ... Aufräumarbeiten
Übersetze und beschreibe dann die neuen
Erscheinungen.

Avus narrat: »Post motum terrae[1] totum oppidum deletum erat.
Sed oppidum a civibus non relictum est.
Muros, qui rupti erant, removimus. Templum,
quod deletum erat, reparatum est.
Cum totum oppidum cito[2] restitutum esset,
periculum iterum neglectum est.«

1 motus terrae: Erdbeben – **2 cito** (Adv.): schnell

3 Wortfix: Ordne folgende Wörter den Bildern zu
und nenne die Bedeutung.

eruptio – domus – aperire – claudere – nox –
oppidum – quietus – decidere

4 Welches Wort passt nicht?
Entscheide nach inhaltlichen Kriterien und
begründe deine Wahl.

a) mox – deinde – num – tum
b) casus – lacus – mons – mare
c) ante – autem – apud – ad
d) timor – tutus – bibere – periculum
e) incendium – delere – perire – aperire

5 | 1 Begriffe verbinden
Verbinde passende Wörter und übersetze den
Ausdruck.

lapides – portas – incolas – eruptio – nox –
oppidum – intra domos
aperire – opprimere – improvisa – delere –
emittere – perire – obscura

2 Formuliere kurze Sätze (im Passiv?).

6 »Verwandte Wörter«: Nenne mindestens ein
weiteres Wort der Wortfamilie und gib die
Bedeutungen an.

clamor (Geschrei) → clamare (schreien)
a) sedes – b) timor – c) spes – d) regere –
e) audax – f) vivere – g) cupidus – h) doctus

7 »Verwandte Wörter«: Führe auf ein bekanntes
Wort zurück und erschließe die Bedeutung.

liberare → liber (frei) → befreien
a) quiescere – b) cadere – c) erumpere –
d) florere – e) dolere – f) incendere

8 | 1 Stammformen: Nenne das PPP.

a) audire – oppugnare – monere – necare
b) vocare – relinquere – delere – capere
c) rumpere – prohibere – claudere – mittere

2 Bilde die 3. Person Sg. Perfekt Passiv (m.) und übersetze.

auditus est: er wurde gehört/er ist gehört worden

9 | 1 Ergänze und übersetze die Passivformen.

Inf. Präs.	Perfekt Passiv	Plqpf. Passiv
relinquere	relictus est	? ?
? ?	? ?	missi erant
? ?	datum est	? ?
? ?	apertae sunt	? ?

2 Bilde die Passivformen im Konjunktiv.

10 Und auf Deutsch? Bilde das Passiv im Präteritum, Perfekt und Plusquamperfekt.

er sah → er wurde gesehen → er ist gesehen worden → er war gesehen worden

sie zerstörten – wir überfielen – sie vertrieben – er schickte – ihr missachtetet – sie ließen zurück – ich gab

11 Der Vesuvausbruch
Übersetze und beantworte die Fragen im Aktiv (auf Latein oder Deutsch).

a) Quare complura oppida deleta sunt?
b) Cur incolae primo territi non erant?
c) Quibus rebus homines necati sunt?
d) Cur homines intra domos inventi[1] sunt?
1 inventum: PPP zu invenire

12 | 1 Bankraub: Erzähle die Geschichte im Passiv.

2 Erkläre den Unterschied zwischen Aktiv und Passiv. Untersuche dafür Subjekt und Objekt der Sätze.

Gestern überfielen die Gamallus-Brüder die Bank von Neapel. Sie hatten bereits vorher vier Banken in der Bucht von Neapel ausgeraubt. Sie erbeuteten ca. drei Mio. Sesterzen. Andere Banken treffen nun Maßnahmen und verstärken die Sicherheitsvorkehrungen.

13 Was passiert im Barbarenland?
Forme die Sätze ins Passiv um und übersetze.

Milites hostes necaverunt. – Hostes a militibus necati sunt.

a) Romani terras barbaras oppugnaverunt.
b) Romani multos viros necaverunt.
c) Romani mulieres ceperunt.
d) Sed Romani barbaros non superaverunt.
e) Tandem Romani terras reliquerunt.

14 Und die Umwelt?
Der römische Schriftsteller Statius macht sich Gedanken über die Zerstörung der Umwelt durch Bautätigkeit. Übersetze.

Natura semper a poetis amata atque laudata est, cum a deis creata esset. Sed ab aliis hominibus neglecta vel etiam oppressa est: Silvae[1], quae antea bestiis feris habitatae erant, deletae sunt. Bestiae omnes exstinctae sunt, ne campos novos delerent. Et ubi antea mons fuerat, villae aedificatae sunt. Nunc tandem homines contenti[2] sunt.

1 silva, ae: Wald – **2 contentus,** a, um: zufrieden

Erlebnisse eines Augenzeugen

Fulvia und Lucius möchten mehr über den Vesuvausbruch und seine Folgen erfahren. Daraufhin erzählt der Großvater ihnen von den kürzlich veröf-fentlichten Briefen des Gaius Plinius Secundus. In einem Brief an den Ge-schichtsschreiber Tacitus stellt Plinius dar, wie er selbst den Vesuvausbruch in Misenum erlebt hat.

C. Plīnius Tacitō suō salūtem dīcit

Cupis cognōscere, quid Mīsēnī[1] acciderit. Quamvīs meminisse horream[2], tibī nārrābō:

Iam complūrēs diēs terra concutiēbātur[3]. Sed eā nocte tantus tremor[4]
5   erat, ut ex somnō excitārer. Metuī, nē tēctum rueret. Itaque cum mātre forās iī. Cum vidērēmus cinerem lapidēsque ex Vesūviō ēmittī, tum dēmum fugere statuimus.

Multī hominēs sīcut nōs perniciem effugere studēbant. Ab amīcō monēbāmur: »Agite nunc! Flammīs necābiminī, nisī contenditis!«
10   Interim cineris nūbēs[5] dēscenderat, ubīque nox erat.

Māter ōrābat, obsecrābat, iubēbat: »Relinque mē! Vetus sum et parum celeris. Tū, Gāī, adhūc iuvenis es. Timeō, nē cinere exstinguāris!« Egō au-tem manum eī tetendī et »Tēcum« inquam »servābor aut tēcum perībō!«
Dē viā cessimus, nē turbā hominum opprimerēmur. Undique clāmōrēs
15   audiēbantur: Aliī līberōs vocābant, aliī coniugēs quaerēbant, aliī deōs implōrābant.

Omnem spem dēposuerāmus, cum tandem tenebrae sē recēpērunt, diēs rediit. Metus atque cūra suōrum diū remanēbant.

Valē.

1.   Suche alle Passivformen mit Präsensstamm heraus und sortiere sie nach Personen. Eine Form bleibt übrig. Bestimme sie.
2.   Arbeite das Tempusprofil des Textes heraus.
3.   Vergleiche diesen Text mit Lektionstext 25: Stelle Gemeinsamkeiten und Unterschiede heraus und begründe anhand der Textsorte.
4.   Du bist Zeitungsreporter. Schreibe eine Sensationsmeldung zum Vesuvausbruch.

1 Mīsēnum, ī: Misenum *(Ort in ca. 20 km Entfernung vom Vesuv)*

2 horrēre: schaudern, zurück-schrecken

3 concutere: erschüttern

4 tremor, ōris *m.:* Beben

5 nūbēs, is *f.:* Wolke

Grundwissen: Plinius der Jüngere

Es bedurfte vieler wissenschaftlicher Untersuchungen, bis man den Ausführungen des *Plinius* zum Vesuvausbruch Glauben schenkte. So galt beispielsweise seine Beschreibung einer *pyroklastischen Welle,* einer heißen Wolke aus glühender Asche und heißem Gas, lange Zeit als literarische Über-treibung.
Plinius hat eine umfangreiche Sammlung von Briefen hinter-lassen. Trotz ihres vielfach privaten Charakters waren sie von vornherein für die Öffentlichkeit bestimmt und entsprechend sprachlich gestaltet. Man bezeichnet dies als Briefliteratur.
Dass er aber seine persönlichen Erlebnisse während des Vesuvausbruchs ebenfalls in zwei Briefen niedergeschrieben hat, hat einen anderen Hintergrund: Sein Freund, der Historiker *Tacitus,* benötigte die Informationen für seine historischen Aufzeichnungen.

* Schon allein der Gedanke …

… an die Katastrophe lässt die Kinder erschauern.

Fulvia: »Quālis¹ calamitās ab avō nārrāta est!«

Lūcius: »Ita est! Vix fingī potest, quid eā nocte acciderit. Cinis et lapidēs dē caelō² dēcidunt. Ubīque domūs dēlentur et tēcta ruunt. Ubīque incolae in oppidō clauduntur et intrā mūrōs pereunt, cum mūrīs ruptīs fugā³
5 prohibeantur.«

Fulvia: »Egō sī tālem ēruptiōnem imprōvīsam vidērem, certē timōre perīrem.«

Lūcius: »Praesertim cum⁴ nox omnīnō obscūra sit et viae clāmōre hominum compleantur!«

10 Fulvia: »Et līberī parentēs⁵ quaerunt, frātrēs sorōrēs …«

Lūcius: »Sed vīta mea multō facilior⁶ esset, sī soror abesset!«

1 **quālis,** e: was für ein(e)

2 **caelum,** ī: Himmel

3 **fuga,** ae: *Substantiv zu* fugere

4 **praesertim cum:** zumal (da), weil

5 **parentēs:** Eltern

6 **multō facilior:** um vieles leichter

1 Nenne Informationen aus den Lektionstexten, die in dem Gespräch wieder aufgegriffen werden.

2 Erkläre, warum Lucius dem Gespräch am Ende eine neue Wendung gibt. Überlege, wie Fulvia wahrscheinlich reagieren wird.

1 Brieffreunde: Plinius und Tacitus
Übersetze und beschreibe dann die neuen
Erscheinungen.

Plinius Tacito suo salutem dicit.
a) Saepe a te moneor, ut tibi litteras scribam[1].
b) Fortasse litteris meis non delectaberis.
c) Nam in litteris de eruptione montis Vesuvii
   narratur:
d) Media nocte mater et ego terremur.
e) Homines clamant: »Fugite, ne flammis
   necemini!«
f) Etiam dei implorantur. Sed frustra[2]…

1 scribere: schreiben – **2 frustra:** vergeblich, umsonst

2 Schullektüre
Übersetze und beschreibe dann die neuen
Erscheinungen.

Scimus
– C. Plinium multas litteras scripsisse[1]/
  multas litteras a Plinio scriptas esse[1].
– discipulos litteras eius legere/
  litteras eius a discipulis legi.
– multos homines eas litteras amare/
  eas litteras a multis hominibus amari.

1 scribere, scribo, scripsi, scriptum: schreiben

3 | 1 Wortfix: Nenne zu jedem Bild mindestens
ein passendes lateinisches Wort und seine
Bedeutung.

2 Bilde zu jedem Bildchen einen lateinischen Satz,
indem du auch Wörter aus früheren Lektionen
verwendest.

4 Eselsbrücken
Lies dir den Text »Erlebnisse eines Augenzeugen«
durch und notiere alle Vokabeln, die du nicht
mehr weißt. Ermittle die Grundform und frage
deinen Partner nach der Bedeutung oder schlage
nach. Überlegt euch gemeinsam Eselsbrücken für
diese Wörter.

5 Ein Wort – viele Sinnrichtungen. Übersetze.
a) Puella, quae aegrota[1] fuit, iam valet.
b) Pater equum valere videt: carrum trahit.
c) Romani deos implorant, quia multum
   valent.
d) Amicum meum valere audivi.

1 aegrotus, a, um: krank

6 Gegensätze ziehen sich an. Finde Paare.

a) vetus   A) salus
b) pernicies   B) servare
c) cedere   C) perire
d) necare   D) venire
e) vivere   E) iuvenis

7 Bedeutungsgleich!
Nenne jeweils ein Wort mit ähnlicher Bedeutung.

a) demum – b) metuere – c) vetus –
d) inquit – e) contendere – f) se recipere

8 | 1 Aktiv oder Passiv? Ordne die Formen zu.

Aktiv		Passiv	
Präsens	Perfekt	Präsens	Perfekt

a) servatur – excitat – auditi sunt – deposuit
b) iubemini – fuerunt – deponit – emissi estis
c) moneor – paratum est – clamant – aspexi

2 Formuliere einfache Regeln, wie du die Passivformen erkennen kannst.

9 | 1 Formen spiegeln: Bilde die entsprechenden Formen im Passiv und übersetze diese.

2 Bilde die entsprechenden Formen im Imperfekt.

Aktiv	Passiv	
a) mittunt	?	?
b) tollit	?	?
c) spectas	?	?
d) moveo	?	?

10 | 1 Und auf Deutsch? Beschreibe, wie das Passiv gebildet wird, und formuliere eine Regel zur Unterscheidung vom Futur.

sie wird sehen (Futur Aktiv)
sie wird **ge**sehen (Präsens Passiv)

2 Formuliere die Sätze im Passiv.

a) Viele Touristen besuchen Pompeji.
b) Die verschüttete Stadt zieht sie an.
c) Viele bestaunen die Ruinen.
d) Die Archäologen leisten große Arbeit.

11 Plinius der Ältere - ein mutiger Mann
Setze die Sätze ins Passiv und übersetze.

a) Avunculus[1] Plinii eruptionem Vesuvii montis spectat.
b) Navem militibus complet.
c) Multos homines e periculo servat.
d) Sed labor[2] avunculum demum necat.

1 avunculus, i: Onkel – **2 labor:** *hier:* Anstrengung

12 Eine böse Falle! Ergänze im Präsens Passiv und übersetze.

a) Venus a Vulcano (amare).
b) Itaque a Vulcano in matrimonium[1] (ducere).
c) Sed Venus etiam a Marte deo (diligere).
d) Amor eorum a Vulcano (cernere).
e) Itaque a Vulcano insidiae[2] (parare).
f) Ita Venus et Mars plagā[3] (capere).

1 in matrimonium ducere: heiraten –
2 insidiae, arum: Falle – **3 plaga,** ae: Netz

13 Infinitive! Ergänze die Formen.

Präs. Aktiv	Präs. Passiv	Perf. Aktiv	Perf. Passiv
necare	necari	necavisse	necatum esse
excitare	? ?	? ?	? ?
monere	? ?	? ?	? ?
terrere	? ?	? ?	? ?
ponere	? ?	? ?	? ?

14 Ein Vulkan auf Sizilien
Markiere die AcIs mit einer Klammer und übersetze.

a) Romani Aetnam montem a Vulcano deo habitari putabant.
b) Flammas e monte emitti sciebant.
c) Sed homines dicebant se a monte non terreri.
d) Putabant enim montem a deo bono regi.

Provinzalltag

1 Pont du Gard, Aquädukt in Frankreich

2 Kopie eines römischen Meilensteins für Konstantin

C. Plinius an Kaiser Trajan: »Herr, die elegante und schicke Stadt Amastris besitzt neben prachtvollen Gebäuden auch eine traumhaft schöne und lange Uferpromenade; allerdings fließt an ihrer Seite über die gesamte Länge dem Namen nach ein »Fluss«, in Wirklichkeit aber eine scheußliche Kloake, die ebenso ekelerregend durch ihren widerlichen Anblick ist wie gesundheitsgefährdend durch ihren bestialischen Gestank. Deshalb ist es nicht nur mit Rücksicht auf die Hygiene, sondern auch mit Blick auf das Stadtbild dringend geraten, diese zu überbauen …«

Eine aberwitzige Idee, einen stinkenden Fluss zu überbauen, statt die Ursache des Gestanks zu bekämpfen. Aber vielleicht sollte Amastris mit in die Liste der »konsequentesten Verschandelungen eines historischen Stadtbildes« aufgenommen werden, so wie 1986 die Städte Idar Oberstein und Itzehoe. Auch sie haben ihre Flüsse überbaut, allerdings aus verkehrstechnischen Gründen.

Nun denn. Das zu Beginn zitierte Schreiben ist Teil eines Schriftverkehrs zwischen Plinius und Trajan und findet sich in der Briefsammlung des Plinius. Dieser Briefwechsel gewährt einen aufschlussreichen Einblick in den römischen Provinzalltag. Da geht es u. a. um Fragen des Feuerschutzes, um Hygiene in den Städten, um den Einsatz von Staatssklaven als Wachpersonal, aber auch um den Umgang mit der steigenden Zahl von Christen.

Plinius war unter Trajan Statthalter im kleinasiatischen Bithynien. Als vom Kaiser eingesetzter Beamter stand er in ständigem Kontakt mit seinem Dienstherrn. Die Zeiten, in denen sich römische Politiker in den Provinzen rücksichtslos die Taschen vollstopfen konnten, waren nämlich seit Augustus endgültig vorbei. Trajan hatte die Provinzverwaltung völlig neu strukturiert. Die Statthalter – lateinisch *procuratores* von *procurare = Oberverwalter der kaiserlichen Einkünfte sein* – waren Beamte mit festem Gehalt und mussten für ihre Tätigkeit Rechenschaft ablegen. Für wichtige Vorhaben benötigten sie die Zustimmung des Kaisers.

Diese Umstrukturierung führte zu einer deutlichen Verbesserung der Infrastruktur. Das Verkehrsnetz wurde erweitert: Meilensteine zeigten die Entfernungen zu den wichtigsten Städten des Reiches an. Der Ausbau von Städten in der Provinz wurde gefördert: Ein Netz von Aquädukten sorgte für Frischwasserzufuhr. Berühmt sind die Eifelwasserleitung nach Köln und der Pont du Gard in Südfrankreich. So konnten die wirtschaftlichen Möglichkeiten der einzelnen Regionen besser genutzt werden. Der Weinanbau an der Mosel beispielsweise ist den Römern zu verdanken, die den besonderen Geschmack dieser Weine sehr zu schätzen wussten.

Auch das Reisen war jetzt vergleichsweise sicher. An den ausgebauten Straßen gab es überall Gasthäuser (ein solches Gasthaus hat man übrigens in Ahrweiler ausgegraben) und die Straßen selbst wurden ständig kontrolliert. In allen Teilen des Reiches galt das römische Recht. Viele Städte, ja ganze Landstriche erhielten das römische Bürgerrecht und konnten sich gegebenenfalls auf den Kaiser berufen. Post und Nachrichtendienst funktionierten bestens. Entlang der Grenzen entstanden zahlreiche Militärlager. Viele von ihnen wurden später zu eigenen Städten. Hilfstruppen – das waren Soldaten aus den verschiedenen Völkern des Imperiums – wurden in diesen Grenzgarnisonen gern zur Verstärkung eingesetzt.

Hier beschert uns nun der Zufall einen weiteren Einblick in den römischen Alltag. Hoch oben im Norden Britanniens gab es nämlich auch solche Militärlager. Eines davon hieß *Vindolanda*. Als es verlassen wurde, hat man kurzerhand alle wertlosen Notizzettel und Unterlagen auf einen Haufen geworfen und angezündet. Dem englischen Regen ist es zu verdanken, dass sie noch existieren. Heute sind sie von unschätzbarem Wert, denn durch sie erfährt man viel über Ausstattung und Leben in diesen Garnisonen. So fanden sich zwischen zahllosen Materiallisten auch eine Einladung zur Geburtstagsfeier und ein persönliches Begleitschreiben für die Lieferung von vier Paar Sandalen, zwei Paar Wollstrümpfen und zwei Paar Unterhosen. Es ist eben doch manchmal recht frisch in Britannien …

3 Holztäfelchen aus Vindolanda, sog. Vindolanda Tablets

1 Suche die Provinz Bithynien auf der Karte hinten im Buch.

2 Erläutere den Begriff *procurator* und seine Aufgaben. Begründe auch mithilfe des Pliniusbriefes.

3 Gestaltet ein Werbeplakat für eine Ausstellung zu den »Vindolanda Tablets«. Präsentiert es vor der Klasse.

4 römischer Reisewagen, Außenwand des Doms zu Maria Saal

Täter und Opfer

Ja, auch in der Syntax gibt es »Täter« und »Opfer«. Nur heißen sie hier Subjekt und Objekt und bezeichnen Handlungsträger und Handlungsgegenstand.

Plinius matrem **monet.**

Plinius macht sich während des Vesuvausbruchs große Sorgen um seine Mutter. Deshalb ermahnt er sie, mit ihm zu fliehen. Er ist als Subjekt des Satzes derjenige, der das Geschehen bestimmt.

Beim Wechsel in das Passiv ändert sich daran *inhaltlich* nichts; zwar ist nun die Mutter *syntaktisches Subjekt* des passiven Satzes, sie ist aber immer noch »Opfer«, also *logisches Objekt* der Handlung. Denn Urheber der Handlung bleibt Plinius.

Plinius matrem **monet.**

Mater a Plinio **monetur.**

Bildung der Passivformen

Wie im Aktiv werden die Wörter auch im Passiv nach dem Baukastenprinzip aus verschiedenen Modulen zusammengesetzt.

Passiv im Präsensstamm

Im Präsensstamm hat das Passiv eigene Personalendungen, an denen du es zuverlässig erkennen kannst. Alle anderen Module (also Tempus- und Moduszeichen), bleiben gleich.

	Indikativ		Konjunktiv	
Präsens:	voca-t	voca-**tur**	clam-e-t	clam-e-**tur**
Imperfekt:	voca-**ba**-t	voca-**ba**-**tur**	voca-**re**-t	voca-**re**-**tur**
Futur I:	voca-**bi**-t	voca-**bi**-**tur**	– – – –	– – – –

Passiv im Perfektstamm

Im Perfektstamm wird das Passiv ähnlich wie im Deutschen aus mehreren Teilen gebildet. Vergleiche:

vocatus, a, um est (er, sie, es) wurde gerufen/ist gerufen worden

Im Lateinischen setzt sich das Passiv also aus der dritten Stammform (dem PPP) und einer Form von »esse« zusammen. Im Deutschen ist es das Partizip II und eine Form von »werden«.

Doch Vorsicht: Das Deutsche verwendet das Hilfsverb »werden« auch fürs Futur. Hier heißt es aufpassen, damit du Futur Aktiv und Präsens Passiv nicht verwechselst:

Präsens Passiv:	Die Mutter wird <u>ermahnt</u>.
Futur Aktiv:	Die Mutter wird <u>ermahnen</u>.
Futur Passiv:	Die Mutter wird <u>ermahnt</u> werden.

Wortbildung: Ableitung von Substantiven

Übung, Heizung, Wohnung, Planung – im Deutschen kennst du viele Substantive dieser Art. Vielleicht ist dir schon aufgefallen, was sie verbindet: Alle sind weiblich. Gebildet werden sie von einem Verb, indem man »-ung« als Suffix (Nachsilbe) anhängt.

Auch im Lateinischen gibt es solche Regelmäßigkeiten. Wenn du sie kennst, kannst du von vielen Wörtern die Bedeutung erschließen – und weißt oft ganz automatisch auch das Geschlecht.

Substantive auf -tus

Diese Substantive bezeichnen eine Handlung in ihrem Verlauf und gehören zur u-Deklination. Sie sind immer maskulin und werden vom PPP gebildet:

movere (bewegen) → motus (Bewegung)

Substantive auf -io (-tio, -sio)

Diese Substantive bezeichnen ebenfalls eine Handlung. Sie gehören zur 3. Deklination und sind immer feminin. Auch sie werden vom PPP gebildet.

defendere (verteidigen) → defensio (Verteidigung)

Substantive auf -tor

Diese Substantive bezeichnen jemanden, der etwas berufsmäßg macht. Sie gehören zur 3. Deklination und sind in der Regel maskulin.

imperare (befehlen) → imperator (einer, der befiehlt: Feldherr, Herrscher)
orare (bitten, reden) → orator (einer, der redet oder bittet: Redner)

Substantive auf -tas

Diese Substantive gehören zur 3. Deklination und sind immer feminin. Sie bezeichnen oft Eigenschaften und sind von Adjektiven abgeleitet:

liber (frei) → libertas (Freiheit)
cupidus (begierig) → cupiditas (Begierde)

> **Das habe ich gelernt:**
>
> Die Passivformen erkenne ich daran, dass sie entweder aus zwei Teilen (PPP + *esse*) bestehen oder eigene Personalendungen haben. Das Wissen um die wichtigsten Regeln der Wortbildung hilft mir, die grammatischen Eigenschaften und die Bedeutung der Wörter zu erschließen.

1 Mutter Latein und ihre Töchter!
Stelle gleichbedeutende Substantive aus beiden Sprachen zusammen und gib das lateinische Ursprungswort (mit Bedeutung) an.

Italienisch: la quiete – il lago – la proibizione – la difesa – la cenere – la faccia – la celerità – l'audacia

Französisch: la célérité – la cendre – la face – l'audace – la quiétude – la défense – le lac – la prohibition

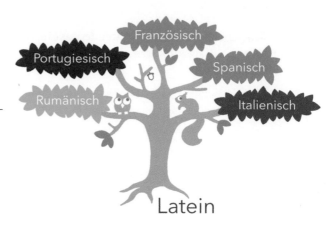

2 | 1 Für Sprachforscher: Nenne die lateinischen Ursprungswörter und ihre Bedeutung.

2 Erkläre die Bedeutung der Fremdwörter und vergleiche sie mit dem lateinischen Wort.

Selbst *Veteranen* unter den Anlegern gerieten *temporär* in *partielle Kalamitäten,* manche sogar in den *Ruin,* weil die Aktien allzu *defensiv tendierten.* Es wurde klar, dass der Markt *obskuren* Regeln folgte und nicht zu beherrschen war.

3 Verschiedene Kombinationen
Kombiniere die Begriffe zu sinnvollen Gruppen (z. B. Zeitangaben, Angst …) und begründe deine Auswahl.

defendere – dies – delere – civis – exercitus – impetus – manus – oppidum – metuere – metus – nox – obscurus – pellere – perire – prohibere – ruere – tenebrae – tempus – timor – incola

4 Verschiedene Deklinationen
Welches Wort passt nicht? Begründe deine Entscheidung.

a) domum – exercituum – monstrum – lacum
b) veteri – casui – loci – impetui – saluti
c) faciei – diei – perniciei – spei – iuveni
d) metum – parum – manum – lapidem
e) re – cinere – tecto – Marce – nocte

5 Bunt gemischt
Lege eine Tabelle an und sortiere nach Deklinationen. Bestimme auch die Form.

metum – cineris – tecto – spem – timor – exercitus – tenebras – casu – perniciei – impetui – iuvenem – incolarum – lapidi – dies – oppido – cive – faciei – lacus – re

6 Genitivus subiectivus oder obiectivus?
Übersetze und benenne, welche Genitiv-funktionen jeweils vorliegen.

a) amor patriae
b) motus terrae
c) incolae oppidi
d) metus calamitatis
e) salus civium
f) spes pacis
g) victoria Romanorum

7 Genitivus-Generator
Verbinde jedes Substantiv mit einem inhaltlich passenden Genitiv und übersetze.

Substantiv	Genitivattribut
a) metus	salus
b) gaudium	adversarii (Pl.)
c) spes	vitium
d) poena	hostes (Pl.)
e) pernicies	nox
f) tenebrae	libertas

8 | 1 Passiv im Perfektstamm
Nenne zu jeder Form die Lernform (Infinitiv Präsens Aktiv).
2 Übersetze die Passivformen.
3 Bilde auch das Plusquamperfekt Passiv.

a) clausa est   b) emissi estis
c) laudatus sum   d) neglecta es
e) excitati sumus g) capti sunt

9 | 1 Bilde die Passivformen und übersetze sie.
2 Bilde auch das Imperfekt und das Futur.

Aktiv	Passiv					
a) excito	?	?	?	?	?	?
b) defendis	?	?	?	?	?	?
c) pellit	?	?	?	?	?	?
d) mittimus	?	?	?	?	?	?
e) deletis	?	?	?	?	?	?
f) necant	?	?	?	?	?	?

10 | 1 Großvater kann's nicht lassen: Übersetze seine »Heldentaten«.
2 Erzähle die Ereignisse anschließend als Bericht im Passiv (auf Deutsch).
3 Bilde die lateinischen Verbformen im Passiv.

»Quia omnes hostes maxime terrebamus, imperator exercitum nostrum in Britanniam misit. Et profecto barbaros cito[1] superavimus. Cum equites nostri adversarios oppressissent, eorum oppida delevimus et pacem Romanam restituimus. Qua de causa numquam nos petent neque virtutem Romanam neglegent. Nonne scitis, quantopere[2] imperator nos laudaverit?«

1 cito *(Adv.):* schnell – **2 quantopere** *(Adv.):* wie sehr

11 Aufgepasst …!
Lies die Sachinformationen der vorhergehenden Seiten noch einmal genau durch. Nenne dann folgende Personen und Dinge:

a) Bedeutender Feldherr unter Kaiser Vespasian
b) Berühmter römischer Historiker und Zeitgenosse von Plinius
c) Der Pont du Gard war in der Antike keine Brücke, sondern ein …
d) Grenzwall in Britannien
e) Zeigten die Entfernung zu den wichtigsten Städten des Reiches
f) Weithin in Kampanien zu sehen

12 Zur Linken sehen Sie …!
Informiere dich aus den kleinen Sachtexten und geeigneten Internetseiten über die Sehenswürdigkeiten von Pompeji oder Herculaneum.
Stellt anschließend in Kleingruppen einen kurzen Rundgang zusammen und charakterisiert die verschiedenen Stationen.

Blick über das Ausgrabungsgelände von Herculaneum auf die Ausläufer von Neapel und den Vesuv

Mosaik aus Antiochia, 2. Jhdt. n. Chr.

Mosaik

Opus Mosaicum (Musenwerk) oder Mosaik ist eine Kunsttechnik, bei der man aus kleinen, bunten, verschieden geformten Teilen (Stein, Glas usw.) Bilder oder Ziermuster gestaltet. Schon im 3. Jahrtausend v. Chr. gab es Mosaiken in Mesopotamien, besonders beliebt waren sie in römischer Zeit. Überall im römischen Reich, wo man etwas auf sich hielt und genug Geld hatte,

schmückte man mit ihnen Häuser. Häufig wurden Szenen aus der Mythologie dargestellt, gerne auch als Bodenschmuck im Speisezimmer (wie das Parisurteil oben), um den Gästen zu beweisen, dass man sich nicht nur ein Festessen, sondern auch Bildung leisten konnte.

1 Recherchiere die genauen Umstände des Parisurteils und versuche dann, alle auf dem Mosaik links dargestellten Personen zu identifizieren.

2 Beschreibe die Kopfbedeckung der beiden Krieger rechts und recherchiere die Bedeutung dieser sogenannten *phrygischen Mütze.*

3 Vergleiche die Erzählung von Odysseus und den Sirenen (z. B. bei Homer oder in einem Buch über die Sagen des Odysseus) mit der Darstellung auf dem Mosaik unten.

Mosaik aus Neapolis (Tunesien), 4. Jhdt. n. Chr.

Projekt

Verschiedene Firmen bieten Bausätze an, mit denen man selbst Mosaike herstellen kann. Organisiert eine Ausstellung mit euren eigenen Werken.

Mosaik aus Tunis, 2.–3. Jhdt. n. Chr.

Das Urteil des Paris

Heute geht es nach Neapel in eine Gemäldegalerie. Dank Mutter Flavias erzählerischem Talent ist es alles andere als langweilig.

Ecce! Vidētisne iuvenem sub arbore sedentem et deās eum circumstantēs? Quī iuvenis est Paris, filius rēgis Trōiānī. Iūdicāre dēbet, quaenam deārum certantium sit pulcherrima[1].
Audīte verba iuvenis deās iūdicantis!

5 Paris: »Hercle[2]! Dēcernere difficile est! Vōs omnēs tam pulchrae estis, ut faciēs et habitūs vestrōs comparāns tamen nesciam, cui vestrum mālum[3] dem. Fortasse vōs ipsae[4] mē adiuvābitis?
Magna Iūnō, cūr tē pulchritūdine cēterīs praestāre dīcam[5]?«

Quae mālum[3] appetēns imperium magnum prōmīsit. Et Minerva, quae
10 sapientibus et mīlitibus favet, Paridī dubitantī etiam plūs prōmīsit: sapientiam et glōriam ēgregiam.

Sed Paris »Grātiās« ait »agō, sed parum est neque bellum gerere volō! Optō, ut Venus verbīs suīs mihī persuādeat! Aliōquīn mālum edam[6]!«

Venus: »Dea sum amōris: Tibī mē deārum pulcherrimam[1] iūdicantī
15 praemium maximum prōmittō: mulierem orbis terrārum pulcherrimam[1]!«

Paris: »Optimē! Quam illicentia[7] sunt māla[3].«

1 pulcherrimus, a, um: der/die/das schönste

2 Hercle!: Beim Herkules!

3 mālum, ī: Apfel

4 ipse, ipsa, ipsum: selbst

5 dīcam: ich soll sagen

6 Aliōquīn mālum edam: Andernfalls werde ich den Apfel essen!

7 quam illicentia: wie verlockend

1 Lies den Text über den Zankapfel. Beschreibe das Bild und äußere Vermutungen über den Inhalt des lateinischen Textes.

2 Suche die Partizipien und ihre Bezugswörter heraus. Probiere verschiedene Übersetzungsvarianten aus.

3 Charakterisiere Paris und bewerte seine Wahl.

Grundwissen: Der Zankapfel

Welch eine Demütigung! *Discordia,* die Göttin der Zwietracht, ist außer sich! Man hat es gewagt, sie bei der Einladung zur Hochzeit von *Thetis,* der Meernymphe, und dem Sterblichen *Peleus* zu übergehen. Discordia sinnt auf Rache. Ein goldener Apfel mit der Aufschrift *der Schönsten,* geworfen unter die Festgäste, wird seine Wirkung nicht verfehlen. Discordias Plan geht auf. Zwischen *Minerva,* Göttin der Weisheit, *Juno,* Göttin der Ehe und Gattin Jupiters, und *Venus,* Göttin der Liebe, entbrennt ein unversöhnlicher Streit. Selbst *Jupiter* kann die Göttinnen nicht beruhigen. In seiner Not schickt er *Merkur,* den Götterboten, zu dem Sterblichen *Paris.* Er soll entscheiden, welche der drei die schönste ist. Doch *Paris* trifft eine Entscheidung mit entsetzlichen Folgen …

*Der Raub der Helena

*Paris verliebt sich unsterblich in die schöne Helena. Diese allerdings ist bereits
mit Menelaos, dem König von Sparta, verheiratet. Doch Paris entführt sie
kurzerhand nach Troja. Schon sind sie zu Schiff unterwegs.*

Subitō mare sub nāvī dehīscit[1] et faciēs Neptūnī[2] appāret dīcentis:
»Vae, Parī[3]! Quid tibī vīs[4]? Aspicis mulierem cēterīs pulchritūdine
praestantem eamque abdūcis! Etiamsī Venus tibī Helenam praemium[5]
prōmīsit, minimē glōriam tibī pariēs! Menelāus, Helenae marītus, mox
5 imperium patris tuī petet, Trōiam oppūgnābit! Neque sōlum orbis
terrārum certābit, sed etiam dī bellum gerent. Aliī Graecīs favēbunt, aliī
Trōiānōs adiuvābunt. Clādēs autem atque perniciēs magnae erunt! Multī
mīlitēs fortiter[6] pūgnantēs bellō perībunt. Et quā dē causā? Quia iuvenis
sapientiam minōris[7] quam pulchritūdinem iūdicāns Venerī fāvit.«
10 Haec[8] ait rūrsusque abit sub aquam. Paris autem iter pergit neque
amīcīs rogantibus, ut Helenam redderet, pāret.

1 **dehīscere:** sich auftun,
sich spalten

2 **Neptūnus, ī:** *Gott des Meeres*

3 **Parī:** *Vokativ* zu Paris

4 **Quid tibī vīs?:** Was fällt dir
eigentlich ein?

5 **praemium:** als Belohnung

6 **fortiter** *(Adv.):* tapfer

7 **minōris:** für weniger wert

8 **haec** *(Akk. Pl. n.):* dies

1 Lies den Einleitungstext und sammle, was du über die weitere
Entwicklung der Geschichte weißt.

2 Gestalte einen Dialog zwischen Paris und seinen Freunden.

1 Streit bei der Hochzeit
Übersetze und beschreibe dann die neuen Erscheinungen.

a) Peleus et Thetis omnes deos et deas ad nuptias invitaverunt.

b) Coniuges modo unam deam non invitaverunt rixam[1] inter[2] hospites timentes: Discordiam[3].

c) Turba deorum venientium magna est.

d) Thetis hospitibus dona apportantibus gratias agit.

e) Subito Discordia[3] apparet: Malum[4] aureum[5] in turbam iactans[6] clamat: »Pulcherrimae[7]!«

f) Deae malum[4] petentes clamorem magnum tollunt.

1 rixa, ae: Streit – **2 inter** *(+ Akk.):* unter; zwischen –
3 Discordia: *Göttin der Zwietracht* – **4 mālum**, i:
Apfel – **5 aureus**, a, um: golden – **6 iactare:** werfen –
7 pulcherrimae!: für die Schönste!

2 | 1 Stelle alle lateinischen Wörter zusammen, die du brauchst, um das Bild zu beschreiben.

2 Bilde kurze lateinische Sätze und lass deinen Nachbarn übersetzen.

3 | 1 Für Sprachforscher: Nenne die lateinischen Ursprungswörter und ihre Bedeutung.

2 Erkläre die Bedeutung der Fremdwörter und vergleiche sie mit dem lateinischen Wort.

Die Mönche in ihrem schwarzen *Habit* nahmen mit großem *Appetit* das Mahl zu sich. Dann verlas der Abt das *Dekret* und fragte, welche Lösung der *diffizilen* Angelegenheit seine Mitbrüder *favorisierten*.

4 Wörter umschreiben: Nenne das gesuchte Wort und seine Bedeutung.

a) non credere: ? ? ? ? ? ? ? ?

b) pugnare: ? ? ? ? ? ? ?

c) qui multa scit, est: ? ? ? ? ? ? ?

d) adesse: ? ? ? ? ? ? ? _

e) in horto multae ? ? ? ? ? ? ? sunt

5 »Verwandte« Wörter
Führe auf ein bekanntes Wort zurück und erschließe die Bedeutung.

iudicium – certamen – imperare – dubium – facilis – sedes – iudex – favor

6 Ein Wort – viele Sinnrichtungen. Übersetze.

a) bellum gerere – negotium gerere

b) tempus cum amicis gerere

c) vestem gerere – arbor mala[1] gerit

1 malum, i: Apfel

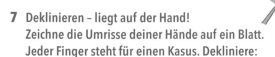

7 Deklinieren – liegt auf der Hand!
Zeichne die Umrisse deiner Hände auf ein Blatt.
Jeder Finger steht für einen Kasus. Dekliniere:

a) iuvenis sedens

b) puer sedens

8 Nichts geht ohne KNG: Ordne zu.

a) dearum   A) currentes

b) militibus   B) cantantes

c) puellae   C) ardentibus

d) equi   D) fugienti

e) e domibus   E) certantium

f) servo   F) vincentibus

9 Markiere das Partizip und sein Bezugswort.
Übersetze dann.

a) e domibus ardentibus fugere

b) avum in urbe viventem visitare[1]

c) gloria militum contra hostes pugnantium

d) servis bene laborantibus praemia dare

1 visitare: besuchen

10 Und auf Deutsch? Eine wörtliche Übersetzung des
Partizips klingt oft ungeschickt. Formuliere um.

Den goldenen Apfel begehrend, versprach Venus dem
Paris eine wunderschöne Frau.

→ Venus begehrte den goldenen Apfel und …

→ Weil Venus den goldenen Apfel begehrte …

a) Eine schöne Frau suchend, ging Paris auf
das Angebot der Venus ein.

b) Hörend, dass Helena die schönste Frau
der Welt sei, wollte er sie unbedingt
kennenlernen.

c) Wissend, dass sie schon verheiratet war,
konnte er doch nicht widerstehen.

d) Er schlich sich leise an den vor dem
Zimmer schlafenden Wachen vorbei.

e) Denn er wollte unbedingt die alle an
Schönheit übertreffende Helena verführen.

rotfigurige Vase um 330 v. Chr.: Paris und Helena

11 Helenas kriegssüchtiger Ehemann: Markiere das
Partizip und sein Bezugswort. Übersetze dann.

a) Menelaus[1] saepe regna aliorum regum
petens cum exercitu bella gerebat.

b) Qui multas terras regens urbem Troiam
oppugnare in animo habebat.

c) Sed ceteri reges Graeci iram Troianorum
metuentes ei non affuerunt.

1 Menelaus: *König von Sparta; Gatte der Helena, die
von Paris entführt wird*

12 Die Entführung der Helena: Markiere das Partizip
und sein Bezugswort. Übersetze dann.

a) Paris Veneri deae praemium magnum
praebenti gratias egit.

b) Nam de pulchritudine Helenae aliis
mulieribus praestantis iam multa audiverat.

c) Itaque Graeciam petivit et Helenam
maritum timentem nave abduxit.

Das Trojanische Pferd

Vor einem Gemälde zum Trojanischen Krieg bleibt die Familie länger stehen.
Fulvia hat mittlerweile Spaß gefunden am Geschichtenerzählen und legt los:
»Stellt euch vor, wir säßen im Trojanischen Pferd!« …

Iam per longum tempus in equō angustō obscūrōque sedēmus Trōiānōs
exspectantēs. Subitō vōcēs audientēs per rīmam[1] spectāmus:

Trōiānī equō ad lītus vīsō appropinquant. Audīmus eōs ob
magnitūdinem equī Minervae sacrī exsultāre[2] et stupēre[3].

5 At Lāocoōn sacerdōs dē arce currēns iam procul clāmat: »Ō miserī
Trōiānī! Sī Graecōs abisse putātis, certē errātis. Aut Graecī in hōc[4] līgnō
clausī occultantur, aut alius terror latet. Nē[5] crēdite equō ab hostibus
relictō! Quidquid id est, timeō Graecōs etiam dōna portantēs.«

Tum īrā commōtus tam ingentem hastam[6] in equum iactat, ut tremat[7].

10 Quā rē perterritī ex-clāmāmus: »Vae!« Metuentēs, nē inveniāmur, precēs
ad Minervam mittimus.

Ecce! Subitō duō ingentēs serpentēs[8] ā Minervā missī ē marī appārent, ad
lītus tendunt, Lāocoonta[9] interficiunt.

Trōiānī autem exīstimant deam tēlō nefāriō laesam Laōcoonta[9] pūnīvisse
15 et equum in urbem trahunt.

1 **rīma,** ae: Spalt
2 **exsultāre:** jubeln
3 **stupēre:** staunen
4 **hōc** *(Abl.):* dieser
5 **nē:** *hier:* nicht
6 **hasta,** ae: Lanze
7 **tremere:** erzittern
8 **serpens,** serpentis *m.:* Schlange
9 **Lāocoonta:** *Akk. zu* Lāocoōn

1|1 Tragt zusammen, was ihr über das Trojanische Pferd wisst.

2 Lies den Einleitungstext und äußere erste Vermutungen über den Inhalt
des Textes.

2|1 Arbeite anhand der Konnektoren die Grobstruktur des Textes heraus.

2 Gliedere den Text und gib den einzelnen Abschnitten Überschriften.

3 Gib die Geschichte in eigenen Worten wieder.

4 Erkläre, warum die Griechen nicht entdeckt werden.

Grundwissen: Das Trojanische Pferd

Kriegsmaschinen gibt man gerne klingende Namen, sie
bleiben aber trotzdem, was sie sind, Kriegsmaschinen. Nicht
so das Trojanische Pferd. Diese Kriegsmaschine hatte tatsächlich Pferdegestalt. Konstruiert wurde sie von *Odysseus* unter
Anleitung *Minervas.* Zehn Jahre hatten die Griechen zu diesem
Zeitpunkt Troja erfolglos belagert. Auf beiden Seiten hatte es
große Opfer gegeben. Die tapfersten Helden, der Trojaner
Hektor und der Grieche *Achill,* waren tot.

Und wofür das alles? Nun, *Venus* hatte ihr Versprechen ein-
gelöst und *Paris* mit der schönen *Helena* zusammengebracht.
Doch diese war mit *Menelaos,* dem König Spartas, verheira
tet. Vor ihrer Heirat hatte *Helena* viele Verehrer. Sie alle hatten
damals geschworen, für sie und *Menelaos* zu kämpfen, falls
es die Situation erfordern sollte. Diese Situation sah *Menelaos*
nun gekommen. Und so war eine gewaltige Flotte auf-
gebrochen, um *Helena* zurückzuholen …

*Zeuge des Untergangs

*In der Nacht verlassen die Griechen das Pferd und öffnen das Stadttor. Schon
zieht das feindliche Heer plündernd und mordend durch Troja, während viele
Bewohner noch schlafen – auch Aeneas.*

Subitō Aenēās umbram Hectoris, sociī mortuī, vīdit. Quī flēvit et
Aenēam tālibus verbīs monēns ait: »Eheu, fuge, fīlī deae, ēripe tē
flammīs! Iam hostis mūrōs habet; iam arx alta Trōiae dēlētur.«

Aenēās ē somnō excitātus statim in tēctum currit. Ecce! Domūs flammīs
5 dēlētae ruunt, templa antīqua ārdent, incolae perterritī per viās errant:
mīlitēs, ut urbem captam ab hostibus dēfendant; mulierēs, ut cum līberīs
ē flammīs servātīs fugiant. Aenēās sēcum cōgitat[1]: »Vēnit ultimus diēs:
Mox Trōia et ingēns glōria Trōiānōrum nōn iam erunt.« At rēbus malīs
nōn cēdere dēcrēvit. Magnā īrā commōtus iam mediam in pūgnam
10 contendit …

Subitō autem Venus dea appāruit haec[2] dīcēns: »O fīlī, tantamne īram
dolor excitāvit? Fuge et servā tuōs! Ubīque tibī aderō.« Et pius Aenēās
deae pāruit …

1 sēcum cōgitāre: bei sich
denken

2 haec *(Akk. Pl. n.) hier:*
Folgendes

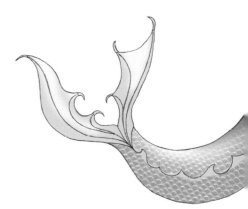

1 Gliedere den Text und gib ihn in eigenen Worten wieder.
2 Fasse zusammen, was du über Aeneas weißt. Beziehe auch dein Wissen
aus Lektion 20 mit ein.

1 Ein langer Krieg …
Übersetze und beschreibe dann die neuen
Erscheinungen.

a) Troia a Graecis obsessa[1] est.
Troia a Graecis obsessa[1] tandem capta est.
b) Mulieres a militibus relictae sunt.
Mulieres a militibus relictae tristes sunt.
c) Per multos annos bellum a Graecis gestum
est. In bello a Graecis gesto multi viri necati
sunt.

1 obsidere, obsideo, obsedi, obsessum: belagern

2 … und wer ist schuld?
Beschreibe, wie das Partizip jeweils aufgelöst ist,
und bewerte die Übersetzungen.

Helena a Paride rapta Troiae vixit.

– Nachdem Helena von Paris geraubt worden
war, lebte sie in Troja.
– Helena war von Paris geraubt worden und
lebte dann in Troja.
– Paris hatte Helena geraubt. Danach lebte
diese in Troja.

3 | 1 Stelle alle lateinischen Wörter zusammen, die
du brauchst, um das Bild zu beschreiben.
2 Bilde kurze lateinische Sätze und lass deinen
Nachbarn übersetzen.

4 Mindmap
Erstelle eine Mindmap zum Thema »Beziehung
zwischen Menschen und Göttern«.

5 Pantomime
Notiere fünf Verben aus dieser Lektion. Spiele
sie der Klasse vor, die Mitschüler notieren ihre
Lösung. Wer errät alle?

6 Welches Wort passt nicht?
Entscheide nach inhaltlichen Kriterien und
begründe deine Wahl.

a) necare – laedere – appropinquare
b) clam – terror – latere – occultare
c) arx – telum – arbor – defendere

**7 Wörter umschreiben: Nenne das gesuchte Wort
und seine Bedeutung.**

a) adire: ? ? ? ? ? ? ? ? ? ? ?
b) ex oculis movere: ? ? ? ? ? ? ? ? ?
c) Iuppiter deus est Romanis ? ? ? ? ?
d) sacerdos immolans dicit ? ? ? ? ? ?

8 Montagsmaler
Bildet Zweierteams. Immer abwechselnd zeichnet
einer von euch ein lateinisches Wort aus Lektion
28 in sein Heft, der andere muss es erraten.

**9 »Verwandte Wörter«: Führe auf bekannte Wörter
zurück und erschließe die Bedeutung.**

a) longitudo – altitudo – fortitudo
b) audacia – amicitia – angustiae
c) occultus, a, um – propinquus, a, um

10 PPP: Nenne den Infinitiv Präsens und seine Bedeutung. Gib auch die anderen Stammformen an.

relictos – commota – clausis – inventum – captae – missas – interfectus – gestorum – laeso – territis – iactata – visae – statutos

11 Partizipien: Bilde die fehlenden Formen.

Inf. Präs.	PPA	PPP
laedere	laedens	? ?
? ?	? ?	punitum
trahere	? ?	? ?
? ?	? ?	prohibitum

12 Nichts geht ohne KNG: Ordne zu.

a) militibus   A) apportatum
b) donum   B) data
c) hostium   C) relictis
d) arcis   D) deposito
e) libertate   E) reparatae
f) metu   F) superatorum

13 Markiere das Partizip. Übersetze dann.

a) equus a Graecis relictus
b) hostes in equo clausi
c) accipere donum a Graecis apportatum
d) adire equum in litore inventum
e) deam telo laesam timere

14 Und auf Deutsch? Eine wörtliche Übersetzung des Partizips klingt oft ungeschickt. Formuliere um.

Von Paris entführt, kam Helena nach Troja.
→ Helena wurde von Paris entführt und kam dann nach Troja.
→ Nachdem Helena von Paris entführt worden war, kam sie …

a) Doch Helenas Mann, von ihr betrogen, war sehr wütend.
b) Von Zorn erfüllt rüstete er eine große Streitmacht aus und fuhr nach Troja.
c) Doch die gewarnten Trojaner hatten sich gut vorbereitet.
d) Die reparierte und verstärkte Stadtmauer bot der Stadt Schutz vor den Griechen.

15 Gefahren auf dem Meer: Gleichzeitig oder vorzeitig? Markiere den Partizipialausdruck und übersetze.

Aeneas, cum ex urbe deleta fugisset, novam patriam invenire debuit. Cum sociis nihil timentibus mare altum petivit.
Sed Iuno dea a Paride laesa socios a patria nova diu prohibuit. Itaque socii per maria errantes multa pericula tolerare debebant:
A monstris saevis oppugnati et inter Scyllam Charybdinque[1] oppressi tandem ad Italiam pervenerunt.

1 inter …: zwischen Skylla und Charybdis *(Meerenge mit gefährlichen Strudeln)*

16 Ein schwerer Abschied: Markiere den Partizipialausdruck und übersetze.

a) Primo Aeneas e Troia a Graecis deleta fugere noluit.
b) At denique Aeneas a Venere dea persuasus decrevit familiam suam servare.
c) Sed uxorem iterum atque iterum vocatam non invenit et eam relinquere debuit.
d) Maximo dolore commotus Aeneas tamen cum filio et patre et imaginibus deorum navem petivit.

Relief auf einem Altar: Aeneas auf der Flucht aus Troja

Odysseus und die Sirenen

So langsam wird es Fulvia und Lucius zu viel, sich ein Kunstwerk nach dem anderen anzusehen und dazu die endlosen Reden ihrer Eltern anzuhören. Wenn sie doch ein bisschen Wachs für ihre Ohren hätten, so wie die Gefährten des Odysseus auf der Heimreise aus dem zerstörten Troja!

Ulixēs[1] sociīque patriam petentēs iam magnōs labōrēs tūlerant, cum ad Sīrēnēs[2] vēnērunt. Quae partem superiōrem mulieris habēbant, īnferiōrem autem avis. Hārum fātum fuit tam diū vīvere, quam diū nēmō mortālium cantum[3] eārum audiēns praeternāvigāvisset[4]. Hae iam multōs
5 nautās, ut fertur, ad perniciem vocāverant.

Sed Ulixēs[1] ā Circā[5] monitus dolum adhibuit: Sociīs cērā[6] aurēs clausit sēque ad mālum cōnstringī[7] iussit. Illīs praecēpit, nē eum līberārent, etsī hoc postulāret.

Cum ad Sīrēnum[2] saxum appropinquārent, Ulixēs[1] carmina dulcia
10 accēpit et cupiditātibus ācribus incēnsus est. Sociī autem quiētō animō rēctum cursum tenuērunt. Ille hōs implōrāvit, ut vincula solverent. Hī autem nōn modo sīgna illīus neglēxērunt, sīcut prōmīserant, sed etiam vincula astrīnxērunt[8].

Hōc modō Ulixēs[1] incolumis cantum[3] Sīrēnum[2] audīvit neque vītam
15 āmīsit. Sīrēnēs[2] autem victae sē praecipitēs in undās coniēcērunt.

1 Beschreibe das Bild und stelle Textbelege zusammen, die das im Bild Gezeigte wiedergeben.

2 Stelle schwierige Sätze anhand der Einrückmethode grafisch dar.

3 Gliedere den Text anhand der Konnektoren und gib den einzelnen Abschnitten Überschriften.

4 Erkläre den heutigen Begriff »Sirene«.

5 Informiere dich über die Irrfahrten des Odysseus und berichte deinen Mitschülern über ein weiteres Abenteuer, das Odysseus auf seiner Reise erlebt hat.

1 Ulixēs, Ulixis *m.:* Odysseus

2 Sīrēnēs, um *f.:* Sirenen

3 cantus, ūs *m.:* Gesang

4 praeternāvigāre: vorbeisegeln

5 Circa, ae: Kirke *(Zauberin, bei der Odysseus zuvor war)*

6 cēra, ae: Wachs

7 ad mālum cōnstringere: an den Mast binden

8 astringere, astringō, astrīnxī: *hier:* fester anziehen

Grundwissen: Die Irrfahrten des Odysseus

Ithaka! Zwanzig Jahre lang hat Odysseus seine Heimat nicht mehr gesehen! Nach der Zerstörung Trojas wollten Odysseus und seine Gefährten nur noch nach Hause. Doch viele Abenteuer hatten sie auf dieser langen Reise zu bestehen, darunter auch die Begegnung mit dem einäugigen Zyklopen *Polyphem*, dem Sohn des Meergottes *Neptun*. Ihn blendete Odysseus. Neptuns Rache war bitter. Er verweigerte Odysseus die Ankunft auf Ithaka. Ruhelos durchstreiften er und seine Gefährten die Meere. Schließlich ertranken alle während eines gewaltigen Sturmes, nur Odysseus rettete sich auf die Insel der Nymphe *Kalypso*. Sie überlistete *Neptun* auf Geheiß Jupiters und ermöglichte Odysseus so die Heimkehr nach Griechenland. Nun steht er endlich auf heimischem Boden. Doch werden seine Lieben ihn überhaupt wiedererkennen?

* Lass' dich nicht bezirzen!

Auf seinen Irrfahrten landete Odysseus auch auf der kleinen Insel Aiaia. Da er inmitten der Insel Rauch aufsteigen sah, schickte er einen Teil seiner Gefährten los, um die Insel zu erkunden.

Ulixēs, cum sociōs iam mortuōs esse putāret, tandem ūnum ex illīs ad nāvem redīre vīdit. Cui haec dīxit: »Age, nārrā, quid acciderit! Et ubī sunt aliī?«

Eurylochus: »Mediā in īnsulā vīllam ingentem invēnimus. Cum
5 appropinquārēmus, multae bēstiae saevae in nōs ruērunt! Mīrō autem modō nōs nōn vulnerāvērunt[1], sed ad vīllam dūxērunt.

Ibī mulier pulchra verbīs dulcibus portam aperuit et nōs invītāvit. Tum ancillās et cibōs bonōs et vīnum (af-)ferre iussit. Incrēdibile[2] est, quod tum vīdī! Omnēs praeter mē cum vīnum bibissent, in bēstiās conversī
10 sunt[3]! Quam celerrimē potuī[4] ē vīllā effūgī, ut ad tē redīrem.«

Ulixēs autem sīc ab amīcō monitus vīllam adiit: Et profectō auxiliō deōrum Circam[5] superāvit et sociōs līberāre potuit.

Hic tamen pulchritūdine illīus mulieris victus per longum tempus in illā īnsulā remānsit.

1. Gib mit eigenen Worten wieder, was mit Besuchern der Insel Aiaia geschah.
2. Erläutere die Überschrift.

1 vulnerāre: verletzen

2 incrēdibilis, e: unglaublich

3 convertere, convertō, convertī, conversum: verwandeln

4 quam celerrimē potuī: so schnell ich konnte; so schnell wie möglich

5 Circa, ae: Kirke *(Name der Zauberin auf Aiaia)*

1 Aeneas und Odysseus
Übersetze und beschreibe dann die neuen Erscheinungen.

Et Aeneas et Ulixes Troiam deletam reliquerunt. Hic[1] Graeciam petivit, ille[2] Italiam. Huic multi socii erant, socii illius erant pauci[3]. Dei hunc et illum et eorum socios per mare pepulerunt. Et horum et illorum fortuna misera erat. Sed tandem illis patria nova data est, hos post longum tempus uxores recipere non potuerunt.

1 hic, haec, hoc: dieser – **2 ille,** illa, illud: jener – **3 pauci:** wenige

3 | 1 Stelle alle lateinischen Wörter zusammen, die du brauchst, um das Bild zu beschreiben.
2 Bilde kurze lateinische Sätze und lass deinen Nachbarn übersetzen.

2 Der Untergang Trojas
Übersetze. Schreibe die Formen von *ferre* heraus und bestimme sie.

Paris Helenam Troiam tulerat[1]. Itaque incolae Troiae bellum longum ferebant.
Constat Troianos in illo bello multa mala tulisse. Nisi Paris Helenam Troiam tulisset, naves Graecae milites Troiam non ferrent. Sed Troiani dixerunt: »Patienter[2] feremus, quodcumque[3] fortuna nobis fert.«

1 ferre, fero, tuli, latum: bringen, tragen, ertragen – **2 patienter:** geduldig – **3 quodcumque:** was auch immer

4 Eselsbrücken
Lies dir den Text »Odysseus und die Sirenen« durch und notiere alle Vokabeln, die du nicht mehr weißt. Ermittle die Grundform und frage deinen Partner nach der Bedeutung oder schlage nach. Überlegt euch gemeinsam Eselsbrücken für diese Wörter.

5 Wortfamilie
Nenne zu jedem Begriff mindestens ein bekanntes Wort derselben Familie.
labor – laborare
a) mortalis – magnus – sacerdos
b) incendere – liberare – terrere – movere
c) cursus – vita – poena

6 Ein Wort - viele Bedeutungen: Wähle jeweils eine passende (freie) Übersetzung.
a) cibum ad dominam ferre – puellae amatae oscula ferre – auxilium ferre
b) miseriam sine querela[1] ferre
c) fama fert Ulixem Sirenes audivisse
1 querela, ae: Klage

7 Komposita: Erschließe die Bedeutung.
ad-venire = herbei-kommen; ab-ire = weg-gehen
(ad-)ferre → afferre : ▢ ▢
(ab-)ferre → auferre: ▢ ▢
(re-)ferre → referre: ▢ ▢
(ex-)ferre → efferre: ▢ ▢
(cum-)ferre → conferre: ▢ ▢

8 Deklinieren – liegt auf der Hand!
Zeichne die Umrisse deiner Hände auf ein Blatt.
Jeder Finger steht für einen Kasus. Dekliniere:

a) hoc saxum
b) ille labor
c) haec unda

9 *hic* und *ille:* Bestimme KNG, ordne zu.

A) illud	a) mortalibus
B) harum	b) tectum
C) illas	c) saxo
D) hos	d) aves
E) ab his	e) vir
F) ille	f) rerum
G) illo	g) socios

10 Pronomina im Überblick: Ergänze die fehlenden Formen im Singular (m.).

Nom.	Gen.	Dat.	Akk.	Abl.
hic	? ?	? ?	? ?	? ?
? ?	eius	? ?	? ?	? ?
? ?	? ?	illi	? ?	? ?
? ?	? ?	? ?	? ?	quo

11 Tandem mit *ferre*
Schreibe fünf Formen von *ferre* auf. Dein Partner notiert fünf Formen von »*tragen*« (auf Deutsch). Tauscht die Blätter und übersetzt. Wiederholt dann die Übung mit umgekehrten Rollen.

12 Bestimme die Formen von *portare* und bilde die entsprechenden Formen von *ferre.*

a) portas – portat – portabat – portabit
b) portaverunt – portaverant
c) portet – portaret – portaverit – portavisset
d) portatur – portatus est

13|1 Odysseus und der Zyklop: Suche die Partizipialausdrücke heraus, übersetze dann.

2 Informiere dich, wie die Gefährten doch noch entkommen. Beziehe dich auch auf die Abbildung.

Ulixes per mare errans paene[1] desperabat. Tandem insulam a viris ingentibus habitatam vidit.
Cum sociis monstra metuentibus litus adit, ut insulam explorarent[2]. Cibum bonum quaerentes socii etiam specum[3] Polyphemi[4] intraverunt.
Sed vae! Subito monstrum ingens apparuit saxum portans. Specum[3] saxo clausit. Socii clausi intellexerunt se effugere non posse …

1 paene: fast – **2 explorare:** erkunden – **3 specus,** us m.: Höhle – **4 Polyphemus,** i: Polyphem *(grausamer Zyklop)*

Vase um 510 v. Chr.: Flucht aus Polyphems Höhle

1 Trojanisches Pferd auf dem
Hals einer Amphore aus dem
7. Jhdt. v. Chr.

2 Pyxis aus dem 5. Jhdt. v. Chr. (dem
Penthesilea-Maler zugeschrieben)

Wie auf Erden, so im Himmel

Discordia hat ganze Arbeit geleistet. Die Götter sind hoffnungslos zerstritten und bekämpfen sich gegenseitig im Himmel, während Griechen und Trojaner auf der Erde Krieg führen. Sie alle sind unfreiwillige Erfüllungsgehilfen der *Moira,* des Schicksals, geworden, das die Zerstörung Trojas beschlossen hat, und selbst die Götter können daran nichts ändern. Und so nimmt das Geschehen seinen unvermeidlichen Lauf.

Alles beginnt mit dem schrecklichen Traum der schwangeren *Hecuba,* der Gattin des Trojanerkönigs *Priamus.* Sie träumt, dass sie eine Fackel gebiert, die Troja in Flammen setzt. Ein Traumdeuter sieht darin einen Hinweis auf die Zerstörung Trojas, und zwar durch Hecubas noch ungeborenen Sohn. Nach der Geburt wird daher einem Sklaven befohlen, das Neugeborene im Gebirge aussetzen; doch, von Reue geplagt, zieht dieser das Kind wie seinen eigenen Sohn als Hirten auf und ebnet so erst den Weg zum Untergang Trojas: Auf der Weide begegnet *Paris* – diesen Namen hatte ihm sein Ziehvater gegeben – dem Götterboten *Merkur,* der ihn um eine Entscheidung im göttlichen Schönheitswettbewerb bittet.

Da Hecuba auch noch nach Jahren um ihren Sohn trauert, veranstaltet Priamus ihm zu Ehren Leichenspiele. Als Preis setzt er einen Stier aus. Nichtsahnend siegt der mittlerweile herangewachsene Paris; seine Schwester, die Seherin *Kassandra,* erkennt in ihm ihren totgeglaubten Bruder. Paris wird wieder in den Königspalast aufgenommen und reist später nach Sparta, wo ihm schließlich *Helena* begegnet. Sie ist die Frau, die ihm einst bei der Wahl der Göttinen von *Venus* als schönste Frau der Welt versprochen worden war. Obwohl sie schon mit dem König von Sparta, *Menelaos,* verheiratet ist, nimmt Paris sie mit nach Troja.

Die Götter sind in zwei Lager gespalten: *Juno* und *Minerva* können und wollen die Schmach der Zurücksetzung durch Paris nicht vergessen. Sie

3 Szene auf der Pyxis, ringsum

ergreifen Partei für die Griechen, die aufbrechen, um Helena zurückzuholen. An ihrer Seite stehen der Meeresgott *Neptun, Vulcanus,* der Gott des Feuers, und der Götterbote *Merkur.* Für die Trojaner kämpfen *Venus, Mars, Apollo,* die Jagdgöttin *Diana* und der Sonnengott *Sol.*

Doch beide Lager haben auch ihre menschlichen Helden: zum einen auf Seiten der Trojaner der tapfere *Hektor,* zum anderen der Grieche *Achill.* Schon als Baby tauchte seine Mutter Thetis ihn in das Wasser des Unterweltflusses *Styx,* um ihn unverwundbar zu machen. Doch die Ferse, an der sie den Jungen festhielt, blieb ungeschützt …

Zehn Jahre wird der Krieg um Troja dauern. Achill wird Hektor im Kampf töten und seinen Leichnam um die Stadt schleifen. Er selbst wird durch einen Pfeil Apollos sterben, denn er kennt die einzige verwundbare Stelle des Helden. Am Ende wird die Stadt durch eine Liste des schlauen *Odysseus* – das Trojanische Pferd – eingenommen und liegt in Schutt und Asche. Die Überlebenden werden versklavt. Nur eine kleine Schar von Trojanern, darunter *Aeneas* (der spätere Stammvater der Römer), kann dem Inferno entkommen.

Auch von den Griechen werden nur wenige heimkehren. Odysseus und seine Gefährten müssen bei ihrer Rückreise viele Abenteuer bestehen, aber nur Odysseus wird es nach zehn Jahren Irrfahrt vergönnt sein, seine Heimatinsel Ithaka wiederzusehen.

4 griech. Vase: Achill schleift den toten Hektor um die Stadt

1 Erläutere, wie es zum Trojanischen Krieg kam. Deute in diesem Zusammenhang die Bilder der Pyxis.

2 Erstelle anhand des Textes eine Liste der römischen Götter. Finde heraus, wofür sie zuständig sind und woran man sie erkennt.

3 Hektor – Achill – Odysseus – Aeneas: Wähle einen Helden aus und erstelle ein Plakat.

Jenseits von Raum und Zeit

Bilder sind etwas Wunderbares. Sie heben die Grenzen von Zeit und Raum auf und sagen in einem einzigen Augenblick mehr als viele Worte. Zum Verständnis von Geschichte(n) kann ein Bild sehr hilfreich sein. Um es aber wirklich verstehen zu können, solltest du drei Regeln beachten:

1. Beschreibe zunächst, was du siehst.
2. Dann suche nach Hinweisen, was das Bild aussagen will.
3. Vertiefe deine Beobachtungen (z. B. in Bezug auf Details der Abbildung; Art des Bildes (Wandgemälde, Vasenmalerei, Mosaik u. a.); künstlerische Mittel; Entstehungszeit; Vergleich mit anderen Darstellungen).

Mosaik aus Tunis, 2.–3. Jhdt. n. Chr.

An diesem Beispiel zeigen wir, wie das geht: Auf diesem dichten Bild gibt es viel zu entdecken. Zu sehen ist eine Figur, die unter einem Baum sitzt, an ihrer Seite ist ein Tier auf der Weide zu erkennen. Es könnte sich also um einen Hirten handeln. Neben ihm ist auf der einen Seite eine männliche Figur abgebildet, in der rechten Bildhälfte sind drei weibliche Figuren zu sehen. Es könnte sich also um eine Darstellung des Parisurteils handeln.

Manche Details erschließen sich erst bei genauerem Hinsehen, so die Identifizierung der einzelnen Göttinnen, die alle einen Götterstab in der Hand halten: *Minerva* – sie ist ausgestattet mit Helm, Brustpanzer und Schild, *Juno* – sie ist gekleidet wie eine römische Matrone, als göttliche Herrscherin hat sie der Künstler sitzend dargestellt, *Venus* – sie trägt ein gold-blaues Kleid und wirkt etwas abwartend. Die Gestalt auf der unteren linken Bildhälfte wird durch Flügelschuhe, Flügelhut und Heroldstab als *Merkur* ausgewiesen.

Die beiden kleinen Figuren im Hintergrund sind *Amor,* der Sohn der Venus (mit Pfeil und Bogen), und *Psyche.* Ihre Darstellung bedarf heutzutage der Erläuterung, in der Antike aber kannte ihre wunderschöne Liebesgeschichte jeder: Erst nach vielen Verwicklungen durften sie nämlich endlich zu einander finden. Die Abbildung von Amor und Psyche steht für die (unverschuldeten?) Gefühle der Liebenden. Durch sie verweist der Künstler auf die kommende Beziehung zwischen *Paris* und *Helena* und die tragischen Ereignisse um Troja.

Als Fußbodenmosaik diente das Bild in der Antike vor allem dekorativen Zwecken. Aber schon damals wird es sicher ein echter »Eye-Catcher« gewesen sein und die Phantasie seiner Betrachter beflügelt haben.

Vergleicht man das Mosaik mit dem Parisurteil Sandro Botticellis aus den Jahren 1485–88, so erkennt man neben den Gemeinsamkeiten auffällige Unterschiede. Das beginnt mit der Umgebung, in die Botticelli das Geschehen eingebettet hat. Am linken Bildrand findest du eine Darstellung Roms aus dem 15. Jahrhundert, rechts eine typische Stadt des späten Mittelalter. Rom steht für die Antike, die »moderne« Stadt für die Zeit Botticellis, in der man die Bedeutung der griechischen und römischen Kultur wiederentdeckt hat. Diese Wiederentdeckung wurde als große Befreiung empfunden, so dass man diese Epoche *Renaissance* (= Wiedergeburt) genannt hat.

Parisurteil von Sandro Botticelli, ca. 197 x 81 cm

1 Beschreibe das Bild Botticellis und arbeite weitere Gemeinsamkeiten und Unterschiede zwischen beiden Bildern heraus.

2 Überlege, was ihn veranlasst haben könnte, sein Parisurteil in diese Landschaft zu verlegen.

3 Suche (z. B. im Internet) nach anderen Darstellungen des Parisurteils in der Kunst. Präsentiere sie deiner Klasse.

Das habe ich gelernt:

Ich beschreibe immer zuerst, was ich sehe. Dann suche ich nach Anhaltspunkten, wer oder was abgebildet sein könnte, und versuche, die Abbildung zu deuten.

1 | 1 Mutter Latein und ihre Töchter – Italienisch!
Nenne die lateinischen Ursprungswörter und ihre
deutsche Bedeutung.

2 Formuliere pro Reihe eine Regel, wie sich die
Wörter im Italienischen verändert haben.

a) corso – dolce – colpa – singolare
b) prestare – edificare – premio
c) onore – ospite – erba – abito
d) lavoro – favola – avere
e) gente – monte – parte – amore

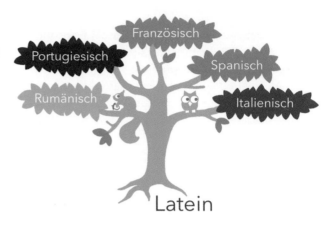

Portugiesisch · Französisch · Spanisch · Rumänisch · Italienisch

Latein

2 Ordne die gleichbedeutenden Formen von *ferre*
und *portare* einander zu.

portas – portavistis – portabant – portave-
ram – porta – portabimus – portans
ferebant – fer – fers – feremus – tulistis –
tuleram – ferens

3 Bilde die gleichbedeutende Form von *ferre*.

a) porto – portabatis – portaverunt –
portabis – portatur – portaret
b) tolerans – toleraveram – toleravissemus –
tolerabo – toleravisti – tolerant

4 Gegensätze ziehen sich an
Bilde Wortpaare mit entgegengesetzter
Bedeutung und gib die Bedeutung an.

a) appropinquare – deus – incolumis –
mortalis – cedere – laesus – laudare –
vastus – punire – angustus
b) otium – pius – poena – nefarius –
superior – praemium – labor – inferior

5 Gleich und gleich gesellt sich gern
Gib die Bedeutung der Wörter an und finde
Synonyme aus den aktuellen Wortschätzen.

a) pugnare – adesse – forma – propter
b) ferre – necare – putare
c) homo – salvus – poenam dare

6 Ordne kongruente Formen (KNG) einander zu.

hanc	terrori
illo	preces
illorum	mortales
hac	imperiorum
illud	habitu
hos	arborem
has	sapientia
illi	lignum

7 Ergänze die passende Form von *hic* bzw. *ille*
und übersetze.

Marcus et Lucius Romam spectare voluerunt.
Tandem in ? ? (hic) urbem venerunt.
? ? (*Dat. von* hic = Lucius) amicus erat,
ubi habitare potuit. ? ? (ille = Marcus)
autem tabernam adiit.
Nocte[1] Lucius in somno ? ? (ille) vidit,
qui orabat: »Ades mihi! Serva me ex ? ?
(hic) periculo: In ? ? (hic) taberna caupo[2]
me necare vult, quia ? ? (ille) magnam
copiam pecuniae habeo.«
1 nocte: in der Nacht – **2 caupo,** onis *m.:* Wirt

8 | 1 Ordne die formal zusammengehörigen (KNG!) Formen einander zu.

2 Übersetze mit einem Relativsatz.

imperator militem puniens – der Feldherr, der den Soldaten bestraft

bellum	ceteris praestantes
mortales	mihi persuadens
nautae	hostes appetentes
Romani	in mare iactata
sapiens	a periculis liberati
saxa	a consule gessum

9 Bilde die zum (kursiv gedruckten) Bezugswort passende Partizipform und übersetze.

a) *Helena* pulchra amore ? ? (PPP von commovere) ad Troiam pervenit.

b) Interim Menelaus orationem ad multos *amicos* undique[1] ? ? (PPP von convocare) habuit: »*Uxorem* ab hostibus ? ? (PPP von capere) servare debemus.«

c) *Amici* sacrificia ? ? (PPA von facere) dixerunt: »*Dei* precibus ? ? (PPP von delectare) nobis certe aderunt.«

1 **undique:** von überall her

10 | 1 Sapientia Romanorum – Die Weisheit der Römer: Erschließe den Sinn folgender lateinischer Lebensweisheiten.

2 Denke dir eine Situation aus, in der du einem Freund eine dieser Weisheiten als Rat gibst. Schreibe dem Freund einen Brief.

a) Carpe diem!
b) Fortes fortuna adiuvat.
c) Omnia mea mecum porto.
d) Ora et labora!

11 Sprichwörtliche Mythologie
Erkläre die kursiv gedruckten Wörter mithilfe ihres mythologischen Hintergrunds.

Max konnte die Kassiererin *bezirzen* und ohne Eintrittskarte ins Stadion kommen. Aber das Heimrecht erwies sich als *Danaergeschenk* für seinen Verein. Die Verteidigung war die *Achillesferse* des Teams. Ach, hätte man doch auf die *Kassandrarufe* des Trainers gehört und einen neuen Spieler verpflichtet. So nutzten auch die *sirenen*gleichen Gesänge der Fans nichts.

12 | 1 Gedanken der verlassenen Penelope
Das Vasenbild stellt Penelope, die Frau des Odysseus, dar. Recherchiere ihr Schicksal. Beschreibe dann das Bild und erkläre die dargestellte Stimmung.

2 Markiere das Partizip und übersetze. Achte auch auf das Zeitverhältnis.

a) Penelopa et amore et metu mota dixit:
b) »Cur maritus non rediens litteras nullas mittit?
c) Num ante Troiam pugnans necatus est?
d) Nonne dei saepe implorati eum servaverunt?
e) Quam diu illos viros nuptias petentes prohibere potero?
f) Misera est fortuna uxoris a marito relictae!«

griech. Vasenmalerei: Penelope am Webstuhl

Grabstein aus dem Rheinischen Landesmuseum Bonn, 1. Jhdt. n. Chr.

1 Beschreibe den Grabstein: Was erfährst du über die Person, die in der Mitte abgebildet ist?

2 Versuche, der Inschrift die wichtigsten Informationen zu entnehmen.

Dieser Stein ist für   , Sohn des   . Er gehörte zur   . Legion. Er starb mit   Jahren im Krieg des   . Die Gebeine der Freigelassenen dürfen hier bestattet werden. Diesen Stein hat Publius Caelius, Sohn des Titus, aus der Tribus Lemonia, sein   , errichtet.

Mitteilungen für die Öffentlichkeit

Aus der Römerzeit haben sich viele epigraphische Zeugnisse erhalten. *Epi-graphein* ist Griechisch und bedeutet »einritzen«. Die meisten Inschriften sind in Stein gemeißelt und daher relativ gut erhalten. In Deutschland findet man viele *Grabinschriften* und *Meilensteine* an den Römerstraßen. Wenn man den Göttern danken wollte, errichtete man einen *Weihestein*.

Der Text der Inschriften war sehr förmlich und stark normiert – deshalb wurden häufige Begriffe (z. B. *legio* oder *filius*) abgekürzt.

Fund aus Kösching/Bayern. Die Inschrift gibt die Entfernung nach Augsburg und Regensburg an.

3 Wer sind die Deae Aufaniae? Recherchiere und beschreibe ihren Kult.

Stein für die Aufanischen Göttinnen aus dem Matronenheiligtum in Nettersheim/NRW.

Bis hierhin und nicht weiter

Der Legionär Decimus ist auf Heimaturlaub in Rom und besucht die Familie von Lucius. Bereits seit mehreren Jahren ist er am Rhein nahe der Colonia Ulpia Traiana in einem Militärlager stationiert. Er erzählt von der langen Geschichte der Kriege zwischen Römern und Germanen:

Caesar, cum in Galliā bellum gereret, etiam ā Germānīs petītus est. Germānīs iterum atque iterum Rōmānōs petentibus Caesar cōnstituit Rhēnum[1] trānsīre, ut vim Rōmānōrum ostenderet.

Ponte factō Caesar exercitum flūmen trādūxit, Germānī autem sē in
5 silvās abdidērunt. Omnibus vīcīs incēnsīs frūmentōque dēlētō Caesar sē trāns Rhēnum[1] recēpit et pontem rescidit[2].

Plūribus annīs intermissīs Augustus fīnēs imperiī prōferre in animō habuit. Rōmānī ūsque ad Albim[3] flūmen prōcessērunt. Expedītiōnēs[4] Drūsī[5] Tiberiīque[6] autem haud bene ēvēnērunt, quia locōrum nātūra
10 nimis aspera fuit. Ibī silvae erant vāstae, palūdēs altae, hiemēs longae dūraeque. Etiam Germānī ingentibus corporibus ferōque habitū mīlitēs terruērunt.

Tribus Vāriānīs[7] legiōnibus āmissīs Rōmānī ē »Barbaricō« sē recēpērunt. Inde Rhēnus[1] fīnis imperiī Rōmānī fuit.

15 Cum Germānī nōn dēsinerent fīnēs trānsīre, dēnique Domitiānus[8] coepit vallum dūcere, quō ā Rhēnō[1] ad Dānuvium[9] fīnēs mūnītī sunt.

1 Rhēnus, ī: Rhein

2 rescindere, rescindō, rescidī, rescissum: einreißen

3 Albis, is *m.*: Elbe

4 expedītiō, tiōnis *f.*: Expedition

5 Drūsus, ī: *römischer Feldherr; führte Krieg in Germanien und starb dort 9 v. Chr.*

6 Tiberius, ī: *Bruder des Drusus und später Kaiser*

7 Vāriānus, a, um: *Adjektiv zu Vārus, der die legendäre Varusschlacht verlor*

8 Domitiānus, ī: *röm. Kaiser (81–96 n. Chr.)*

9 Dānuvius, ī: Donau

---

1 Finde mithilfe des Textes und der Karte im Umschlag heraus, wo die Grenze zwischen dem Imperium Romanum und dem freien Germanien lag.

2 Gliedere den Text, indem du wichtige Stationen herausarbeitest, die die Geschichte von Römern und Germanen betreffen.

3 Beschreibe die Eindrücke, die die Römer von den Germanen und ihrem Land hatten.

4 Entlang der Grenze sind aus vielen Militärlagern große Städte entstanden. Informiere dich über ein Kastell und berichte deinen Mitschülern.

Grundwissen: Magna Germania

Seit dem Jahr 9 n. Chr. verlief die Grenze des *Imperium Romanum* entlang des Rheins und der Donau. Dahinter begann *Magna Germania,* der freie Teil Germaniens. Natürlich kam es auch weiterhin zu Begegnungen zwischen Römern und Germanen. Diese waren nicht immer friedlich, und so schützten die Römer ihr Herrschaftsgebiet durch eine 550 km lange Grenzbefestigung, den sogenannten *Limes.* Dennoch dienten germanische Hilfstruppen im römischen Heer, und der Handel z. B. mit Bernstein, Seife und blondem Frauenhaar (!) blühte. Ein weiteres Handelsgut war das keineswegs nur bei Legionären beliebte germanische Bier, das Tacitus einst als »schauerliches Gebräu« gebrandmarkt hatte. Seine Verbreitung belegt u. a. eine Inschrift mit der Nennung eines *cervesarius,* eines römischen Bierhändlers.

* Nur nicht den Kopf verlieren!

Eines Tages, als Kaiser Augustus gerade frühstücken wollte, überbrachte man ihm ein furchtbares Geschenk: den Kopf des Quinctilius Varus, seines Statthalters in der Provinz Magna Germania.

Dōnō vīsō imperātor territus litterās invēnit et haec lēgit:

»Arminius[1] imperātōrī Augustō salūtem dīcit

Fortasse rogābis, cūr Vārus sōlus Rōmam[2] vēnerit – et ubī legiōnēs sint. Corpus eius et corpora cēterōrum mīlitum ā Germānīs interfectōrum in
5 saltū Teutoburgiēnsī[3] iacent.

Egō Arminius, Segimērī fīlius, sum: Multīs līberīs prīncipum[4] Germānōrum ā Rōmānīs captīs Rōmamque ductīs et egō Rōmam pervēnī. Postquam ut vir Rōmānus ērudītus[5] sum, mīles in Germāniā fuī, ut contrā patriam meam bellum gererem. Sed cum vidērem
10 imperium Vārī iūstum nōn esse, orīginem[6] meam neglegere nōn potuī – dēcrēvī Rōmānōs ē Germāniā pellere et patriam līberāre: Neque difficile erat! Cum Vārus mē amīcum fidum esse putāret, dolum nōn intellēxit: Egō Germānīs in silvās abditīs Vārō persuāsī, ut oppidum mūnītum relinqueret. Egō exercitum Vārī mediam in palūdem altam dūxī. Egō
15 patriā līberātā tibī dōnum mittō! Valē!«

1 Erläutere die Rolle des Arminius bei der Varusschlacht.

1 Arminius, ī: *Sohn des Germanenfürsten Segimer, in Rom aufgewachsen*

2 Rōmam: nach Rom

3 saltus Teutoburgiēnsis: Teutoburger Wald

4 prīnceps, cipis *m.:* Fürst

5 ērudīre: aufziehen; großziehen

6 orīgō, inis *f.:* Herkunft; Abstammung

Ablativus absolutus (gleichzeitig und vorzeitig) | 75

1 Wo kann Caesar sich beweisen?
Übersetze und beschreibe dann die neuen
Erscheinungen.

a) *Piratae* a militibus puniti sunt.
Piratis punitis Caesar Romae[1] honores
petivit.

b) Multa officia a Caesare facta sunt.
Officiis factis Caesar plus honorum petivit.

c) Eo tempore a Gallis impetum factum est.
Impetu a Gallis facto Caesar exercitum in
Galliam duxit.

1 Romae: in Rom

2 Die Römer - ein kriegerisches Volk
Übersetze und beschreibe dann die neuen
Erscheinungen. Achte auf das Zeitverhältnis.

a) Imperatoribus bella gerentibus imperium
Romanum auctum est.

b) Militibus Romanis magna virtute
pugnantibus hostes vincere non potuerunt.

c) Caesare Galliam petente milites magnam
praedam[1] sperant.

1 praeda, ae: Beute

3 Wortfix - Nenne zu jedem Bild mindestens ein
passendes lateinisches Wort.

4 Pantomime
Notiere fünf Ausdrücke aus Lektion 30 (sie dürfen
auch aus mehreren Wörtern bestehen - z.B.
impetum facere). Spiele sie der Klasse vor, die
Mitspieler notieren ihre Lösung. Wer errät alle?

5 | 1 Für Sprachforscher: Nenne die lateinischen
Ursprungswörter und ihre Bedeutung.
2 Erkläre die Bedeutung der Begriffe.

Prozession – Nautik – liberal – inter-
mittierend – Munition – Event – ostentativ

6 Präpositionen
Erkläre die Wörter anhand einer Zeichnung.

a/ab – ad – ante – apud – de
in – intra – post – per – trans

7 Stammformen - PPP
Nenne Grundform und Bedeutung.

facti – incensa – amissis – transitum – laesos –
munitus – abditam – prolato

8 Ablative: Welche Form passt nicht?

a) gero – territo – animo – traducto
b) silvis – pontis – constitutis – vallis
c) palude – silva – arce – saxa
d) nimis – praeceptis – victis – incensis

9 PPA oder PPP? Ordne zu und nenne die Grundform.

PPA		PPP	
?	?	?	?

monentis – amissis – deletas – incendentes – traducti – gerenti – obtinentibus – positus

10 Übersetzungsvergleich: Beschreibe die Unterschiede und begründe, welche Übersetzung dir am besten gefällt.

Ponte facto milites flumen transierunt.
a) Nachdem eine Brücke gebaut worden war, überquerten die Soldaten den Fluss.
b) Nachdem die Soldaten eine Brücke gebaut hatten, überquerten sie den Fluss.
c) Die Soldaten bauten eine Brücke und überquerten dann den Fluss.
d) Nach dem Bau einer Brücke überquerten die Soldaten den Fluss.

11 Mühsames Soldatenleben: Übersetze.

a) *Flumine transito* kamen die Soldaten in einen großen Wald.
b) *Silva transita* gelangten sie endlich in offenes Gelände – doch es war sumpfig.
c) *Viis munitis* begannen die Soldaten, ihr Lager aufzubauen.
d) *Vallo facto* fühlten sie sich sicher.
e) *Castris*[1] *munitis* waren dennoch zusätzliche Wachen zur Sicherung nötig.
f) *Omnibus rebus factis* waren sie sehr müde.

1 castra, orum *n. Pl.:* das Lager

12 Römer und Germanen. Übersetze.

a) *Exercitu Romanorum appropinquante* verließen die Germanen ihre Dörfer.
b) *Romanis flumen transeuntibus* versteckten die Germanen sich im Wald.
c) *Romanis multos vicos delentibus* ließen die Germanen sich nicht blicken.
d) *Romanis iam de victoria gaudentibus* griffen die Germanen aus dem Hinterhalt an.

13 Die Römer bei uns: Markiere den Abl. abs. und übersetze. Achte auch auf das Zeitverhältnis.

Germanis Rhenum iterum atque iterum transeuntibus Romani fines munire debuerunt. Itaque Romani vallum aedificaverunt et barbaris adhuc resistentibus multa oppida condiderunt.
Finibus denique munitis imperium tutum erat. Tum etiam barbari laeti erant: Pace data et oppido ad Rhenum aedificato Ubii[1] coeperunt vitam dulcem et *luxuriam* amare.

1 Ubii, orum *m.:* germanischer Stamm in der Gegend des heutigen Köln

Grenzerfahrung

Decimus trägt sich mit dem Gedanken, sich in der Colonia niederzulassen, da die florierende Grenzstadt viele Möglichkeiten eröffnet. Die Germanen jedoch sind ein sonderbares Volk.

»Castra nostra, ut scītis, Trāiānō duce ad fīnem Germāniae īnferiōris posita sunt. Hōc locō cum vīverem, mōrēs Germānōrum aut ipse vīdī aut fābulīs accēpī.

Quam¹ mīrī sunt illī hominēs! Quōrum vīta paene omnis in
5　vēnātiōnibus² atque in studiō reī mīlitāris cōnsistit. Parentibus auctōribus iam ā parvulīs³ labōrī dūrō atque pūgnae ācrī student. Quam ob rem Germānī profectō in ingentia corpora crēscunt, tantum ad impetum valida. – Nōnnūllī etiam contendunt Germānōs et negōtia et convīvia armātōs adīre.

10　Etiam religiōne⁴ Germānī ā cōnsuētūdine nostrā differunt: Mārte Mercuriōque exceptīs deōs nostrōs īgnōrant; immō eōs colunt, quōs cernunt et quōrum ope iuvantur: Sōlem et Vulcānum⁵ et Lūnam⁶. Et nūmine in omnī nātūrā praesente nōn in templum, sed in silvam sacram conveniunt caesōque pūblicē⁷ homine rītūs⁸ turpēs incipiunt. Rectē
15　audīs: Germānī nōn sōlum animālia, sed etiam hominēs immolant! Nōnne iste mōs barbarus est?«

1 quam: *hier:* wie
2 vēnātiō, iōnis *f.:* Jagd
3 ā parvulīs: von Kindheit an
4 religiōne: *Abl. lim.:* in Bezug auf …
5 Vulcānus, ī: Vulkan (*Gottheit des Feuers*)
6 Lūna, ae: Mond (*Gottheit*)
7 pūblicē (*Adv.*): öffentlich
8 rītus, ūs *m.:* Ritus

1 Lies den Text und sammle Wörter zu den Sachfeldern »Kämpfen« und »Religion«.

2 Gliedere den Text und gib den einzelnen Abschnitten Überschriften.

3|1 Fasse in eigenen Worten zusammen, wie der Legionär die Germanen beschreibt.

　2 Bewerte die Darstellung des Legionärs. Beziehe auch die Informationen aus dem Sachtext mit ein.

Germanen

Schläfst du gern lang und liebst du ein heißes Bad? Dann bist du, sofern man den Ausführungen des Tacitus glauben darf, ein waschechter Germane. *Tacitus* hat nämlich ein Büchlein über die Germanen verfasst und darin behauptet, dass diese oft bis in die Puppen schlafen (für Römer unfassbar!) und gerne in heißem Wasser baden. Vielleicht waren die Germanen sogar ziemlich spießig. Denn nach Tacitus besaßen alle ein Häuschen mit Garten. Das passt so gar nicht zur Beschreibung der Germanen als raue Naturburschen, die nur aufs Kämpfen bedacht waren. Mit ihren blauen Augen und ihrem hohen Körperwuchs wirkten sie ja vielleicht wirklich auf die Römer etwas furchteinflößend. Nur – *die* Germanen gab es im Grunde gar nicht. Der Name geht u. a. auf Caesar zurück, der damit alle Stämme östlich des Rheins bezeichnete.

*Lagerleben

Der Legionär erzählt von seinen ersten Erfahrungen in einem Militärlager.

Iter magnum per silvās obscūrās et *regiōnēs* asperās et palūdēs altās
fēcerāmus. Post illōs labōrēs nōs omnēs ōtium petīvimus, sed Trāiānō
auctōre castra pōnere dēbuimus. Neque tum fīnis officiōrum erat:
Ārā ad praetōrium[1] factā tōtus exercitus iussū ducis conveniēbat. Quī

5 magnā vōce dīxit: »Ō saeve Mars, terror hostium, accipe hoc sacrificium!
Nam tē invītō[2] bellum contrā Germānōs saevōs gerere nōn possumus.«
Tum vīdimus taurum praeclārum immolārī.

Nihil nunc nisī pācem somnī placidī dēsīderābam[3]. Sed cum dēnique in
lectō[4] dūrō iacērem, tamen ōtium nōn erat: Nam, ut multī mīlitēs, et egō

10 cum septem sociīs in contuberniō[5] habitō. Prīmō sociī lūdēbant atque
rīdēbant, tum subitō clāmor maximus audītus est. Iterum ad praetōrium[1]
properāvimus, ubī ūnus mīles duce praesente verberābātur. Audīvī illum
miserum castra iniussū[6] ducis relīquisse.

1 **praetōrium,** ī: Zelt des Feldherrn

2 **invītus,** a, um: ungern; gegen
den Willen

3 **dēsīderāre:** ersehnen; sich
sehnen nach

4 **lectus,** ī: Bett

5 **contubernium,** ī: Zelt

6 **iniussū:** *Erschließe:* in- (=Ver-
neinung) + iussū

1 Fasse in eigenen Worten zusammen, was du über das Leben
eines einfachen Soldaten im Militärlager erfährst.

1 Römische Geschichte – sehr kurzgefasst
Übersetze und beschreibe dann die neuen Erscheinungen.

a) Romulus erat primus rex Romanorum.
Romulo rege urbs Roma munita est.

b) Caesar exercitum in Galliam duxit.
Caesare duce[2] etiam Galli victi sunt.

1 auctor, auctoris *m.:* Urheber, Veranlasser –
2 dux, ducis *m.:* (An-/Heer-)Führer

2 Ein Feldherr spricht.
Übersetze und beschreibe dann die neuen Erscheinungen.

Imperator militibus dicit:
»Traianus ipse[1] vobiscum pugnabit.
Verba ipsius vobis trado.
Traianum ipsum mox videbitis.
Si viceritis[2], ab eo ipso laudabimini.«

1 ipse, ipsa, ipsum: selbst – **2 viceritis** (Fut. II): ihr habt gesiegt

3 Wortfix
Nenne zu jedem Bild ein passendes lateinisches Wort.

4 So sprechen Soldaten. Ordne zu.

a) castra ponere	A) angreifen
b) castra movere	B) angreifen
c) impetum facere	C) aufbrechen
d) auxilium ferre	D) ein Lager aufschlagen
e) signa inferre	E) Hilfe bringen

5 Für Sprachforscher
Nenne die lateinischen Ursprungswörter und gib die Bedeutung an.

a) französisch: les parents – le soleil – excepter – différent

b) italienisch: valido – consuetudine – autore

6 »Verwandte« Wörter
Führe auf andere bekannte Wörter zurück und nenne bzw. erschließe die Bedeutung.

a) valere – ducere – parēre – miles

b) armare – finire – cultus, us – consuescere – ignotus, a, um – vivus, a, um – conviva, ae

7 Wörter umschreiben: Nenne das gesuchte Wort und seine Bedeutung.

a) vir, qui alios ducit: ? ? ?

b) miles est gladio ? ? ? ? ? ?

c) quid est clarum: ? ? ?

d) pater et mater: ? ? ? ? ? ? ?

e) hic milites habitant: ? ? ? ? ? ?

8 Bestimme KNG und bilde die entsprechende Form von *ipse*.

a) illi milites
b) ab hoc duce
c) in hac villa
d) huius belli
e) istae res

9 Kaiser Trajan persönlich. Übersetze.

Milites Traianum imperatorem amaverunt. Ipse cum militibus contra barbaros pugnavit. Sibi ipsi non pepercit. Quam ob rem milites eum ipsum semper adiuvabant. Etiam imperator exercitui favit. Milites ipsi dona ab eo acceperunt.

10 Ablativ: Ja oder nein?

a) oppida – castra – porta – intra – ira
b) agmine – agere – certe – pietate – virtute
c) iniquus – militibus – domus – doloribus
d) asino – abeo – ergo – eripio – equo – ego

11 Wahr oder falsch?

a) Man übersetzt den nominalen Abl. abs. oft als präpositionalen Ausdruck.
b) Er enthält immer eine historische Person.
c) Er ist gleichzeitig.

12 Kindheit = Spielzeit? Übersetze.

a) *Parentibus invitis*[1] wollten die Kinder Verstecken spielen.
b) *Matre auctore* mussten die Mädchen aber im Haushalt mitarbeiten.
c) *Patre duce* gingen die Jungen auf die Jagd.
d) *Parentibus auctoribus* sollten die Kinder später starke Krieger werden.
e) *Rege duce* zogen sie in den Krieg.

1 invitus, a, um: unwillig, widerwillig, gegen den Willen

13 Fremde Völker – fremde Sitten. Übersetze.

a) *Gallia capta* verehrten die Menschen weiterhin ihre alten Götter.
b) *Parentibus deos implorantibus* wurden auch die Kinder in die Religion eingeführt.
c) *Viris arma gerentibus* gingen sie zum Essen.
d) *Mulieribus resistentibus* beschlossen die Männer den Tag mit reichlich Met.

14 Die spinnen, die Römer!
Markiere den Abl. abs. und übersetze.

a) Romani homines miri sunt. Imperatore duce terras barbaras adeunt. Gentibus magna virtute resistentibus Romani tamen bella gerunt. Sed cladibus acceptis minime se recipiunt; iterum atque iterum hostes armis petunt. Castris positis incipiunt oppida condere.

b) Et hostes? Multis amicis amissis tandem victi sunt: Romanis auctoribus linguam Latinam[1] discunt, aquaeductibus[2] a Romanis aedificatis aquam claram bibunt et vitam iucundam agunt. Viribus corporis neglectis paene ipsi Romani vocari possunt.

1 lingua Latina: Latein – **2 aquaeductus,** us *m.:* Aquädukt

Pont du Gard, Aquädukt in Frankreich

Ein verdächtiger Kult

Decimus hat bei seinen Erzählungen über fremde Bräuche auch eine neue Religion erwähnt, der bereits einige seiner Kameraden anhängen. Da ergreift ein anderer Römer sichtlich emotional das Wort …

»Hominēs, quī istam fidem suscēpērunt, Chrīstiānī[1] appellantur. At istī hominēs sē mīlitēs probōs praebēre nēquāquam[2] possunt. Nam tantō furōre sunt, ut rem pūblicam ēvertere velint: Nōn fortiter pūgnant et prīncipem neglegunt, sed Chrīstum[3] prō eō colunt. Est autem ille ›deus‹
5 foedae fōrmae atque minimae potestātis: Caput istīus scelerātī, quī summō suppliciō graviter pūnītus et crucī affixus[4] est, asinō simile est!

Et Chrīstiānī[1] ipsī crēbra scelera maximae crūdēlitātis committunt. Audīvī eōs occultē iam ante lūcem ad sacrificium convenīre. Hostiīs interfectīs sanguinem bibunt atque corpora edunt[5]. Nōnnūllī etiam
10 contendunt nōn sōlum animālia, sed etiam līberōs summae innocentiae ā Chrīstiānīs[1] crūdēliter immolārī! Dē hīs omnibus, quae clam noctūque faciunt, silentium tenent; nam istī hominēs maximā superstitiōne[6] poenam Chrīstī[2] timent.«

1 **Chrīstiānus,** ī: Christ

2 **nēquāquam:** in keiner Weise; keinesfalls

3 **Chrīstus,** ī: Christus

4 **crucī affīgere,** affīgō, affīxī, affīxum: ans Kreuz schlagen

5 **edere:** essen

6 **superstitiō,** tiōnis *f.:* Aberglaube

1 Beschreibe das Bild. Äußere Vermutungen, was der Römer über die Christen sagen könnte, und suche nach Belegen im Text.

2 Fasse in eigenen Worten zusammen, was der Römer über die Christen erzählt und wie er sie charakterisiert. Belege deine Aussagen am Text.

3 Überlege, wie das Gespräch weitergehen könnte, und formuliere eine Antwort: a) aus deiner Perspektive, b) aus der Perspektive eines Christen.

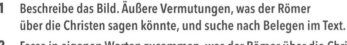

Grundwissen: Christen

Die Verehrung eines Gekreuzigten, also eines Verbrechers, durch die Christen erregte in der Antike Anstoß. Auch die Tatsache, dass Sklaven (und Frauen!) innerhalb der christlichen Gemeinde eine wichtige Rolle spielten, war für Außenstehende unfassbar.

Christen gab es in allen Gesellschaftsschichten. Vor allem in der Anfangszeit trafen sie sich in Privathäusern vermögender Mitglieder. Weil sie gleichzeitig die Verehrung des Kaisers als Gott verweigerten, sahen viele darin eine Kampfansage an alles, was Römern heilig war. Schnell kursierten die wildesten Gerüchte über sie. Man verdächtigte die Christen, das Imperium zerstören zu wollen. Immer wieder kam es daher zu Übergriffen. Die schlimmste Verfolgung fand zur Regierungszeit des Kaisers Diokletian (284–305 n. Chr.) statt. Doch sein Nachfolger Konstantin (306–337 n. Chr.) erkannte, dass das Imperium nur *mit* den Christen eine Überlebenschance hatte.

* Wahres Christentum

So verteidigt ein Christ seinen Glauben gegen alle Kritik:

Ea, quae saepe dē nōbīs nārrantur, minimē vēra sunt. Chrīstus turpiter interfectus tamen neque cordis scelerātī neque fōrmae asinī est. Immō prō nōbīs omnibus fortiter mortem[1] superāns et nōs līberōsque nostrōs servāns ēgregiē dēmōnstrāvit sē Deī fīlium esse.

5 Nōs Chrīstiānī, quamquam neque prō imperātōre pūgnāre neque eum colere cupimus, perniciēī reī pūblicae nōn studēmus. At, cum mīlitēs Deī sumus, sōlī Deō cēdimus nūllum hominem timentēs. Nam Deī mīles neque morte[1] fīnītur[2] neque in dolōre neglegitur.

Quās fābulās autem fīnxistis dē sanguine, dē līberīs, dē mōribus nostrīs!
10 Nēmō haec potest crēdere nisī[3] ille, quī tālia facere audet. Nōnne Sāturnus[4] vester līberōs suōs vorāvit[5]? Sed Chrīstus ipse nōs docet[6] nōn sōlum līberōs, sed etiam omnēs hominēs amāre. Nōs igitur hominēs maximā virtūte et summā innocentiā sumus!

1 Nenne die Argumente, mit denen der Christ
die Anschuldigungen widerlegt.

2 Beurteile, inwieweit die Argumente für einen Christen
bzw. einen Römer überzeugend sind.

1 mors, mortis *f.:* Tod

2 fīnīre: beenden (*hier im Passiv:* aufhören zu leben)

3 nisī: außer

4 Sāturnus, ī: Saturn (*Vorgänger Jupiters als höchster Gott und dessen Vater; verschlang seine Kinder aus Angst vor einem stärkeren Nachkommen, der ihn laut Orakelspruch stürzen sollte*)

5 vorāre: verschlingen

6 docēre: *hier mit einfachem Infinitiv*

1 So sehen sich die alten Römer …
Übersetze und beschreibe dann die neuen
Erscheinungen.

Romani putabant se esse homines
– magni animi et bonorum morum
– ingentis potestatis[1]
– singulari virtute
– magna humanitate et pietate
– fida amicitia[2].

1 potestas, tatis *f.*: Macht – **2 amicitia**, ae:
Freundschaft

2 … und so sehen sie die Christen!
Übersetze und beschreibe die neuen
Erscheinungen.

a) Christiani non fortiter pugnant.
b) Christiani occulte[1] in domos conveniunt.
c) Ibi hostias – etiam liberos – turpiter
   immolant.
d) Itaque recte a Romanis puniuntur.

1 occultus: heimlich, verborgen

3 | 1 Stelle alle lateinischen Wörter zusammen, die
du brauchst, um das Bild zu beschreiben.

2 Bilde kurze lateinische Sätze und lass deinen
Nachbarn übersetzen.

4 Eselsbrücken
Lies dir den Text »Ein verdächtiger Kult« durch und
notiere alle Vokabeln, die du nicht mehr weißt.
Ermittle die Grundform und frage deinen Partner
nach der Bedeutung oder schlage nach. Überlegt
euch gemeinsam Eselsbrücken für diese Wörter.

5 Ein Wort – viele Sinnrichtungen
Wähle die jeweils passende Übersetzung.

a) bellum committere
b) scelus committere
c) ludos *gladiatorios* committere
d) se amicis committere
e) se ludis *gladiatoriis* committere

6 Sachfelder: Welches Wort passt inhaltlich nicht?
Begründe deine Auswahl.

a) dux – lux – sanguis – milites
b) occultus – officium – clam – nocte
c) evertere – impetus – innocentia – furor
d) crescere – poena – crudelis – scelus
e) creber – numquam – saepe – validus

7 | 1 Für Sprachforscher: Welche lateinischen Wörter
liegen zugrunde?

2 Gib den Text auf Deutsch wieder.

A crime of great *cruelty* was *committed* in the
streets of *Rome*. A *furious* man attacked an
innocent passer-by and nearly *extinguished* his
life. He was *captured* and he will *certainly* be
punished by the *judges*.

8 Adverbien → Adjektive
Nenne das zugrunde liegende Adjektiv und seine Bedeutung.

a) maxime – vere – publice – graviter
b) acriter – occulte – fortiter – longe
c) audacter – male – optime – bene

9 Adjektive → Adverbien
Nenne zu jedem Adjektiv seine Bedeutung und bilde das Adverb.

a) apertus – dignus – foedus
b) crudelis – iucundus – nefarius
c) dulcis – stultus – celer – elegans

10 Kasusfunktionen - Ablativ
Übersetze und gib die Kasusfunktion an.

a) cum amicis ludere – sub arbore sedere – domo exire – hostes telo interficere – vir magno studio – victoria gaudere
b) homines summa virtute – in equo Troiano latere – magna vi pugnare

11 Kasusfunktionen - Genitiv
Übersetze und gib die Kasusfunktion an.

a) domus amici – poena deorum
b) amor liberorum – negotia rei publicae
c) merx magni pretii – officium magni honoris – uxor ingentis sapientiae

12 Welche Qualitäten! Übersetze die Ausdrücke und ordne die Eigenschaften den Personengruppen zu. Diskutiert unterschiedliche Lösungen in der Klasse.

a) Christiani sunt homines …
b) Romani sunt homines …
c) Germani sunt homines …

miris consuetudinibus – magno furore – ingentium corporum – magna eloquentia – vera religione – summae crudelitatis – magnae potestatis – morum malorum

13 Plinius hat ein Problem.
Übersetze die Abl. abs. Achte auf das Zeitverhältnis.

a) *Traiano imperatore facto* wurde Plinius zum Statthalter von Pontus bestimmt.
b) *Plinio auctore* wurde die Wasserversorgung modernisiert.
c) *Incolis se bene gerentibus* wurde Plinius dennoch von Sorgen gequält.
d) *Christianis graviter accusatis*[1] bat Plinius den Kaiser um Rat.
e) *Christianis imperatori sacrificia non facientibus* wusste Plinius nicht, wie er reagieren sollte.

1 **accusare:** anklagen

14 Was tun mit den Christen?
Markiere die Abl. abs. und übersetze. Achte auf das Zeitverhältnis.

Sceleribus Christianorum auditis Plinius nescivit, quid faceret. Plinio de Christianis dubitante alii Romani summum supplicium postulabant. Plinio auctore Christiani interrogati[1] sunt. Nonnullis eorum adhuc resistentibus Plinius litteras Romam[2] misit. Traiano auctore nonnulli puniti sunt, aliis licuit abire supplicio facto.

1 **interrogare:** befragen, verhören –
2 **Romam:** nach Rom

1 Spottkruzifix aus dem 3. Jhdt. in Rom

2 Hinrichtung eines Christen

3 Hinrichtung eines Christen

Atta unsar þu in himinam, weihnai namo þein ...

Das war Gotisch! Den Inhalt der beiden Zeilen kennst du bestimmt. Lies sie einmal laut und beachte dabei folgende Regeln: *þ = engl. th; ei = i; ai = ä*. Genau, es ist der Anfang des Vaterunsers. Übersetzt aus dem Griechischen hat es ein Mann namens *Wulfila* (= Wölflein). Er lebte in der Gegend des heutigen Nordbulgarien (einst Grenzgebiet zwischen Römischem Reich und der *Magna Germania*) zur Zeit der sogenannten Völkerwanderung.

Seit dem 3. Jhdt. n. Chr. drangen zunehmend germanische Stämme in das Römische Reich ein. Die Lebensbedingungen in ihren Herkunftsregionen hatten sich dramatisch verschlechtert und der Reichtum des Imperiums weckte bei ihnen Begehrlichkeiten. Für die Römer bedeutete diese Entwicklung eine Katastrophe. Alle militärischen Kräfte waren an den Grenzen gebunden, die wirtschaftliche Situation wurde immer schwieriger und das Imperium war wegen seiner Größe kaum noch regierbar.

Wie oft in Krisensituationen suchte man nach Schuldigen und fand sie in den Christen. Die christliche Religion galt als *religio illicita* (verbotene Religion), denn die Christen verweigerten den Kaiserkult und stellten sich damit scheinbar außerhalb der römischen Gesellschaft. Dennoch hatten sie einen großen Zulauf. Das führte dazu, dass die Tempelkulte vernachlässigt wurden und die damit verbundene Infrastruktur regelrecht wegbrach. Deshalb sah sich schon der jüngere Plinius als Statthalter der Provinz Bithynien gezwungen, gegen die Christen vorzugehen. Sein Dienstherr, Kaiser Trajan, legte allerdings Wert darauf, dass bei aller gebotenen Härte die Grundregeln einer fairen Justiz gewahrt wurden. Doch andere Kaiser waren weniger rücksichtsvoll und verfolgten die Christen mit aller Grausamkeit. Erst Kaiser Konstantin (306–337 n. Chr.) setzte den Christenverfolgungen ein Ende (*Toleranzedikt* von Mailand im Jahr 313). Denn der Legende nach war ihm am Vorabend der Entscheidungsschlacht gegen seinen Konkurrenten *Maxentius* Christus im Traum erschienen. In den folgenden Jahren wurde das Christentum erst geduldet, dann unter Konstantins Nachfolger zur alleinigen Staatsreligion.

Trotz der schwierigen Situation und den Verfolgungen gab es auch unter den germanischen Einwanderern zahlreiche Christen. Wulfila war ein westgotischer Bischof. Weil er möglichst viele Goten mit der christlichen Lehre erreichen wollte, übersetzte er die griechische Bibel ins Gotische – und machte dabei nichts anderes als später Martin Luther, indem er, wie Luther es so schön formulierte, »dem Volk aufs Maul schaute«. Manche uns heute vertraute religiöse Begriffe gehen auf Wulfila zurück, z. B. *daupjan = taufen* oder *weihnan = heiligen*.

Wulfilas missionarische Erfolge waren bemerkenswert. Allerdings vertrat er nicht die katholisch-orthodoxe Kirchenlehre, sondern die arianische. Sie ging auf *Arius* aus Alexandria (260–336 n. Chr.) zurück, der die Auffassung vertrat, dass Christus nicht wesensgleich mit Gottvater sei, sondern nur wesensähnlich: sein Verhältnis gleiche dem von König und Königsohn. Die Germanen kamen mit der Christuslehre des Arius besser zurecht. Darum wäre nun durchaus zu erwarten gewesen, dass sich der

Arianismus im germanischen Gebiet durchsetzte. Aber die Entwicklung ging in eine andere Richtung.

Seit Mitte des 4. Jhdts. n. Chr. gewannen die germanischen *Franci* im Westen immer größeren Einfluss. Bald waren sie so mächtig, dass ihr König, der *Merowinger Chlodwig I.,* weite Teile Nordgalliens bis zu den Pyrenäen beherrschte. Beim Versuch, seine Herrschaft nach Osten hin auszudehnen, führte er auch Krieg gegen die oberrheinischen *Alemannen*. Doch ein Erfolg wollte sich nicht so recht einstellen. Da hatte Chlodwig eine Idee: Er war verheiratet mit der burgundischen Prinzessin *Chrodechild,* einer katholisch-orthodoxen Christin. Chlodwig versicherte ihr, wenn ihn Christus gegen die Alemannen unterstützte, wolle er sich taufen lassen und Christus als obersten Gott anerkennen. Der Rest ist Geschichte: Chlodwig siegte und ließ sich tatsächlich an Weihnachten 496 n. Chr. (oder einige Jahre später) katholisch-orthodox taufen.

Die Taufe Chlodwigs war von weltgeschichtlicher Tragweite, denn das nunmehr katholische Frankenreich sollte 300 Jahre später unter *Karl dem Großen* das weströmische Reich beerben.

4 Kopf der Kolossalstatue Konstantins

1 Fasse die Entwicklung des Christentums im Römischen Reich mit eigenen Worten zusammen.

2 Erläutere den Begriff Arianer und erkläre, warum wir heute keine Arianer sind.

5 Konstantinsbogen

Nicht nur für Nerds!

PC und Abl. abs.-Technik: Nein, das sind keine Begriffe aus der Computer-
sprache. Ausgeschrieben heißt PC *Participium coniunctum* und Abl. abs.
Ablativus absolutus. Beide gelten als satzwertige Konstruktionen, d.h. sie
können wie eigene (Neben-)Sätze übersetzt werden.

Vielen (ehemaligen) Schülern läuft bei beiden grammatischen Erscheinungen ein kalter Schauer über den Rücken. Aber keine Angst! So schwierig
ist das alles gar nicht. Du musst nur einige Regeln beachten.

Beide Konstruktionen haben einiges gemeinsam: Sie enthalten z.B. ein
Partizip. Partizipien kennst du ja schon lange. Du weißt: Sie sehen aus wie
Adjektive und stehen wie diese in KNG-Kongruenz zu ihrem Bezugswort.
Aber ein Partizip ist mehr als ein Adjektiv; es ist ja von einem Verb abgelei-
tet und hat deswegen auch noch Teile *(partes)* seiner Eigenschaften als Verb.

Wie gehst du also vor, wenn du ein Partizip im Satz entdeckt hast?
- Du bestimmst KNG und suchst das Bezugswort.
  Steht beides im Ablativ, hast du es höchstwahrscheinlich mit einem Abl.
  abs. zu tun, ansonsten ist es ein PC.
- Du setzt Klammern.
  Abl. abs. → Bezugswort kommt *in die Klammer*.
  PC → Bezugswort kommt *nicht in die Klammer*.
- Du übersetzt erst den Satz ohne Klammer und baust danach die Partizip-
  Klammer so ein, dass sie logisch zum restlichen Satz passt.

Hier ein Beispiel:
Stell dir vor, es sind Saturnalien. Ein großes Essen ist geplant, in der Küche
beginnt die heiße Phase. Der Koch *(= coquus)* wirbelt durch die Küche und
singt dabei ein Lied. Lateinisch liest sich das so:

PC: Coquus [cibos parans] carmen cantat.

Das Essen schmeckt der Herrin ausgezeichnet und darum lobt sie ihren
Koch. Der freut sich natürlich.

Abl. abs.: [Cibis a domina laudatis] coquus laetus est.

Die Übersetzung

Auch für die Umwandlung ins Deutsche gelten bei beiden Konstruktionen
die gleichen Regeln:

- Das Partizip wird im Deutschen zum Prädikat.
- Das Bezugswort wird im Deutschen zum Subjekt.

PC: Coquus [cibos parans] carmen cantat.

Der Koch singt ein Lied, während er die Speisen zubereitet .

Abl. abs.: [Cibis a domina laudatis] coquus laetus est.

Der Koch freut sich, nachdem die Speisen von der Herrin gelobt worden sind .

> Damit bei deiner Übersetzung nichts schiefläuft, beachte:
> Das **PPA** ist **gleichzeitig und aktiv** → übersetze zunächst mit **während**.
> Das **PPP** ist **vorzeitig und passiv** → übersetze zunächst mit **nachdem**.
> Dann prüfe andere Übersetzungsmöglichkeiten.

1 Fasse zusammen, worauf es beim PC und beim Abl. abs. ankommt.
  Was ist gleich, was ist unterschiedlich?

2 Findest du noch mehr Gemeinsamkeiten?

3 Markiere in folgenden Sätzen die Partizipialkonstruktion und übersetze.
  a) Coquo cibos parante servi vinum apportant.
  b) Domina cibos a coquo bene paratos laudat.

4 Vergleiche die lateinischen Partizipialkonstruktionen mit ähnlichen
  Konstruktionen in anderen Sprachen (z. B. im Englischen).

1 | 1 Mutter Latein und ihre Töchter!
Stelle gleichbedeutende Substantive aus beiden Sprachen zusammen und gib das lateinische Ursprungswort (mit Bedeutung) an.

2 Formuliere Regeln, wie sich die einzelnen Wörter verändert haben.

Italienisch: autore – selva – ponte – supplizio – sangue – duca – furore – innocenza
Französisch: innocence – sang – supplice – fureur – auteur – duc – pont – sylve

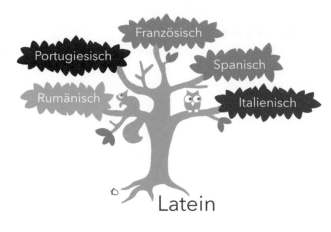

2 Bilder sagen mehr als Worte.
Nenne zu jedem unten stehenden Bild mindestens ein lateinisches Wort.

3 Kontrastprogramm: Ordne Wörter mit gegensätzlicher Bedeutung zu und finde das Lösungswort.

pergere	lux (R)
vicus	procedere (M)
tenebrae	parum (A)
redire	foedus (I)
crudelis	urbs (E)
apertus	placidus (A)
pulcher	intermittere (G)
nimis	occultus (N)

4 Ablative erkennen
Welches Wort passt nicht? Entscheide nach grammatischen Kriterien und begründe deine Wahl.

a) avis – auris – sanguis – incolumis – nautis
b) praecipitis – castris – lucis – sceleris
c) constituis – eversis – suscipis – committis
d) animo – religio – sermo – consuetudo
e) armatis – imprimis – magis – nimis
f) scelerate – occulte – valide – potestate

5 Adverb-Generator
Ergänze die fehlenden Formen.

Adjektiv	Adverb
crudelis	? ?
? ?	occulte
? ?	sapienter
angustus	? ?
? ?	audacter
similis	? ?
? ?	bene

6 Adverb-Vergleich
Markiere in deinem Heft Adjektive und Adverbien mit unterschiedlichen Farben.
Leite Regeln ab, wann die beiden Wortarten jeweils benutzt werden.

a) This picture is really nice: Hang it up so that we all can see it clearly.
b) Castra bene munita a militibus Romanis vere fortiter defensa sunt.
c) Ich möchte ja gern schneller laufen, aber der neue Rucksack ist einfach zu schwer.

7 Ein alter Soldat erzählt …
Die Geschichte enthält einige Adverbien. Finde sie und gib das lateinische Adverb an.

In Britannien gerieten wir in eine unvorhergesehene Gefahr: Eng umschloss uns dichter Nebel, ein unheimlicher Laut drang heftig an unsere Ohren. Mutig zückten wir die scharfen Schwerter und stürzten, weil wir gut trainiert waren, los. Zuerst kamen wir schnell voran, doch bald blieben wir im tiefen Schlamm stecken und konnten uns nur noch schwer bewegen. Da beschlossen wir umzudrehen und hofften nur noch, unverletzt unser Heil in der Flucht zu finden.

8 Partizip gesucht
Stelle aus beiden Spalten sinnvolle Abl. abs. zusammen und übersetze sie. Ergänze dabei einen passenden Hauptsatz.

militibus flumen transeuntibus – Während die Soldaten den Fluss überquerten, *wurden sie aus dem Hinterhalt angegriffen.*

Romanis impetum …	imperatore
exercitu flumen …	facientibus
corpore …	traducto
Traiano …	commissis
sceleribus …	crescente

9 Metus Gallicus
Markiere den Abl. abs. und übersetze.

Quondam[1] Galli Brenno duce urbem Romam petiverunt. Romanis fortiter pugnantibus barbari tamen agmen hostium ruperunt. Compluribus legionibus caesis urbs aperta fuit: Nullo resistente Galli Romam intraverunt. Magna pecunia soluta Galli demum ex urbe cesserunt. Sed Romani etiam longo tempore intermisso metum Gallorum non deposuerunt.

1 quondam: einst

10 Ave, Caesar!
Ergänze die fehlenden Ablative an der passenden Stelle und übersetze den Text.

Caesar, vir magno ?   ? (a), non solum cum ?   ? (b), sed etiam cum ?   ? (c) bellum maxima ?   ? (d) gessit. Multis ?   ? (c) interfectis imperator tandem Romam rediit. Cives Romani tantum gaudebant, ut eum ?   ? (f) dignum esse putarent. Caesar pluribus ?   ? (g) gaudere potuisset, nisi ?   ? (h) a ?   ? (i) caesus esset.

ingenio (= Talent) – Gallis – crudelitate – Germanis – hostibus – Idibus Martiis (= am 15. März) – senatoribus – triumpho – victoriis

Das Theater von Bosra in Syrien. Grandios, nicht wahr? 15 000 Zuschauer fanden damals darin Platz. Römische Theater sind wie Schalltrichter gebaut. So kann man auf allen Plätzen gut hören. Lautsprecher gab es ja noch nicht. Die *cavea* (Zuschauerraum) mit ihren *cunei* (Zuschauerblöcken) wird durch die *scaena* (Bühnenhaus) abgeschlossen. Im vorderen Bereich der *scaena* siehst du das *pulpitum,* eine lange, aber ziemlich schmale Steinbühne, die als Unterbau für die eigentliche Bühne diente. Diese bestand aus Holz und verfügte über einen Hebemechanismus. Es gab auch ein *aulaeum* (Bühnenvorhang), das in den Bühnenboden versenkt werden konnte. Der Bereich vor dem *pulpitum* heißt *orchestra.* Hier waren die Ehrenplätze für Senatoren und andere »Promis«.

1 Die meisten Theater gab es im griechisch-sprachigen Osten. Suche nach Gründen (z.B. durch Recherche im Internet).

Eine Komödie des Plautus

*Wie alle altrömischen Komödien spielt auch die Mostellaria, »Das Geister-
haus« des Dichters Plautus in Athen:*

Theoprōpidēs[1], mercātor quīdam dīves, Athēnīs[2] habitāvit. Aliquandō
urbem relīquit, ut dīvitiās augēret. Opēs enim et pecūnia ei maximē
cordī erant. Fīlius eius, Philolachēs[3] adulēscēns, quī ā patre sevērē
ēducātus erat, domī mānsit.

5 Brevī tempore fīlius ā Trāniōne[4], servō callidō, incitātus dīvitiās patris
cōnsūmere coepit: Amīcae suae, quae erat ancilla, lībertātem dōnāvit;
epulās[5] cum duōbus amīcīs fēcit. Ōstium aedium semper apertum esse
vidēbātur[6] omnibus, quibus adulēscentēs dēlectārentur.

Quā dē causā danīstae[7] cuidam quadrāgintā minās[8] dēbuit. Sed
10 Philolachētis amōre captī nihil intererat pecūniīs et opibus parcere.

Aliquandō Trāniōne in forō cibōs emente nūntiātum est Theoprōpidem
senem post triennium Athēnās[9] rediisse. Quem nūntium servus statim
domum refert.

Trāniō: »Absūmptī sumus – pater tuus peregrē[10] rediit!«

15 Philolachēs: »Vae! Quid egō agō?«

Trāniō: »Quid agis? Accubās[11]!«

Philolachēs: »Pater adveniēns mē miserum hīc offendet ēbrium[12].
Adventus eius mihī perniciēī erit. – Quid faciam[13]?«

Trāniō: »Habē bonum animum! Egō senī dīvitī dābō[14] verba! Rēs mihī
20 gaudiō erit!«

1 **Theoprōpidēs,** is *m.*:
Theopropides (*Eigenname*)

2 **Athēnīs:** in Athen

3 **Philolachēs,** ētis *m.*:
Philolaches (*Eigenname*)

4 **Trāniō,** iōnis *m.*: Tranio
(*Eigenname*)

5 **epulae,** ārum: Gelage, Orgie

6 **vidērī** (*im Passiv*) + *Infinitiv*:
scheinen

7 **danīsta,** ae *m.*: Geldverleiher

8 **mina,** ae: Mine (*griechische Geldeinheit; 1 Mine = 100
Drachmen*)

9 **Athēnās:** nach Athen

10 **peregrē** (*Adv.*): aus der Ferne;
aus fernen Ländern

11 **accubāre:** zu Tisch liegen, ein
Gelage feiern

12 **ebrius,** a, um: betrunken

13 **faciam:** *Übersetze den Konjunktiv mit* »sollen«

14 **verba dare:** sich mit *jdm.*
einen Scherz erlauben; *jdn.*
foppen

1|1 Gliedere die Handlung und gib den einzelnen Abschnitten Überschriften.

  2 Fasse die Handlung in eigenen Worten zusammen.

2 Stelle zusammen, was du über die drei Hauptpersonen erfährst, und
charakterisiere sie.

Grundwissen: Tragödie und Komödie

Die historische Heimat des Theaters, von Tragödie und
Komödie, ist Griechenland. Die Tragödie ist in der Mythologie
verwurzelt und endet immer tragisch. Der Zuschauer leidet
mit den Figuren auf der Bühne. Aristoteles sieht darin eine
Katharsis, eine Reinigung der Seele. Ganz anders die Komödie.
Hier wird am Ende alles gut. Das Wort selbst bedeutet
singender Umzug und erinnert an unsere Karnevalszüge.

Ursprünglich war die *comoedia* auch nichts anderes. Erst im
Laufe der Zeit wurde sie zum Bühnenspiel. Die sogenannte
nea (neue attische Komödie) bezog ihren Stoff aus dem Alltag
und zeichnete ihre Figur so, dass man mit ihnen leiden, aber
auch über sie lachen konnte. Diesen Typus haben *Plautus* und
andere römische Komödiendichter später übernommen.

*Tranios Plan

Philolaches und seine Freude können voller Panik keinen klaren Gedanken fassen. Tranio dagegen hat eine geniale Idee.

Philolachēs: Vigilāte[1], amīcī! Dēsinite dormīre[2], etsī ēbriī[3] estis!

Amīcus 1: Quid est? – Iam vigilō[1] et iterum bibere vōlō.

Philolachēs: Vigilā[1]! Pater peregrē[4] vēnit.

Amīcus 2: Peregrē[4] vēnit?! Igitur valet! Rēs tibī gaudiō esse dēbet.

5 Philolachēs: Perniciēī nōbīs erit, quod accidit! Absūmptī sumus!

Amīcus 2: Vah! – Iubē eum iterum abīre.

Philolachēs: Pater sī mē hīc offenderit ēbrium[3] et aedēs plēnās hospitum et mulierum, statim mē …

Trāniō: Tacē tandem! Nōn est[5], cūr timeās! Haec facite: Claudite

10 ōstium aedium et cavēte, nē verbum extrā[6] audiātur, ut nēmō domī esse videātur[7].

Philolachēs: Et egō? Ubī egō erō?

Trāniō: Hīs in aedibus, cum hospitibus. Dolō meō territus pater tuus aedēs nōn intrābit. Vōbīs autem nōn licēbit ōstium aperīre vel

15 respondēre, cum senex pultābit[8] et clāmābit! Egō autem forās ībō et senem exspectābō!

1 Überlege, was Tranio plant.

1 vigilāre: aufwachen; wach sein

2 dormīre: schlafen

3 ēbrius, a, um: betrunken

4 peregrē *(Adv.):* aus der Ferne; aus fernen Ländern

5 nōn est: *ergänze* causa

6 extrā *(Adv.):* draußen; außerhalb

7 vidērī *(im Passiv) + Infinitiv:* scheinen

8 pultāre: gegen die Tür schlagen; (laut) klopfen

1 Das Theater – ein gefährliches Hobby?
Übersetze und beschreibe dann die neuen Erscheinungen.

a) Familia *theatrum* maxime amat.
Theatrum familiae gaudio est.

b) Comoediae[1] maxime favent.
Comoedia[1] eis maxime cordi est.

c) Sed magno ex sumptu[2] periculum instat[3].
Magnus sumptus[2] patri paene perniciei est.

1 comoedia, ae: die Komödie – **2 sumptus,** us *m.*: der Aufwand, die Kosten – **3 instare:** drohen; bevorstehen

2 Ein Geschenk für Flavia
Übersetze und benenne die verschiedenen Funktionen des Dativs.

Bruttius Praesens uxori donum dat. »Mihi iam multae res pulchrae sunt«, Flavia respondet. »Sed mihi magis placeret comoediam[1] spectare.« Subito maritus ex-clamat: »Scio, quid tibi ornamento sit! Vestem novam in *theatro* demonstrabis. Toti[2] familiae gaudio erit *theatrum* adire.«

1 comoedia, ae: die Komödie – **2 toti:** *Dativ Sg. von* totus, a, um

3 Wortfix – Nenne zu jedem Bild mindestens ein passendes lateinisches Wort.

**4 Gegenteile: Nenne das Gegenteil
(Latein und Deutsch).**

a) offendere – ?   ?
b) adulescens – ?   ?
c) callidus – ?   ?
d) brevis – ?   ?
e) severus – ?   ?

5 Für Sprachforscher: Was bedeuten wohl folgende Wörter? Nenne das lateinische Ursprungswort und seine Bedeutung.

Dt.: Konsum – Offensive – Advent – Interesse – Referat
Engl.: education – to re-main – donation
Frz.: donner – sévère – éducation

6 Wörter umschreiben: Nenne das gesuchte Wort und seine Bedeutung.

officium parentum: ? ? ? ? ? ? ?
qui pecuniam possidet, est ? ? ? ? ?
praebere: ? ? ? ? ? ?
narrare: ? ? ? ? ? ? ?
pars corporis: ? ? ?

7 | 1 Charaktere
Stelle alle Wörter zusammen, die zum Sachfeld »Charakter« passen.

2 Bilde kurze Sätze. Lass deinen Nachbarn übersetzen.

8 Dativ – einfach
Schreibe die Dativformen heraus. Nenne die Grundform und Bedeutung.

a) urbem – mercatori – divitiarum
b) amore – servus – opibus
c) gaudio – pater – rerum
d) adventus – mihi – merx
e) divitis – pernicies – pecuniis

10 | 1 quidam
Bestimme die Formen nach KNG.

a) quasdam – cuiusdam – quendam
b) quibusdam – quoddam – quadam
c) cuidam – quarundam – quaedam

2 Bilde folgende Formen von *quidam*.

a) Akk. Sg. f. – Gen. Sg. n. – Abl. Sg. m.
b) Dat. Pl. f. – Nom. Pl. n. – Akk. Pl. m.

12 Ein Tag im Leben eines reichen Römers
Markiere die Abl. abs. und übersetze. Achte auch auf das Zeitverhältnis.

Domino excitato servi ad laborem parati[1] sunt. Domino dictante[2] servus iam ante lucem scribit[3]. Clientibus[4] receptis dominus forum adit. Negotiis factis tandem *thermas* petit. Domino ibi remanente servi convivium parant, nam amici invitati sunt. Cibis bonis apportatis amici gaudent.

1 paratus: bereit – **2 dictare:** *etw.* diktieren – **3 scribere:** schreiben – **4 clientes:** Klienten

14 So ein Theater!
Markiere die Partizipialausdrücke und übersetze. Achte auch auf das Zeitverhältnis.

Theatrum a Romanis maxime diligebatur. Saepe populus a magistratibus invitatus in *theatrum* currebat. Feminae vestes elegantes gerentes a iuvenibus spectari volebant. Iuvenes amore ardentes puellas convenire optabant. Ita *theatrum* etiam multis ludos neglegentibus tamen magno gaudio erat!

9 Dativ – doppelt
Finde eine angemessene Übersetzung.

– Lucio amico esse
– parentibus gaudio esse
– militibus laudi esse
– nobis cordi esse
– servis labori esse

11 Pronomina: Bestimme nach KNG. Ergänze dann in jeder Zeile die entsprechenden Formen der anderen Pronomina. Vorsicht bei mehrdeutigen Formen!

horum	? ?	? ?
? ?	quasdam	? ?
? ?	? ?	eo
haec (!)	? ?	? ?
? ?	quibusdam	? ?

13 »Tabu!« – Kasusfunktionen
Bildet Zweierteams. Immer abwechselnd erklärt einer von euch seinem Partner eine Kasusfunktion, ohne diese zu nennen. Für jeden erratenen Begriff gibt es einen Punkt. Welches Team gewinnt?

»4. Fall, antwortet auf die Frage: Wie lange?« – »Akkusativ der Ausdehnung«

Theater in Aspendos in der Nähe von Antalya

Das Geisterhaus

Tranios Idee ist einfach: Das Haus wird verrammelt, so als ob niemand zu Hause wäre. Dann erwartet er draußen ein wenig abseits die Ankunft seines Herrn Theopropides.

Th.: Tibī, Neptūne, grātiās agō, cum mē vīvum domum mīseris!

Tr.: Edepol[1], Neptūne, peccāvistī, quod dominus nōn naufragiō[2] interiit!

Th.: Quantum gaudeō mē iterum domum venīre. Crēdō – exspectātus veniō familiāribus! *(Er geht in Richtung Haustür.)* Sed quid est? Iānua
5 clausa est. *(Er schlägt gegen die Tür.)* Num mē mortuum putant?

Tr.: Ō domine, salvē! Quantopere gaudeō tē salvum rediisse!

Th.: Quid vōs[3]? Estis-ne īnsānī? Cūr domūs ōstium est conclūsum?

Tr.: Eho, tū-ne tetigistī hoc?

Th.: Cūr nōn tangerem[4]?

10 Tr.: Vah! Male, hercle[5], fēcistī! Fuge, obsecrō, atque abscēde ab aedibus! Timeō, nē tuōs occīderis!

Th.: Quid est? Dīc!

Tr.: Septem iam mēnsēs sunt, cum hās aedēs nēmō intrāvit! Nōs enim ēmigrāvimus[6]! Grave scelus in aedibus factum est sexāgintā annīs ante:
15 homō, cui aedēs erant anteā, sē avārum praestitit, quamquam pauper nōn erat: Nam hospitem occīdit et pecūniam eius arripuit dīcēns eum aes aliēnum solvere dēbēre. Fīliō tuō absente in somniō vīdimus Acheronta[7] hunc hospitem accipere nōluisse et nunc mōnstrum hīs in aedibus īnsepultum[8] pervagārī[9] dēbēre.

Man hört Geräusche aus dem Haus.

20 Tr. *(gegen die Tür gewandt):* St, st! Hercle[5], illī perturbābunt fābulam!

Th.: Quid est?

Tr.: Abscēde ā iānuā!

1 edepol!: beim Pollux!

2 naufragium, ī: Schiffbruch

3 Quid vōs?: Was soll das?

4 tangerem: *hier:* ich hätte berühren sollen

5 hercle: beim Herkules

6 ēmigrāre: ausziehen

7 Acheron *(Akk.:* Acheronta): Acheron *(Fluss der Unterwelt); hier:* Unterwelt

8 īnsepultus, a, um: unbestattet

9 pervagārī: spuken

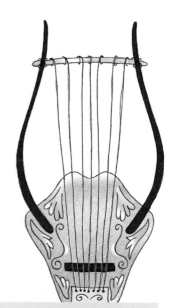

1 Zeige anhand lateinischer Wendungen, wie sich Tranio seinem Herrn gegenüber benimmt. Was fällt auf?

2 Spielt die Szene nach. Überlegt euch, wie ihr die Figuren darstellen wollt und wie die Szene besonders witzig wird.

Spuk und Co.

»Nihil ego formido (fürchten), pax mihi est cum mortuis.« Mit diesen Worten »beschwört« Tranio die angeblichen Toten im Haus des Theopropides. In der Antike glaubten viele Menschen, dass man mit Verstorbenen in Kontakt treten könne und dass sie erst Ruhe finden, wenn sie angemessen bestattet wurden. *Plautus* macht sich in der *Mostellaria* über den Hang seiner Zeitgenossen zum Okkulten ein wenig lustig. Wie kontrovers man in diesem Punkt allerdings dachte, zeigt ein Brief des Plinius. Darin bittet er seinen Freund Sura um eine kritische Stellungnahme zu drei Spukgeschichten, von denen sich eine sogar in seinem eigenen Hause zugetragen habe.

* Ein neues Haus

Schon bald gibt es neue Probleme: Plötzlich taucht der Geldverleiher auf und
möchte die Schulden eintreiben, die Philolaches bei ihm gemacht hat.

Danīsta[1]: Salvē! Quid est dē argentō? Reddētur-ne aes aliēnum?

Tr.: St! Nōlī[2] tantopere clāmāre! Reddētur. Nunc autem abī.

Danīsta[1]: Haud abībō, antequam[3] aes aliēnum reddātur.

Th. (*zu seinem Sklaven Tranio*): Quid ille petit? Quid est dē aere aliēnō?

5 Tr.: Est – … huic dēbet Philolachēs paullulum[4] … quadrāgintā minās[5] …

Th.: Quadrāgintā minās[5]!

Danīsta[1]: Quadrāgintā et quattuor minās[5]!

Th.: Dīc mihi! Quid factum est dē argentō?

Tr.: Aedēs novās fīlius tuus ēmit! Itaque ei opus erat quadrāgintā minīs[5],
10 quās sibī mūtuās[6] sūmpsit.

Th.: Aedēs novās? Bene, hercle[7], fēcit!

1 danīsta, ae *m.*: Geldverleiher

2 Nōlī tantopere clāmāre: Schrei doch nicht so!

3 antequam (*+ Konj.*): bevor

4 paullulum: ein winziges bisschen (Geld)

5 mina, ae: Mine (*griechische Geldeinheit; 1 Mine = 100 Drachmen*)

6 mūtuās sūmere, sūmō, sūmpsī: leihen

7 hercle: beim Herkules

1 Stellt euch vor, Theopropides träfe direkt nach dieser Szene seinen Sohn.
Was könnte er zu ihm sagen?

Kasusfunktionen: doppelter Akkusativ; Zahlen | 99

1 Zahlen: Ordne zu, ergänze die Reihe und gib die Bedeutung an.

? ? – ? ? – ? ? – quattuor –
? ? – sex – ? ? – octo – novem –
decem

I   IX   X   VII   VIII
  II   VI   III   IV   V

2 Erschließe die Bedeutung und ordne die Zahlen richtig zu.

duodecim	20 (XX)
quattuordecim	19 (XIX)
septendecim	12 (XII)
viginti	17 (XVII)
un-de-viginti	44 (XLIV)
duo-de-viginti	14 (XIV)
triginta tres	18 (XVIII)
quadraginta quattuor	67 (LXVII)
sexaginta septem	33 (XXXIII)

3 Eselsbrücken

Lies dir den Text »Das Geisterhaus« durch und notiere alle Vokabeln, die du nicht mehr weißt. Ermittle die Grundform und frage deinen Partner nach der Bedeutung oder schlage nach. Überlegt euch gemeinsam Eselsbrücken für diese Wörter.

4 Gegenteile

Nenne das Gegenstück auf Latein und auf Deutsch.

a) sapiens – ? ?   d) dives – ? ? t
b) mortuus – ? ?   e) aperire – ? ?
c) tantum – ? ?   f) adire – ? ?

5 | 1 Auf der Baustelle!

Stelle alle Wörter zusammen, die zum Sachfeld »Bauen / Gebäude« passen. Erstelle eine Mindmap.

2 Bilde kurze lateinische Sätze und lass deinen Nachbarn übersetzen.

3 Früher und heute: Nenne Unterschiede und Gemeinsamkeiten auf einer römischen und einer modernen Baustelle.

Relief vom Grabmal der Haterier (um 90 n. Chr.)

6 | 1 Zahlen, Zahlen, Zahlen: Übersetze.

a) novem – quindecim – tres et viginti

b) octoginta – undecentum – triginta septem

c) duo et octoginta – quattuor milia – sescenti

d) septingenti nonaginta duo

2 Schreibe die Zahlen auf Latein.

a) IV – XII – XIX – L – XC – CCC – D – M

b) MMXIII – DCCLIII – MCCCXCII

**7 | 1 Tage, Wochen, Monate
Übersetze und schreibe in röm. Zahlen.**

a) Philolaches habet annos duodeviginti, menses septem et dies viginti quattuor.

b) Theopropides est senex sexaginta quinque annorum, trium mensium et unius diei.

2 Schreibe dein eigenes Alter, das deiner Eltern, Großeltern etc. auf Latein.

**8 Ein Wort – verschiedene Bedeutungen
Unterscheide und übersetze.**

pecuniam praebere – se fortem praebere

pecuniam reddere – patrem iratum[1] reddere

servum appellare – servum callidum appellare

amicis praestare – se vivum praestare

ludis interesse – interest inter[2] me et te

1 iratus, a, um: wütend; zornig –
2 inter *(+ Akk.):* zwischen

**9 Kasusfunktionen
Nenne den Kasus und die Funktion des unterstrichenen Wortes und übersetze.**

a) corpus patris – pater magni corporis

b) patrem salutare – patrem pauperem reddere

c) aedes mihi placet – aedes mihi est – aedes mihi gaudio est

d) ab amicis laudari – cum amicis ludere

**10 Barbaren im Theater …
Markiere die AcIs mit einer Klammer, bestimme das Zeitverhältnis und übersetze.**

a) Tacitus[1] narrat duodesexagesimo post[2] Christum natum anno Frisios[3] Romam pervenisse. Se a Nerone[4] imperatore quasdam res petere velle dixerunt. Sed Nero eos primum *theatrum* adire iussit. Nam se animos barbarorum magnitudine aedificii[5] commovere posse putavit.

b) Populus Romanus iam in *theatro* sedens vidit Frisios ad sedes duci. Qui statim sibi sedes malas datas esse intellexerunt. Clamaverunt se gentem maxima virtute esse atque sedes optimas petiverunt. *Spectatores* cognoverunt Frisios rem iustam petere et magnos honores eis tribuerunt.

1 Tacitus: Tacitus *(röm. Schriftsteller)* – **2 post Christum natum:** nach Christi Geburt – **3 Frisii,** orum: die Friesen – **4 Nero,** Neronis: Nero *(röm. Kaiser)* – **5 aedificium,** i: Gebäude

Theater in Aspendos

Der Schwindel fliegt auf

Gut, dass schon Ersatz für das Spukhaus gefunden und ein neues Haus ge-
kauft wurde, findet Theopropides. Tranio hatte nämlich kurzerhand das Haus
des Nachbarn zum neuen Heim erklärt. Sogar eine kurze Besichtigungstour
konnte er organisieren … Doch plötzlich tauchen ein paar Sklaven auf und
begehren Einlass in das ‚Spukhaus‘.

Th.: Quid agitis? Cūr istās aedēs frangitis?

Servus: Hoc ad tē nihil attinet! Dominus noster intrā pōtat!

Th.: Dominus vester hīc pōtat?! – Minimē! Iam sex mēnsēs nēmō hīc
habitat. Facinus committeret, quī aedēs adīret.

5 Servus: Somniās[1]! Nam dominus noster impūne herī et nudius[2] tertius,
quārtus, quīntus, sextus, ūsque ad diem, postquam pater Philolachētis
hinc abiit, hīc pōtātum[3] fuit.

Th.: Quid dīcis?

Servus: Philolachēs hīc habitat et amīcam nūper trīgintā minīs[4] līberāvit.

10 Th.: Et illam domum ēmit quadrāgintā minīs[4]?!

Servus: Minimē! Sed patrem pauperem fēcit puellīs et …

Th: Vae mihī! Periī!

Nun kommt auch noch der Besitzer des Nachbarhauses des Wegs.

Th.: Heus[5], vīcīne, dīc mihī: Accēpistī-ne iam pecūniam ā Philolachēte?

Vīcīnus: Minimē.

15 Th.: Minās[4] tibī octōgintā dēbeō, quod mē absente filius tēcum negōtium
gessit.

Vīcīnus: Nōn mihī quidem dēbēs! Sed nōlam recūsāre – sūmam.

Th.: Sed filius aedēs tuās ēmit –

Vīcīnus: Mimimē, immō Trāniō mihī dīxit tē aedēs meās īnspicere velle,
20 ut renovēs tuās.

Th.: Utrumque paenitēbit facinorum, filium et Trāniōnem!!

1 Erkläre, worin der Witz für den Leser bzw. Zuschauer besteht.
2 Gestaltet einen Schluss.

1 somniāre: träumen

2 nudius tertius: am dritten Tag
vor heute *(Anfangs- und Endtag*
werden mitgezählt, also vorges-
tern)

3 pōtātum: zum Saufen

4 mina, ae: Mine *(griechische*
Geldeinheit; 1 Mine =
100 Drachmen)

5 heus: Hallo

Grundwissen: Personae

Die antike Komödie lebt! Sie hat sich freilich ein wenig verklei-
det. Heute heißt sie Puppentheater: Wer kennt ihn nicht,
den verschmitzten Kasperl mit der lustigen Zipfelmütze und
seinen etwas einfältigen Freund Seppl mit dem Sepplhut?
Jede Figur hat ihre eigene Funktion und ihr eigenes wieder-
erkennbares Äußeres. Auch in der *nea comoedia* gab es solche
Figuren, z.B. den pfiffigen Sklaven oder den nicht besonders
klugen, aber geizigen Alten. Erkennbar waren die Figuren an
ihren *personae* (Masken). Diese trug man vor dem Gesicht
und schlüpfte so in die entsprechende (und für das Publikum
berechenbare) Rolle.

* Das tatsächliche Ende

Jetzt reicht es Theopropides – er will Klarheit haben.

Th.: Trāniō, quid agitur? Et ubī est fīlius?

Tr.: Philolachēs mox hīc aderit.

Th.: Optimē! Crēdō enim hunc vīcīnum esse hominem malum!

Tr.: Quārē?

5 Th.: Quia negat[1] sē Philolachētī hās aedēs vēndidisse. Sed omnēs servī meī testēs suntō[2]! Abī, iubē aliōs venīre!

Tranio ist klar, dass nun alles auffliegt, und er erwartet das Schlimmste. Theopropides ist außer sich; da erscheint ein Saufkumpan seines Sohnes.

Amīcus: Audī, Theoprōpidēs: Scīs mē omnium amīcōrum fīliī tuī prīmum esse. Illum paenitet, quid fēcerit. Tē obsecrō, dā veniam[3] illī et huic! Manū mitte[4] eum, etsī facinus commīsit.

10 Th.: Fīliō veniam[3] dābō. Sed huic – nōlō!

Amīcus et Trāniō: Vērē paenitet, veniam[3] petimus ā tē, sīs clēmēns[5]!

Th.: Age[6], abī! Abī impūne, nēquissime[7]! Grātiās huic age!

1 **negare** *(+ AcI):* verneinen; sagen, dass nicht

2 **testēs suntō:** sollen Zeugen sein

3 **venia,** ae: Verzeihung

4 **manu mittere:** freilassen

5 **sīs clēmēns:** sei doch gnädig

6 **age:** los!

7 **nēquissimus,** ī: Obernichtsnutz

1 »Frechheit siegt« besagt eine Redewendung. Begründe sie anhand dieser Szene und des gesamten Stücks.

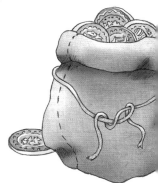

1 Alles der Reihe nach!
Ordne den Grundzahlen zu und übersetze.

prima – secundus – tertius – quarta – quintus

sextus – septima – octava – nonus – decima

2 Auf den Grund gehen
Ergänze die Grund-/Kardinalzahl.

septimus	septem	7
tertius decimus		
nonagesimus nonus		
ducentesimus		
millesimus		
vicesimus primus		
octogesimus sextus		
centesimus secundus		

3 Welches Wort passt inhaltlich nicht?
Benenne jeweils das Sachfeld.

a) tempus – dies – deus – mensis – annus
b) triginta – quartus – sex – rex – quintus
c) parentes – lucrum – dives – pecunia
d) cibus – potare – bibere – aqua – vinum
e) renovare – aedificare – frangere –
   restituere

4 Wörter umschreiben: Nenne das gesuchte Wort
und seine Bedeutung.

donum non accipere: ? ? ? ? ? ? ?
bibere: ? ? ? ? ?
delere: ? ? ? ? ? ? ? ?
homo malus hoc committit: ? ? ? ? ? ?
cuius domus tangit nostram: ? ? ? ? ? ?

5 | 1 Wortfix – nenne zu jedem Bild mindestens ein
passendes lateinisches Wort.

2 Bilde kurze lateinische Sätze und lass deinen
Nachbarn übersetzen.

6 Zwei schöne Freunde. Übersetze.

Philolaches et Tranio amici sunt.
Curae utriusque magnae sunt, nam uterque
Theopropidem timet.
Utrique placet tempus absumere puellis et
vino.
Sed tandem utrumque paenitet, quod fecerit.
Ab utroque facinora commissa sunt.

8 | 1 Fragesätze: Übersetze.
2 Erkläre die unterschiedliche Konstruktion.

Quid agitis? – Dicite mihi, quid agatis.
Cur aedes frangis? – Narra, cur aedes frangas.
Ubi est filius? – Quaero, ubi filius sit.
Cur nemo hic habitavit? – Dic, cur nemo hic
habitaverit.
Quomodo domum emere potuit? – Quaero,
quomodo domum emere potuerit.

10 Zwei Freundinnen im Theater. Übersetze.

Amica duce nahm Lucilia Platz.
Patre absente genossen sie beide die Freiheit.
Ex improviso setzte sich plötzlich ein junger
Mann neben Lucilia und lächelte sie an.
Amica auctore reagierte sie zunächst abwei-
send:
»Me viva« sagte sie, »will ich nichts von dir!«
Iuvene ridente ließ sie sich langsam umstim-
men.
Amica tandem absente ...?!

11 Auf der Jagd im Theater: Markiere die
Partizipkonstruktionen und übersetze.

Ovidius[1] poeta iuvenibus suadet[2]:
Iuvenes amore incensi locos adire debent, ubi
puellas conveniant. Multis locis iam visitatis[3]
in *theatro* certe puellam pulchram invenient.
Omnibus magno gaudio spectantibus clam
signa ad puellas mittuntur. Histrionibus[4]
fabulam agentibus iuvenes re vera magis
puellas quam fabulam spectant.
1 Ovidius: Ovid *(röm. Dichter)* – **2 suadere:** raten –
3 visitare: besuchen – **4 histrio,** onis *m.:* Schauspieler

7 uterque, utraque, utrumque
Ergänze die passende Form. Übersetze.

Iuvenis duas puellas amat. ? ? puellae
dona praebet. ? ? forma ei placet.
? ? saepe visitat[1]. Sed ab ? ? ipse
non diligitur. Itaque tandem sine ? ?
theatrum adiit, ut fortasse tertiam puellam
ibi inveniat …
1 visitare: besuchen

9 Übersetze und bestimme die Art des Gliedsatzes.
Ergänze auf Deutsch.

Nisi Philolaches amicos invitavisset, …
Theopropides, postquam rediit, …
Cum filius divitias absumpserit, pater…
Tranio: »Cavete, ne pater veniat et intret.«
Amici petunt, ut pater sit clemens[1].
Si Theopropides domi mansisset, …
1 clemens: gütig, gnädig

1 Getreidefeld

2 Triptolemus und Ceres, die ihm Ähren reicht (Votivrelief aus Eleusis, ca. 440 v. Chr.)

fruges – litterae – humanitas

»Bedenke, dass du in die Provinz Achaia gesandt wurdest, jenes wahre und unverfälschte Griechenland, von dem man glaubt, dass hier erstmalig *humanitas* (Menschlichkeit), *litterae* (wissenschaftliche Bildung), sogar *fruges* (Feldfrüchte = Ackerbau) erfunden worden sind.« Dies schreibt Plinius an seinen Freund Maximus, der von Kaiser Trajan mit der ehrenhaften Statthalterschaft in der Provinz Achaia, dem Kernland Griechenlands, betraut worden ist.

Maximus muss sich schon recht ungeschickt in Griechenland verhalten haben, wenn Plinius es für nötig erachtet, ihn in dieser Weise zu belehren: Kein Römer dürfe jemals die einstige Bedeutung Griechenlands vergessen. Denn hier haben freies Denken, politische Mitsprache, Gesetze, die diesen Namen auch verdienen, Mythologie und Religion ihren Ursprung. Durch Rom habe Griechenland zwar seine politische Selbstständigkeit verloren, aber Athen und andere griechische Städte atmen noch immer den Geist früherer Zeiten. Die Römer seien also klug beraten, wenn sie den Griechen einen letzten Rest an Freiheit ließen. Nicht Terror, Liebe müsse daher das Handeln eines Statthalters bestimmen. Maximus solle sich dabei nicht um sein Ansehen sorgen. Wenn er sich vor den Griechen nicht in Siegerpose präsentiere, sondern auf Augenhöhe mit ihnen verkehre, werden sie ihm Zuneigung und Respekt schon nicht versagen.

humanitas – Menschlichkeit und Bildung aus Griechenland

Für Plinius sind die Begriffe *humanitas – litterae – fruges* untrennbar miteinander verbunden. Das hat seinen Grund: Der Sage nach soll *Triptolemos* in *Eleusis*, einer Stadt im Norden Athens, von der Göttin *Ceres* eigenhändig in den Ackerbau eingeführt worden sein. Alljährlich feiern die Athener dieses Ereignis in den *eleusinischen Mysterien*. In diesem Mythos schwingt eine wichtige Erkenntnis mit: Der Mensch muss sesshaft sein, um seine Fähigkeiten in allen Bereichen entfalten zu können. Erst wenn er nicht mehr als Jäger oder Nomade um sein tägliches Überleben kämpfen muss, kann er sich Kultur und Bildung *(litterae)* aneignen und sein Menschsein *(humanitas)* zur Vollendung bringen.

Interessant ist, dass wir im Deutschen das lateinische Wort »Humanität« benutzen, wenn wir alles, was die Würde des Menschen ausmacht, in einen Begriff zusammenfassen wollen. Humanität ist eigentlich unübersetzbar und jede Deutung führt zu einer Verengung des Begriffs. Die Römer hatten ein ähnliches Problem mit der griechischen Sprache. Selbst Cicero, dem das Verdienst zukommt, Begriffe wie Demokratie und Aristokratie durch lateinische Bezeichnungen ersetzt zu haben, stieß immer wieder an die Grenzen der Übertragbarkeit.

Die Eroberung Griechenlands

Militärisch waren die Römer den Griechen überlegen. Diese hatten sich während der punischen Kriege auf die Seite der Karthager geschlagen und waren dafür 146 v. Chr. durch die Eroberung Korinths und den damit verbundenen Verlust ihrer Eigenständigkeit von Scipio bitter bestraft worden. Aber der kulturellen Überlegenheit der Griechen waren sich die Römer sehr wohl bewusst: »Das eroberte Griechenland nahm den ungebildeten Sieger gefangen und brachte Kunst und Kultur zu dem latinischen Bauern.« So schreibt Horaz in einem Brief und fügt an anderer Stelle voller Stolz hinzu, dass er als erster die Vielfalt griechischer Versmaße im Lateinischen nachgeahmt habe. Die griechische Kultur war allgegenwärtig. Wer etwas auf sich hielt, lernte Griechisch – viele reiche Römer ließen ihre Kinder von griechischen Ammen aufziehen und sie die griechische Sprache schon mit der Muttermilch lernen; später schickten sie ihre Kinder zum Studium der Rhetorik und der Philosophie nach Griechenland.

Dies liest sich so ganz anders als das, was Jahre zuvor der ältere Cato über die Griechen und ihre Kultur gesagt hat. Cato hatte nämlich im Jahre 155 v. Chr. dafür gesorgt, dass eine Delegation griechischer Philosophen Rom schnell wieder verlassen musste, weil er überzeugt war, dass die griechische Kultur verweichliche und einen schlechten Einfluss auf die römische Jugend ausübe. Erst im Alter erkannte er den Wert der griechischen Bildung. Er lernte Griechisch und setzte sich nun begeistert mit griechischer Literatur auseinander. Das erzählt zumindest Cicero …

3 Säulen des Zeustempels in Athen

1 *fruges – litterae – humanitas:* Erläutere diese drei Begriffe aus dem Kontext.

2 Beschreibe das Verhältnis von Griechen und Römern: Warum legt Plinius so viel Wert auf einen angemessenen Umgang mit der Provinz Achaia?

3 Das deutsche Wort *Kultur* leitet sich von dem lateinischen Verb *colere* ab. Erstelle ein Rondogramm (s. auch Lektion 17, colere) und suche nach inhaltlichen Verbindungen zu unserem heutigen Verständnis von Kultur.

4 Ausfahrt des Triptolemus (rotfigurige Vase)

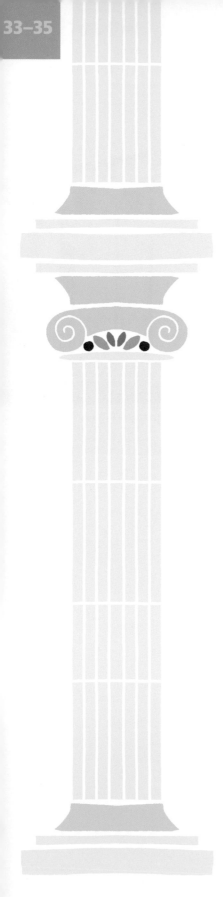

So ein Theater

Wenn du schon einmal Theater gespielt hast, weißt du, dass man über viele Dinge nachdenken muss. Das wichtigste Utensil ist das Regiebuch! Darin befindet sich der Text des Stückes. Gleichzeitig skizzierst du darin den Handlungsverlauf, den sogenannten Plot; außerdem machst du dir Notizen, wo und wann das Stück spielt: Du machst dir Gedanken, wie das Bühnenbild aussehen könnte und welche Kostüme bzw. Requisiten du brauchst. Bei antikem Theater ist es notwendig, dabei auch das historische Umfeld und die gesellschaftlichen Bedingungen zu berücksichtigen, unter denen das Stück entstanden ist.

Und dann das Wichtigste: Die handelnden Personen, was sie sagen und wie sie sich jeweils verhalten sollen. Dazu musst du die Personen charakterisieren: Welche Eigenschaften haben sie und was zeichnet sie besonders aus? Auch ihre Stimmung ist wichtig für das Theaterspielen. Um das herauszufinden, schaust du in den Text:

1. Figuren können direkt charakterisiert sein. Dann steht zum Beispiel im Text, dass die Figur reich ist – oder geizig oder wütend etc.
2. Figuren können aber auch indirekt charakterisiert sein. Dann werden ihre Eigenschaften daran sichtbar, wie sie sich verhalten, wie sie sprechen und handeln. Denkt sich jemand z. B. immer wieder eine neue geschickte Ausrede aus, so ist er besonders listig und ein guter Lügner. Und beginnt ein anderer zu fluchen, so ist er wütend.

Nun schauen wir uns das einmal konkret an Text 35 an. Auf Tranios Frage, was er machte, antwortet der Sklave: *Hoc ad te nihil attinet! – Das geht dich gar nichts an!* Ganz schön abweisend, oder?

Und nachdem ihm Tranio erzählt hat, dass es in dem Haus doch spukt und man besser fernbleiben sollte, sagt er, sich über Tranio amüsierend: *Somnias – Du träumst wohl!!*

All dies kannst du beim Spielen durch die Art, wie du sprichst, und durch deine Mimik (von griech. *mimeomai* – nachahmen) darstellen. Für das Aussehen der Schauspieler gibt es die *Maske,* also Leute die die Schauspieler so schminken und ausstatten, dass sie auch äußerlich sichtbar in ihre neuen Rollen schlüpfen. In der Antike war das nicht ganz so leicht – die Schauspieler trugen ja eine Maske, eine *persona.* Die Planung solcher *personae* musste sehr gut durchdacht sein. Das ist gar nicht so einfach, denn die Figuren begegnen ja in verschiedenen Situationen.

Doch bilden wir in unserer Phantasie einfach einmal mögliche Masken für Theopropides, Philolaches und Tranio:

Theopropides: Er ist recht alt, streng, rechtschaffen, geschäftstüchtig, reich, etwas leichtgläubig und nicht der Allerhellste. Seine *persona* müsste also streng und erstaunt zugleich sein.

Philolaches: Er ist froh, für einige Zeit dem strengen Regiment des Vaters zu entkommen; er lässt sich gerne von Tranio zu den angenehmen Dingen des Lebens verleiten, gibt das Geld seines Vaters mit vollen Händen aus und macht für seine Geliebte Philematium sogar Schulden. Für ihn ist eine jugendlich-freundliche, aber nicht zu überlustige *persona* ganz passend.

Tranio: Ein cleveres Bürschlein und eigentlicher Drahtzieher der Handlung. Er kennt seinen Herrn genau, weiß, wie er auch in heiklen Situationen mit ihm umgehen muss, und hat nicht allzu viel Respekt vor ihm. Als Sklave muss er natürlich aufpassen, dass er den Bogen nicht überspannt. Seine *persona* sollte spitzbübig sein.

Und nun zur nächsten Frage: Was trug man eigentlich im alten Griechenland? Da hilft z. B. ein Blick ins Internet. Die übliche Kleidung waren der *Chiton* (Männer und Frauen) und der *Peplos* (Frauen).

Für das Bühnenbild brauchst du mindestens zwei Häuser, eines für Theopropides und eines für dessen Nachbarn. Auch hier solltest du dich vorher informieren, wie ein griechisches Stadthaus aussah. Bei der konkreten Ausführung darfst du dann improvisieren und einige (zeitbezogene) Gags einbauen. Schließlich soll das Bühnenbild ja nicht wie ein Museum wirken.

Zum Schluss heißt es nur noch, Rollen lesen oder – noch besser – lernen und spielen …

Das habe ich gelernt

Damit ich ein Theaterstück gut spielen kann, muss ich mir genaue Gedanken über die handelnden Personen, über den Ort und über die Zeit der Handlung machen; dabei hilft mir ein Regiebuch.

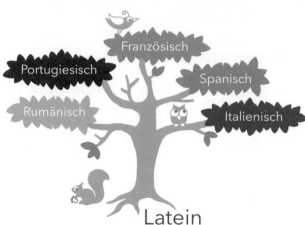

1 | 1 Mutter Latein und ihre Töchter
Erschließe die Bedeutung folgender italienischer Zahlwörter.

2 Erkundige dich bei Mitschülern, die Französisch oder Spanisch lernen, wie die Zahlwörter in diesen Sprachen heißen, oder recherchiere selbst.

cinque – dodici – venti – trentuno – ottanta – centodue – seicento – duemila

2 Römische Ziffern
Schreibe folgende Zahlen mit arabischen (also unseren) Zahlzeichen.

a) quattuor, septem
b) duodecim, undetriginta
c) septuaginta quinque, nonaginta tres
d) duo milia octoginta sex

3 Für Mathematiker
Berechne und schreibe die Rechnung auf Lateinisch nieder.

V + VII = XII; quinque et septem sunt duodecim

a) IX + XV =
b) LXXI + XLII =
c) CLV + CDX =
d) DCIX + MCL =

4 Welche Form passt grammatikalisch nicht?
Begründe deine Antwort.

a) aedibus – mensibus – ianuis – aeris
b) facinus – adulescentem – adventus – ostium
c) vicini – ostii – domi – mensis
d) divite – severo – callido – familiare
e) fregit – concludit – occidit – arripit

5 Doppelter Dativ
Verbinde je ein Element aus a) und b) sinnvoll zu einem Satz und übersetze dann.

a) magnas divitias habere – magnā pecuniā amissā – amicos epulis[1] delectare – dominum ab ira patris servare – fabula mira fidi servi
b) domino saluti est – filio paene perniciei est – servo curae est – filio gaudio est – patri cordi est

1 epula, ae: Gelage, Orgie

6 Wettlauf: Übersetze die Sätze jeweils zweimal, einmal mit doppelten Akkusativ ohne *esse* und einmal mit AcI mit *esse*.

a) Putavi Lucium victorem[1] <esse>.
b) Sed nunc eum tristem <esse> video.
c) Ergo Paulum, adversarium eius, celeriorem[2] <esse> dicam.
d) Sed utrumque puerum probum <esse> existimo.

1 victor, victoris *m.*: Sieger – **2 celerior** (*Komparativ zu* celer): schneller

7 | 1 Kongruenz
Ordne die Formen von *quidam* dem nach KNG
passenden Substantiv zu.

2 Führe die Wendungen auf den Nominativ
Singular zurück und übersetze dann.

cuiusdam – quodam – quidam – quibusdam –
cuidam – quaedam – quosdam – quendam

adulescente – facinora – familiares – mensibus – ostii – senes – somno – vicinum

8 Quidam gesucht.
Ergänze die passende Form von *quidam* und
übersetze.

a) Magistro[1] absente ? ? pueri se
improbos praestant.

b) Nam ? ? puellae admirationi[2] esse
volunt.

c) Itaque eos non paenitet ? ? facinora
committere.

d) Sed a ? ? inimico[3] magistro[1] nuntiati
puniuntur.

1 **magister,** tri: Lehrer – 2 **admiratio,** onis *f.:* Bewun-
derung – 3 **inimicus,** i: Feind

9 Ein wenig Griechisch
Recherchiere, aus welchen griechischen Wörtern
folgende Begriffe gebildet sind und was sie
bedeuten.

a) Demokratie
b) Monarchie
c) Aristokratie
d) Politik

10 Sapientia Romanorum!
Übersetze folgende Schulweisheiten und erkläre
ihre Bedeutung.

a) Verba docent, exempla[1] trahunt.
b) Repetitio[2] est mater studiorum.
c) Variatio[3] delectat.

1 **exemplum,** i: Beispiel – 2 **repetitio,** onis *f.:* Wieder-
holung – 3 **variatio,** tionis *f.: Substantiv zu* varius,
a, um

11 Für Kunstfreunde
Der Gott Apoll ist zu beneiden, hat er doch neun
hübsche Mädchen um sich, deren Anführer er ist:
die Musen. Jede dieser Töchter Jupiters ist in der
antiken Mythologie für eine der Künste zuständig.
Recherchiere die Namen der Musen und ihre
Zuständigkeitsbereiche.

12 | 1 Für Historiker: Jahreszahlen gibt man im
Lateinischen im Ablativ an. Schreibe folgende
Jahreszahlen wie im Beispiel.

2 Recherchiere zu jedem Jahr ein wichtiges
Ereignis.

anno sexagesimo sexto ante / post Christum natum
= im Jahr sechsundsechzig vor / nach Christi Geburt

a) vor Christi Geburt: 753, 333, 44
b) nach Christi Geburt: 14, 313, 476

Ausschnitt aus dem Mosaik der neun Musen in Augusta
Treverorum (Tier), 3.-4. Jhdt. n.Chr.: Thalia

Lernwortschatz

Lektion 21

Wiederholung

magis *(Adv.)*	mehr
properāre	eilen; sich beeilen
tam *(Adv.)*	so
tollere, tollō, sustulī	1. hochheben; aufheben 2. beseitigen
ōrnāmentum, ī	Schmuck
cōpia, ae	1. Menge; Vorrat 2. Möglichkeit *Pl.:* Truppen
reddere, reddō, reddidī	1. zurückgeben 2. zu *etw.* machen

Lernwortschatz

plēnus, a, um *(+ Gen.)*	voll von *etw.*	
triumphus, ī	Triumph; Siegeszug	
culpa, ae	Schuld	
sērō *(Adv.)*	spät; zu spät	
5 sīn	wenn aber	
medius, a, um	der mittlere *(räuml. u. zeitl.);* Mittel-	Medium
prīmus, a, um	der erste; der wichtigste	Prim(zahl)
cernere, cernō, crēvī	wahrnehmen; sehen; bemerken	
mīrus, a, um	1. merkwürdig; erstaunlich 2. wunderbar	e. to admire
10 aurum, ī	Gold	
argentum, ī	Silber	
tabula, ae	1. Brett; Tafel 2. Verzeichnis; Karte	Tafel
templum, ī	Tempel	
hostis, is *m. (Gen. Pl.* hostium)	Feind	
15 parcere, parcō, pepercī *(+ Dat.)*	1. *etw./jdn.* schonen; auf *jdn.* Rücksicht nehmen 2. sparen	
agmen, agminis *n.*	Heereszug; Schar	→ agere
trīstis, e	traurig	trist
iūstus, a, um	gerecht	Justiz
oppūgnāre	angreifen	→ pūgnāre
20 nisī	wenn nicht	→ sī
nihil nisī	nichts außer; nur	
socius, ī	Bündnispartner; Verbündeter; Kamerad	sozial

| Iuppiter, Iovis | Jupiter | |
| similis, e *(+ Gen. oder Dat.)* | *jdm./einer Sache* ähnlich | |

Lektion 22
Wiederholung und neue Stammformen

saepe *(Adv.)*	oft	
lūdere, lūdo, lūsī	spielen	
herba, ae	Gras; Pflanze	
metuere, metuō, metuī	(sich) fürchten	
praebēre	geben	
pergere, pergō, perrēxī	1. weitermachen; fortsetzen 2. aufbrechen (≈ sich auf den Weg machen)	

Lernwortschatz

	fingere, fingō, fīnxī	1. gestalten 2. sich *etw.* ausdenken	Fiktion
	taurus, ī	Stier	sp. torro
	sedēre, sedeō, sēdī	sitzen	
	vulgus, ī *n.*	Volk; Menge; die große Masse	vulgär
5	quidem *(Adv.)*	allerdings	
	cum *(+ Konj.)*	1. *(temporal):* als; nachdem 2. *(kausal):* weil 3. *(konzessiv):* obwohl	
	lītus, lītoris *n.*	Strand; Küste	
	aspicere, aspiciō, aspexī	erblicken	
	placidus, a, um	friedlich; sanft	→ placēre
10	prīmō *(Adv.)*	zuerst; anfangs	→ prīmus, a, um
	tangere, tangō, tetigī	berühren	Tangente
	flōs, flōris *m.*	Blume	Flora
	carpere, carpō, carpsī	pflücken; abreißen	
	ōsculum, ī	Kuss	→ ōs
15	quis?	wer?	
	pectus, pectoris *n.*	1. Brust 2. Herz 3. Seele	↔ tergum
	ut *(+ Konj.)*	dass; damit; sodass	
	contingere, -tingō, -tigī	1. berühren 2. gelingen 3. zuteil werden	Kontakt
	cōnsīdere, -sido, -sēdī	sich setzen; sich niederlassen	→ sedēre
20	audēre, audeō	wagen	

ab-dūcere, -dūcō, -dūxī, -ductum	wegführen; entführen	
imāgō, ginis *f.*	Bild; Abbild	e: image
sapere, sapiō, sapīvī –	1. Geschmack haben 2. Verstand haben	Homo sapiens

Lektion 23

Wiederholung und neue Stammformen

abīre, -eo, -iī	weggehen
dare, dō, dedī	geben
currere, currō, cucurrī	laufen; eilen
oportet	es gehört sich; es ist nötig
convenīre, -veniō, -vēnī	»zusammenkommen«: 1. *jdn.* treffen 2. sich einigen

Lernwortschatz

	optāre	wünschen	Option
	alter, altera, alterum (*Gen.* alterīus)	der andere; der zweite	
	vīnum, ī	Wein	
	immō	nein, vielmehr; ja, sogar	
5	mōs, mōris *m.*	Sitte; Brauch *Pl. auch:* Charakter	Moral
	enim (*nachgestellt*)	nämlich; denn	
	creāre	erschaffen; wählen	Kreatur
	igitur (*nachgestellt*)	also; folglich	
	bibere, bibō, bibī	trinken	
10	sēdēs, is *f.*	1. Sitz 2. Wohnsitz 3. Heimat	→ sedēre
	obtinēre, -tineō, -tinuī	innehaben; (besetzt) halten	→ tenēre
	solēre	gewöhnlich tun, gewohnt sein	
	temperāre	Maß halten	
	nē (*+ Konj.*)	dass nicht; damit nicht	
15	timēre/metuere, nē	fürchten dass (*ohne Verneinung!*)	
	tālis, e	solch ein	
	decet (+ *Inf./AcI*)	es gehört sich *für jdn., etw. zu tun*	dezent
	sermō, sermōnis *m.*	1. Gespräch 2. Redeweise 3. Sprache	
	vitium, ī	Fehler; schlechte Eigenschaft	
20	quā rē / quārē	weshalb? (*rel. Satzanschluss:* deshalb)	

lībertās, tātis *f.*	Freiheit	e. liberty
accidere, -cidō, -cidī	sich ereignen; geschehen	e. accident
accidit, ut	es ereignet sich, dass	
clam *(Adv.)*	heimlich	»klammheimlich«

Lektion 24
Wiederholung

tempus, temporis *n.*	Zeit	
tempus, quō	die Zeit, zu der/als	
studēre *(+ Dat.)*	sich bemühen (um)	
parāre	(vor)bereiten	
tantus, a, um	so groß; so viel	

Lernwortschatz

	meminisse, meminī *(+ Gen./Akk.)*	sich erinnern *an (im Dt. Präsens, im Lat. Perfektformen!)*	
	exercitus, ūs *m.*	Heer	Exerzierplatz
	mittere, mittō, mīsī	schicken	Mission
	manus, ūs *f.*	1. Hand	manuell
		2. Gruppe	
5	audāx *(Gen.* audācis*)*	kühn:	→ audēre
		1. frech	
		2. mutig	
	praeesse, -sum, -fuī *(+ Dat.)*	an der Spitze stehen; *jdn.* kommandieren; *etw.* verwalten	
	impetus, ūs *m.*	Angriff; Schwung	
	dēfendere, dēfendō, dēfendī	verteidigen; abwehren	defensiv
	pellere, pellō, pepulī	1. stoßen; schlagen	Puls
		2. vertreiben	
10	rēs, reī *f.*	1. Sache; Ding	real
		2. Angelegenheit	
	asper, aspera, asperum	rau; streng	
	vāstus, a, um	1. ungeheuer weit	
		2. öde; wüst	
	cāsus, ūs *m.*	Fall; Zufall; Ereignis	
	cāsū	zufälligerweise	
	obsecrāre	anflehen; beschwören	
15	lacus, ūs *m.*	See	e. lake
	mōnstrum, ī	1. Ungeheuer	Monster
		2. göttliches Zeichen	
	perniciēs, perniciēī *f.*	Verderben; Untergang	
	faciēs, faciēī *f.*	1. Gesicht	e. face
		2. Gestalt	

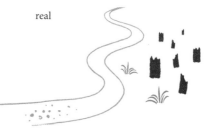

spēs, speī *f.*	Hoffnung	→ spērāre
20 pars, partis *f.*	Teil; Seite	Partei
ferus, a, um	wild	
quīnque *(undekl.)*	fünf	
diēs, diēī *m.*	Tag	e. day

Lektion 25

Wiederholung und neue Stammformen (PPP)

cīvis, cīvis *m.*	Bürger
calamitās, tātis *f.*	Unglück; Schaden
opprimere, opprimō, oppressī, oppressum	1. bedrohen; niederdrücken 2. überfallen
dēlēre, dēleō, dēlēvī, dēlētum	zerstören
neglegere, neglegō, neglēxī, neglēctum	1. nicht beachten; missachten 2. vernachlässigen
restituere, -stituō, -stituī, -stitūtum	wiederherstellen
tantus, a, um	so groß; so viel
capere, capiō, cēpī, captum	»packen« 1. erobern 2. nehmen 3. erhalten
relinquere, relinquō, relīquī, relictum	1. verlassen 2. unbeachtet lassen
rumpere, rumpō, rūpī, ruptum	(zer-)brechen
mittere, mittō, mīsī, missum	schicken
exstinguere, -stinguō, -stīnxī, -stīnctum	auslöschen; vernichten

Lernwortschatz

quiētus, a, um	ruhig	e. quiet
appārēre	erscheinen; sich zeigen	e. to appear
ante	1. *(+ Akk.):* vor 2. *Adv.:* vorher	
imprōvīsus, a, um	unvorhergesehen	improvisieren
5 ēruptiō, iōnis *f.*	Ausbruch	Eruption
complūrēs, ium	mehrere; einige	→ plus
omnīnō *(Adv.)*	überhaupt; ganz und gar	→ omnis
mōtus, ūs *m.*	1. Bewegung 2. Erregung 3. Aufruhr	→ movere
domus, ūs **f.** (*Abl. Sg.* domō, *Gen. Pl.* domōrum, *Akk. Pl.* domōs)	Haus	→ Dom
10 tūtus, a, um	sicher; geschützt	

deinde *(Adv.)*	dann; darauf	
cinis, cineris *m.*	Asche	
lapis, lapidis *m.*	Stein	
dēcidere, -cidī, –	herabfallen	
15 obscūrus, a, um	1. dunkel 2. unklar	obskur
nox, noctis *f.*	Nacht	↔ diēs
timor, ōris *m.*	Furcht; Angst	→ timēre
tēctum, ī	1. Dach 2. Haus	
prohibēre, -hibeō, -hibuī, -hibitum prohibēre, nē	fernhalten; abhalten; hindern daran hindern, etw. zu tun	
20 aperīre, aperiō, aperuī, apertum	öffnen; aufdecken	
apertus, a, um	offen; offenkundig	i. aperto
ēmittere, -mittō, -mīsī, -missum	hinausschicken	Emission
incola, ae *m.*	Einwohner	→ colere
claudere, claudō, clausī, clausum	(ab-/ein-)schließen	→ Klausur
25 intrā *(+ Akk.)*	innerhalb von *etw.*	
perīre, -eō, -iī, -itum	zugrunde gehen	

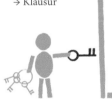

Lektion 26

Wiederholung und neue Stammformen (PPP)

salūs, salūtis *f.*	1. Wohlergehen; 2. Rettung
dīcere, dīcō, dīxī, dictum	sagen
salūtem dīcere	grüßen
cognōscere, cognōscō, cognōvī, cognitum	kennenlernen; erkennen
accidere, -cidō, -cidī	vorfallen; sich ereignen; geschehen
meminisse, meminī *(+ Gen./Akk.)*	sich erinnern an *(im Dt. Präsens, im Lat. Perfektformen!)*
metuere, metuō, metuī, –	(sich) fürchten
īre, eo, iī, itum	gehen
agere, agō, ēgī, āctum	»treiben« 1. tun; handeln; 2. verhandeln
necāre	töten
contendere, -tendō, -tendī, -tentum	[»sich anstrengen«] 1. kämpfen; 2. eilen; 3. behaupten
iubēre, iubeō, iussī, iussum	befehlen
quaerere, quaerō, quaesīvī, quaesītum	suchen; *jmdn.* fragen
pōnere, pōnō, posuī, positum	stellen; legen
re-cipere, -cipiō, -cēpī, -ceptum sē recipere	zurücknehmen; empfangen sich zurückziehen

Lernwortschatz

quamvīs *(+ Konj.)*	obwohl; wenn auch	
excitāre	antreiben; ermuntern; wecken	e. exciting
ruere, ruō, ruī, rutum	1. eilen; stürmen	
	2. einstürzen; herabstürzen	Ruine
forās *(Adv.)*	heraus; hinaus	
5 dēmum *(Adv.)*	endlich	
statuere, statuō, statuī, statūtum	1. aufstellen	
	2. festsetzen; beschließen	
sīcut *(Adv.)*	so wie	→ sīc
interim *(Adv.)*	inzwischen	
ubīque *(Adv.)*	überall	
10 vetus *(Gen.* veteris; *Abl.* vetere)	alt	Veteran
parum *(Adv.)*	zu wenig; wenig	
celer, celeris, celere	schnell	
adhūc *(Adv.)*	noch	
iuvenis, is *m./f.*	jung;	
	Subst.: junger Mann/junge Frau	
15 tendere, tendō, tetendī, tentum	1. spannen; ausstrecken	Tendenz, e. tent
	2. streben	
via, ae	Weg; Straße	
cēdere, cēdō, cessī, cessum	gehen; weichen; nachgeben	
undique *(Adv.)*	von allen Seiten	
dēpōnere, -pōnō, -posuī, -positum	1. ablegen	Deponie
	2. aufgeben	
20 tenebrae, ārum	Dunkelheit *(Sg.)*	
metus, ūs	Furcht; Besorgnis	→ metuere
valēre	1. gesund sein	
	2. stark sein	
	3. imstande sein	
valē!	lebe wohl!	↔ salve

Lektion 27

Wiederholung und neue Stammformen (PPP)

sedēre, sedeō, sēdī, sessum	sitzen
stāre, stō, stetī, statum	stehen
nescīre, nesciō, nescīvī, nescītum	nicht wissen
dare, dō, dedī, datum	geben
petere, petō, petīvī, petītum	[»anpeilen, anvisieren«]
	1. aufsuchen; sich begeben
	2. verlangen; (er)bitten, 3. angreifen
prōmittere, promittō, prōmīsī, prōmissum	versprechen

Lernwortschatz

	sub	1. *m. Akk.:* unter *etw. (wohin?)* 2. *m. Abl.:* unter *etw. (wo?)*	→ Dt.: unter den Tisch ↔ unter dem Tisch
	arbor, arboris *f.*	Baum	
	iūdicāre	1. (als etwas) beurteilen 2. entscheiden	e. judge
	certāre	streiten; (wett-)kämpfen	
5	dēcernere, dēcernō, dēcrēvī, dēcrētum	entscheiden; beschließen	
	difficilis, e	schwierig	e. difficult
	habitus, ūs *m.*	1. Haltung; Zustand; Aussehen 2. Kleidung	Mönchshabit
	comparāre	1. beschaffen 2. vergleichen	e. to compare
	adiuvāre, adiuvō, adiūvī, adiūtum	unterstützen; helfen	
10	pulchritūdō, dinis *f.*	Schönheit	→ pulcher
	cēterī, ae, a	die anderen; die übrigen *(adj.);* die Übrigen *(subst.)*	etc. (= et cetera)
	praestāre, -stō, -stitī, -stitum	1. *mit Dat. (und Abl.):* »vor *jdm.* stehen« → *jdn.* übertreffen (an) 2. *mit Akk.: etw.* geben; *etw.* leisten	
	appetere, -petō, -petīvī, petītum	*verstärktes* petere	
	imperium, ī	1. Befehl 2. Herrschaft 3. Reich	e. empire
15	sapiēns (*Gen.:* sapientis)	klug; weise *Subst.:* der Weise	Homo sapiens
	favēre, faveō, fāvī, fautum (+ *Dat.*)	*jdm.* geneigt sein	Favorit
	dubitāre	1. zögern 2. (be-)zweifeln	e. to doubt
	sapientia, ae	Klugheit; Weisheit	→ sapiēns
	glōria, ae	Ruhm; Ehre	e. glory
20	ēgregius, a, um	hervorragend	
	ait	er, sie, es sagt(e)	
	gerere, gerō, gessī, gestum bellum gerere	tragen; führen; ausführen Krieg führen	Geste
	persuādēre, persuādeō, persuāsī, persuāsum (+ *Dat.*)	1. überzeugen 2. überreden	e. to persuade
	praemium, ī	Belohnung	Prämie
25	maximus, a, um	1. der größte 2. sehr groß; sehr bedeutend	maximal

Lektion 28

Wiederholung und neue Stammformen (PPP)

per *(+ Akk.)*	1 durch; über (… hinaus) 2. während
lītus, lītoris *n.*	Strand; Küste
vidēre, videō, vīdī, vīsum	sehen
sacerdōs *m./f. (Akk.* sacerdōtem)	Priester/Priesterin
currere, currō, cucurrī, cursum	laufen; eilen
claudere, claudō, clausī, clausum	(ab-/ein-)schließen
relinquere, relinquō, relīquī, relictum	1. verlassen 2. unbeachtet lassen
movēre, moveō, mōvī, mōtum	1. bewegen 2. beeindrucken
invenīre, inveniō, invēnī, inventum	(er)finden
mittere, mittō, mīsī, missum	schicken
trahere, trahō, trāxī, tractum	ziehen

Lernwortschatz

	longus, a, um	lang	
	angustus, a, um	eng	Angst
	appropinquāre	sich nähern	
	ob *(+ Akk.)*	wegen	
5	magnitūdō, dinis *f.*	Größe	→ magnus
	sacer, sacra, sacrum	heilig; *(einer Gottheit)* geweiht	→ sacerdos, sacrificium
	at	aber	
	arx, arcis *f.*	Burg	
	procul *(Adv.)*	von fern; weit weg	
10	līgnum, ī	Holz	
	occultāre	verstecken	
	terror, terrōris *m.*	Schrecken	Terrorist
	latēre	versteckt sein	latent
	quidquid	was auch immer	
15	portāre	tragen; bringen	Porto
	commovēre, -moveō, -mōvī, -mōtum	(innerlich) bewegen; veranlassen	→ movēre
	iactāre	werfen; schleudern	
	perterrēre	gewaltig erschrecken	→ terrēre
	precēs, precum *Pl. f.*	Bitten; Gebet	
20	interficere, -ficiō, -fēcī, -fectum	töten	= necāre
	exīstimāre	einschätzen; meinen	
	tēlum, ī	Wurfgeschoss	
	nefārius, a, um	gottlos; verbrecherisch	

laedere, laedō, laesī, laesum	verletzen; beleidigen	lädiert
25 pūnīre	bestrafen	e. to punish

Lektion 29

Wiederholung und neue Stammformen (PPP)

socius, ī	Bündnispartner; Verbündeter; Kamerad	
petere, petō, petīvī, petītum	[»anpeilen, anvisieren«] 1. aufsuchen; sich begeben 2. verlangen; (er)bitten 3. angreifen	
quam	als; wie	
mulier, ris *f.*	Frau	
fātum, ī	Götterspruch; Schicksal	
vīvere, vīvō, vīxī	leben	
monēre	(er)mahnen	
dolus, ī	List	
accipere, accipiō, accēpī, acceptum	1. annehmen; bekommen 2. erfahren	
solvere, solvō, solvī, solūtum	1. lösen 2. bezahlen	
āmittere, āmittō, āmīsī, āmissum	verlieren	
vincere, vincō, vīcī, victum	(be)siegen	

Lernwortschatz

labor, labōris *m.*	1. Anstrengung 2. Arbeit	→ laborāre; Labor
ferre, ferō, tulī, lātum	1. tragen 2. ertragen 3. berichten (*im Passiv:* man erzählt)	
superior, superius (*Gen.* superiōris)	der obere	
īnferior, īnferius (*Gen.* īnferiōris)	der untere	↔ superior
5 avis, is *f.* (*Gen. Pl.* avium)	Vogel	
hic, haec, hoc	dieser, diese, dieses	
mortālis, e	sterblich *als Substantiv:* Mensch	→ mortuus
nauta, ae *m.*	Seemann	→ navis
ut (*+ Indikativ*)	wie	
10 adhibēre	anwenden; hinzuziehen	
auris, is *f.* (*Gen. Pl.* aurium)	Ohr	
ille, illa, illud	jener, jene, jenes	
praecipere, -cipiō, -cēpī, -ceptum	vorschreiben; belehren	

līberāre	befreien	→ lībertās
15 etsī	auch wenn, obwohl	
postulāre	fordern	
saxum, ī	Felsen	
incendere, incendō, incendī, incēnsum	in Brand stecken	→ incendium
rēctus, a, um	gerade; recht; richtig	
20 cursus, ūs *m.*	Lauf; Kurs	→ currere
incolumis, e	unverletzt, wohlbehalten	
praeceps (*Gen.* praecipitis)	1. kopfüber 2. überstürzt 3. steil	
unda, ae	Welle	
conicere, -icio, -iēcī, -iectum	1. (zusammen)werfen 2. folgern; vermuten	

Lektion 30

Wiederholung und neue Stammformen (PPP)

gerere, gerō, gessī, gestum	tragen; führen; ausführen
bellum gerere	Krieg führen
trāns-īre, -eō, -iī, -itum	hinübergehen; überqueren
facere, faciō, fēcī, factum	tun; machen
fīnis, is *m.* (*Gen. Pl.* fīnium)	1. Grenze (*im Pl. auch* Gebiet); Ende 2. Ziel; Zweck
animus, ī	[»das tätige Innenleben«]: Geist; Sinn; Gesinnung; Herz; Mut
in animō habere	im Sinn haben; vorhaben
trēs, trēs, tria	drei
āmittere, āmittō, āmīsī, āmissum	verlieren
incipere, incipiō, coepī, coeptum	anfangen
dūcere, dūcō, dūxī, ductum	1. führen 2. meinen; für *etw.* halten

Lernwortschatz

cōnstituere, -stituō, -stituī, -stitūtum	1. aufstellen 2. festsetzen; beschließen	→ statuere
ostendere, ostendō, ostendī, ostentum	zeigen	
pōns, pontis *m.*	Brücke	»sur le pont«
trādūcere, -dūcō, -dūxī, -ductum	hinüberführen *mit dopp. Akk.: jdn.* über *etw.* führen	→ dūcere
5 silva, ae	Wald	
abdere, -dō, -didī, -ditum	verbergen	= occultāre
vīcus, ī	Dorf	

trāns (+ Akk.)	jenseits *einer Sache;* über *etw.* hinüber	
plūrēs *Pl.*	mehrere	Plural
10 intermittere, -mittō, -mīsī, -missum	unterbrechen	→ mittere
prōferre, -ferō, -tulī, lātum	1. nach vorn tragen; vorantragen 2. erweitern	→ ferre
ūsque ad *(+ Akk.)*	bis zu	
prōcēdere, -cēdō, -cessī, -cessum	1. vorrücken 2. Fortschritte machen	Prozess
ēvenīre, -veniō, -vēnī, -ventum	1. herauskommen 2. sich ereignen	Event
bene ēvenīre	ein gutes Ende nehmen; gut ausgehen	
15 nātūra, ae	Natur; Beschaffenheit	
nimis *(Adv.)*	zu sehr; zu *(+ Adj.)*	
palūs, palūdis *f.*	Sumpf	
hiems, hiemis *f.*	Winter	
inde *(Adv.)*	1. von dort 2. seitdem; daraufhin 3. daher; deshalb	
20 vallum, ī	Palisaden; Wall (mit Palisaden)	
mūnīre	befestigen	

Lektion 31

Wiederholung und neue Stammformen (PPP)

īnferior, inferius *(Gen.* īnferiōris)	der untere
pōnere, pōnō, posuī, positum	stellen; legen
vīvere, vīvō, vīxī	leben
mōs, mōris *m.*	Sitte; Brauch *Pl. auch:* Charakter
studēre *(+ Dat.)*	sich bemühen (um)
ad-īre, -eō, -iī, -itum	»*jmdn.* an-gehen« 1. zu … gehen 2. angreifen
colere, colō, coluī, cultum	[»sich intensiv beschäftigen mit«] 1. bewirtschaften 2. pflegen 3. verehren
cernere, cernō, crēvī, crētum	wahrnehmen; sehen; bemerken
ops, opis *f.* *Pl.* opēs, opum	Kraft; Hilfe *Pl.:* Macht; Streitkräfte; Reichtum
iuvāre, iuvō, iūvī, iūtum	1. unterstützen; helfen 2. erfreuen

Lernwortschatz

castra, ōrum *n. Pl.*	Lager *(Sg.)*	Kastell
castra movēre	aufbrechen	
castra pōnere	ein Lager aufschlagen	
dux, ducis *m.*	(Heer-)Führer	→ dūcere
positus, a, um	gelegen	Position
ipse, ipsa, ipsum *(Gen.* ipsīus*)*	1. selbst 2. *betonend:* persönlich; eben; genau; gerade	
5 paene *(Adv.)*	fast	
mīlitāris, e	militärisch; Kriegs-…	→ mīles
rēs mīlitāris *f.*	Kriegswesen	
cōnsistere, -sistō, -stitī, –	1. sich aufstellen 2. stehenbleiben	e. to consist
cōnsistere in *(+ Abl.)*	bestehen aus	
parentēs, parentum *m. Pl.*	Eltern	e. parents → parēre
auctor, ōris *m.*	1. Urheber; Veranlasser 2. Stammvater	Autor
10 quam ob rem	warum? weshalb? *(rel. Satzanschluss:* deshalb*)*	
crēscere, crēscō, crēvī, crētum	wachsen	crescendo
tantum *(Adv.)*	1. nur 2. so sehr; so viel	
validus, a, um	stark, gesund	
nōnnūllī, ae, a	einige; manche	
15 convīvium, ī	Gastmahl; Fest	
armātus, a, um	bewaffnet	→ arma
religiō, iōnis *f.*	Ehrfurcht; Gottesverehrung	
cōnsuetūdō, dinis *f.*	Gewohnheit	
differre, differō, distulī, dīlātum	1. auseinandertragen 2. aufschieben *(zeitl.)* 3. (sich) unterscheiden	Differenz
20 excipere, -cipiō, -cēpī, -ceptum	1. aufnehmen 2. eine Ausnahme machen	e. except
sōl, sōlis *m.*	Sonne	Solarium
nūmen, nūminis *n.*	göttliche Macht; Gottheit	
praesēns *(Gen.* praesentis*)*	anwesend; gegenwärtig	Präsens
caedere, caedō, cecīdī, caesum	fällen; niederhauen; töten	= interficere, necāre
25 turpis, e	hässlich; schändlich; (moralisch) schlecht	
animal, ālis *n. (Gen. Pl.* animālium*)*	Lebewesen; Tier	e. animal

Lektion 32

Wiederholung

appellāre	nennen
fortis, e	stark; tapfer
colere, colō, coluī, cultum	[»sich intensiv beschäftigen mit«] 1. bewirtschaften 2. pflegen 3. verehren
asinus, ī	Esel
interficere, -ficiō, -fēcī, -fectum	töten
corpus, corporis *n.*	Körper

Lernwortschatz

iste, ista, istud (*Gen.* istíus)	dieser (da)	
fidēs, eī *f.*	1. Vertrauenswürdigkeit; Vertrauen; Treue 2. Glaube *Etc., beachte das Rondogramm!*	→ fīdus, a, um

Person A: *patronus*

Vertrauenswürdigkeit

fides

Treue | **Vertrauen;
Glaube** | Schutz

Vertrauenswürdigkeit

Person B:
cliens / clientes

Gegenseitigkeits-/Ergänzungsbegriff
Komplementärbegriff

suscipere, -cipiō, -cēpī, -ceptum	übernehmen; auf sich nehmen	→ capere
sē praebēre *(+ Akk.)*	sich erweisen als	
5 furor, furōris *m.*	Wut; Raserei	Furie
pūblicus, a, um	öffentlich; staatlich	→ populus
rēs pūblica, reī pūblicae	Staat; Gemeinwesen; Politik	Republik
ēvertere, -vertō, -vertī, -versum	1. umkehren; umstürzen 2. zerstören; vernichten	
prīnceps, prīncipis *m.*	der erste; der vornehmste *Subst.:* Kaiser	
10 foedus, a, um	scheußlich; abstoßend	
caput, capitis *n.*	1. Kopf 2. Hauptstadt	
minimus, a, um	der kleinste, sehr klein	
potestās, tātis *f.*	1. Amtsgewalt 2. Macht 3. Möglichkeit	→ posse
scelerātus, a, um	verbrecherisch *Subst.:* Verbrecher	
15 summus, a, um	der oberste; der höchste; der letzte	
supplicium, ī	1. flehentliches Bitten 2. Opfer 3. Todesstrafe; Hinrichtung	
crēber, crēbra, crēbrum	zahlreich; häufig	
scelus, sceleris *n.*	Verbrechen	→ scelestus
crūdēlitās, tātis *f.*	Grausamkeit	
20 committere, -mittō, -mīsī, -missum	1. veranstalten 2. überlassen; anvertrauen	e. to commit
scelus committere	ein Verbrechen begehen	
occultus, a, um	verborgen; geheim	→ occultāre
lūx, lūcis *f.*	Licht	
sanguis, sanguinis *m.*	Blut	
25 innocentia, ae	Unschuld	e. innocent
crūdēlis, e	grausam	→ crūdēlitās

Lektion 33

Wiederholung und neue Stammformen (PPP)

augēre, augeō, auxī, auctum	vergrößern	
ops, opis *f.*	Kraft; Hilfe	
Pl. opēs, opum	*Pl.:* Macht; Streitkräfte; Reichtum	
cor, cordis *n.*	Herz	
incitāre	1. erregen 2. antreiben	

dēbēre	1. müssen
	2. schulden
	3. verdanken
parcere, parcō, pepercī *(+ Dat.)*	1. *etw./jdn.* schonen;
	auf *jdn.* Rücksicht nehmen
	2. sparen
emere, emō, ēmī, ēmptum	kaufen
perniciēs, perniciēī *f.*	Verderben; Untergang

Lernwortschatz

	quīdam, quaedam, quoddam	jemand; ein gewisser	
	dīves (*Gen.* dīvitis, *Abl.* dīvite)	reich	
	dīvitiae, ārum *Pl.*	Reichtum *(Sg.)*	→ dīves
	adulēscēns, ntis *m.*	junger Mann; Jüngling	Adoleszenz
5	sevērus, a, um	ernst; streng	vgl. Severus Snape
	ēducāre	erziehen	e. education
	domī *(Adv.)*	zu Hause	→ domus
	manēre, maneō, mānsī, mānsum	bleiben; (er)warten	per-manent
	brevis, e	kurz	
10	callidus, a, um	schlau; geschickt	
	cōnsūmere, -sūmō, -sūmpsī, -sūmptum	verbrauchen; verwenden	Konsum
	amīca, ae	Freundin	
	dōnāre	(be)schenken	→ dōnum
	ōstium, ī	Mündung; Eingang	vgl. Ostia
15	aedēs, is *f. (Gen. Pl.* aedium*)*	Tempel *im Plural:* Wohnhaus	
	quadrāgintā *(indekl.)*	vierzig	
	interesse, -sum, -fui, –	1. dazwischenliegen 2. dabei sein; teilnehmen 3. *(+ Gen.)* es ist für *jdn.* wichtig 4. es besteht ein Unterschied zwischen	Interesse
	nūntiāre	melden; verkünden	→ nūntius
	senex (*Gen.* senis)	alt; alter Mann	senil
20	triennium, ī	drei Jahre	→ tres, annus
	referre, referō, rettulī, relātum	1. zurückbringen; hinbringen 2. berichten	Referat
	absūmere, -sūmō, -sūmpsī, -sūmptum	1. verbrauchen 2. vernichten	
	advenīre, -veniō, -vēnī, -ventum	ankommen; herbeikommen	Advent
	offendere, offendō, offendī, offēnsum	anstoßen; verletzen; beleidigen; hier: antreffen	offensiv
25	adventus, ūs *m.*	Ankunft	→ advenīre

Lektion 34
Wiederholung und neue Stammformen (PPP)

mittere, mittō, mīsī, missum	schicken
claudere, claudō, clausī, clausum	(ab- / ein-)schließen
putāre	1. glauben; meinen
	2. für *etw.* halten
salvus, a, um	gesund; am Leben
tangere, tangō, tetigī, tāctum	berühren
hospes, hospitis *m.*	Fremder; Gast
solvere, solvō, solvī, solūtum	1. lösen
	2. bezahlen
opus est (+ *Abl.*)	man braucht; es ist nötig

Lernwortschatz

vīvus, a, um	lebendig; am Leben	↔ mortuus, a, um
peccāre	einen Fehler machen; sündigen	
interīre, -eō, -iī, -itum	untergehen; umkommen	
quantum	wie viel; wieweit	
	so viel; so sehr	
5 familiāris, e	vertraut; eng befreundet	→ familia
	als Substantiv: Freund	
iānua, ae	Tür; Eingang	vgl. Januar
quantopere (*Adv.*)	wie sehr	→ quantus
tantopere (*Adv.*)	so sehr	
īn-sānus, a, um	unvernünftig; verrückt	e. insane
10 conclūdere, -clūdō, -clūsī, -clūsum	1. schließen	
	2. folgern	e. conclusion
abscēdere, -cēdō, -cessī, -cessum	weggehen	
occīdere, occīdō, occīdī, occīsum	niederhauen; töten	→ caedere
mēnsis, is *m.*	Monat	
sexāgintā (*indekl.*)	sechzig	
15 avārus, a, um	habsüchtig; gierig	
sē praestāre, -stō, -stitī, -stitum	sich zeigen; sich erweisen als	
pauper (*Gen.* pauperis, *Abl.* paupere)	arm	e. poor; ↔ dīves
arripere, -ripiō, -ripuī, -reptum	an sich reißen; ergreifen; packen	→ rapere
aes, aeris *n.*	Bronze; Erz; Geld	
20 aes aliēnum, aeris aliēnī	Schulden (*Pl.*)	
absēns (*Gen.* absentis)	abwesend	↔ praesens
somnium, ī	Traum	→ somnus
perturbāre	(völlig) verwirren	→ turba

Lektion 35

Wiederholung

perīre, -eō, -iī, -itum	zugrunde gehen
negōtium, ī	1. Arbeit; Aufgabe
	2. Geschäft; Handel
gerere, gerō, gessī, gestum	tragen; führen; ausführen
dēbēre	1. müssen
	2. schulden
	3. verdanken

Lernwortschatz

frangere, frangō, frēgī, frāctum	zerbrechen (*transitiv, also:* etwas kaputt machen)	Fraktur
attinēre, -tineō, -tinuī, -tentum	1. festhalten	→ ad, tenēre
	2. sich erstrecken	
	3. *jdn.* betreffen, angehen	
pōtāre	trinken; saufen	
sex	sechs	
5 facinus, facinoris *n.*	Tat; Untat; Verbrechen	→ facere
impūne *(Adv.)*	ungestraft, straflos	→ poena
tertius, a, um	der dritte	Terz
quārtus, a, um	der vierte	Quart, Quartett
quīntus, a, um	der fünfte	Quinte, Quintett
10 sextus, a, um	der sechste	Sexte, Sextett
hinc *(Adv.)*	von hier	
trīgintā *(indekl.)*	dreißig	
vīcīnus, ī	Nachbar	
octōgintā *(indekl.)*	achtzig	
15 recūsāre	ablehnen; zurückweisen	
sūmere, sūmō, sūmpsī, sūmptum	nehmen	
īnspicere, -spiciō, -spexī, -spectum	besichtigen; hineinschauen	Inspektor, inspizieren
renovāre	erneuern	→ novus, a, um; renovieren
uterque, utraque, utrumque (*Gen.* utrīusque, *Dat.* utrīque)	beide *(Pl.)*; jeder (von beiden) *(Sg.)*	
20 paenitet (+ *Akk.*) (+ *Gen. der Sache*)	es reut *jdn. einer Sache*	

Lektion 21

Der Konjunktiv

Der Modus gibt die Aussageweise einer Verbform an. Im Lateinischen (und im Deutschen) unterscheidet man drei Aussageweisen:

a) Die Wirklichkeitsform = Indikativ
    Heute feiert Kaiser Trajan seinen großen Triumph.

b) Die Befehlsform = Imperativ
    Fulvia, beeile dich!

c) Die Möglichkeitsform = Konjunktiv
    Der Konjunktiv hat verschiedene Funktionen. Eine davon lernst du mit dem Irrealis, dem Modus der Nicht-Wirklichkeit, kennen.

1. Formen des Konjunktivs Imperfekt (Konjunktiv der Gleichzeitigkeit)

Die Formen des Konjunktivs Imperfekt sehen so aus, als würden an den Infinitiv Präsens einfach die bekannten Personalendungen angehängt.

	vocāre
1. Pers. Sg.	vocā-**re-m**
2. Pers. Sg.	vocā-**rē-s**
3. Pers. Sg.	vocā-**re-t**
1. Pers. Pl.	vocā-**ré-mus**
2. Pers. Pl.	vocā-**ré-tis**
3. Pers. Pl.	vocā-**re-nt**

	esse
1. Pers. Sg.	es-se-m
2. Pers. Sg.	es-sē-s
3. Pers. Sg.	es-se-t
1. Pers. Pl.	es-sé-mus
2. Pers. Pl.	es-sé -tis
3. Pers. Pl.	es-se-nt

2. Formen des Konjunktivs Plusquamperfekt (Konjunktiv der Vorzeitigkeit)

Die Formen des Konjunktivs Plusquamperfekt sehen so aus, als würden an den Infinitiv Perfekt die bekannten Personalendungen angehängt.

	vocāre
1. Pers. Sg.	vocā-v-**isse-m**
2. Pers. Sg.	vocā-v-**issē-s**
3. Pers. Sg.	vocā-v-**isse-t**
1. Pers. Pl.	vocā-v-**issé-mus**
2. Pers. Pl.	vocā-v-**issé-tis**
3. Pers. Pl.	vocā-v-**isse-nt**

	esse
1. Pers. Sg.	fu-isse-m
2. Pers. Sg.	fu-issē-s
3. Pers. Sg.	fu-isse-t
1. Pers. Pl.	fu-issé-mus
2. Pers. Pl.	fu-issé-tis
3. Pers. Pl.	fu-isse-nt

Der Modus der Nicht-Wirklichkeit: der Irrealis

Manchmal will man über Dinge sprechen, die nicht wirklich sind:

Wenn ich reich wäre, dann würde ich mir ein großes Haus kaufen.
Wenn ich nicht getrödelt hätte, hätte ich den Bus nicht verpasst.

Beide Aussagen sind nicht real; der Unterschied ist: Die erste Aussage bezieht sich auf die Gegenwart, die zweite auf die Vergangenheit.

Im Lateinischen geht das genauso. Für eine irreale Aussage verwendet das Lateinische

- den Konjunktiv Imperfekt, wenn sich die Aussage auf die Gegenwart bezieht (Irrealis der Gegenwart),
- den Konjunktiv Plusquamperfekt, wenn sich die Aussage auf die Vergangenheit bezieht (Irrealis der Vergangenheit).

Irrealis der Gegenwart

Sī in prīmō locō **starēmus**, certē omnia cernere **possēmus**.
Wenn wir in der ersten Reihe stehen würden, könnten wir sicherlich alles sehen.
(Mitten in der Menschenmenge kann man aber nichts sehen.)

Irrealis der Vergangenheit

Sī magis **properāvissēs**, haud tam sērō **vēnissēmus**.
Wenn du dich [vorhin] mehr beeilt hättest, wären wir nicht so spät gekommen.
(Weil du aber getrödelt hast, kamen wir viel zu spät aufs Forum.)

Mischform

Sī magis **properāvissēs**, certē imperātōrem **vidērēmus**.
Wenn du dich [vorhin] mehr beeilt hättest, würden wir [jetzt] sicherlich den Kaiser sehen.

Lektion 22

Das Interrogativpronomen

Bislang kennst du als Fragepronomen nur *quid?* »was?«, um nach Sachen zu fragen. Nun lernst du die übrigen Formen kennen; die meisten kennst du schon vom Relativpronomen:

	m./f. (Personen)	n. (Sachen)
Nom.	**quis** (wer?)	**quid** (was?)
Gen.	cuius (wessen?)	
Dat.	cui (wem?)	
Akk.	quem (wen?)	**quid** (was?)
Abl.	ā quō (von wem/was?)	

Wie im Deutschen wird das Interrogativpronomen oft substantivisch verwendet, d. h. es steht alleine ohne Bezugswort und kommt dann auch nur im Singular vor:

Quis ibī stat? **Quid** fēcistī?
Wer steht dort? Was hast du getan?

Wenn das Interrogativpronomen zu einem Substantiv hinzutritt (adjektivischer Gebrauch), verwendet das Lateinische die Formen des Relativpronomens *qui, quae, quod.*

Quae puella ibī stat? **Quod** carmen cantās?
Welches Mädchen steht dort? Welches Lied singst du?

Nebensätze im Konjunktiv

Bisher hast du den Konjunktiv in seiner Funktion als Irrealis kennengelernt und im Deutschen ebenfalls mit einem Konjunktiv übersetzt.

> Das Lateinische verwendet den Konjunktiv in vielen weiteren Funktionen; besonders häufig begegnet er aber in Nebensätzen – im Deutschen musst du ihn dann nicht ausdrücken.

1. Das Zeitverhältnis: gleichzeitig oder vorzeitig (Teil 1)

Worauf du allerdings bei der Übersetzung achten musst, ist das Zeitverhältnis zwischen über- und untergeordnetem Satz. Die Handlung im untergeordneten Satz kann gleichzeitig zur Handlung im übergeordneten Satz ablaufen – oder schon davor geschehen sein (vorzeitig):

Eurōpa taurum adiit,	*Europa ging zu dem Stier hin,*
… cum eum **aspexisset**. (VZ)	*… als/nachdem sie ihn **gesehen hatte**.*
… cum bēstiam **metueret**. (GZ)	*… obwohl sie sich vor dem Tier **fürchtete**.*

Wenn der übergeordnete Satz in einem Vergangenheitstempus steht (Imperfekt, Perfekt, Plusquamperfekt), so markiert im untergeordneten Satz immer … ❗

- der Konjunktiv Imperfekt die Gleichzeitigkeit
- der Konjunktiv Plusquamperfekt die Vorzeitigkeit.

2. Verwendung des Konjunktivs in Nebensätzen

konjunktivische Nebensätze mit *cum* und *ut*

Besonders häufig ist der Konjunktiv in Nebensätzen mit *cum* und *ut*.

> Achte darauf, dass du überlegst, welche Bedeutung am besten zum Inhalt passt! ❗
>
> | *cum* | *ut* |
> |---|---|
> | – als, nachdem (temporal) | – damit, um … zu (final) |
> | – da, weil (kausal) | – (so) dass (konsekutiv) |
> | – obwohl (oft Signalwort im HS: *tamen*) (konzessiv) | |

indirekte Fragesätze

Wenn man einen Fragesatz von einem Verb des Fragens, Sagens oder Wissens abhängig macht, so entsteht ein abhängiger Fragesatz. Im Lateinischen steht in abhängigen Fragen stets der Konjunktiv, im Deutschen oft der Indikativ.

direkte Frage	Puella taurum rogāvit: »Quis es? Quid vīs?«
	Das Mädchen fragte den Stier: »Wer bist du? Was willst du?«
indirekte Frage	Puella taurum rogāvit, quis esset et quid vellet.
	Das Mädchen fragte den Stier, wer er ist (sei) und was er will (wolle).

Für Experten: Sinnrichtungen im Nebensatz

Mit der Subjunktion *ut* hast du zwei neue Sinnrichtungen kennengelernt:

1. Finalsätze: Finalsätze geben eine Absicht oder einen Zweck an (Frage: warum?).
   Ich lese dir eine Geschichte vor, **damit** ich dir die Zeit vertreibe/**um** dir die Zeit zu vertreiben.
   (Falls das Subjekt in HS und NS identisch ist, ist eine Übersetzung mit »um … zu« möglich.)

2. Konsekutivsätze: Konsekutivsätze geben eine Folge an. Häufig stehen im übergeordneten Satz Signalwörter wie »so groß, so gut« o.ä. *(tam, ita, sic, tantum)*.
   Du hast die Geschichte **so** gut vorgelesen, **dass** du mich sehr gut unterhalten hast.

Überblick über die Sinnrichtungen

kausal (Grund):	quod, quia, cum *(weil)*
temporal (Zeit):	postquam *(nachdem)*; cum *(nachdem, als, immer wenn)*
kondizional (Bedingung):	sī *(wenn, falls)*, nisī *(wenn nicht)*
konzessiv (Einräumung):	quamquam, cum *(obwohl)*
final (Zweck)	ut *(damit, um zu …)*
konsekutiv (Folge)	ut *(dass)*

Lektion 23

Konjunktiv Präsens und Perfekt

1. Konjunktiv Präsens (Konjunktiv der Gleichzeitigkeit)

Der Konjunktiv Präsens wird vom Präsensstamm der Verben gebildet, an den ein Moduszeichen angehängt wird. Bei fast allen Konjugationen ist dies ein -a-, nur bei der a-Konjugation wird statt dessen ein -e- gebraucht. Das Ende bilden wieder die bekannten Personalendungen.

	vocāre	pārēre	audīre	currere	cupere
1. Pers. Sg.	voc-e-m	pāre-a-m	audi-a-m	curr-a-m	cupi-a-m
2. Pers. Sg.	voc-ē-s	pāre-ā-s	audi-ā-s	curr-ā-s	cupi-ā-s
3. Pers. Sg.	voc-e-t	pāre-a-t	audi-a-t	curr-a-t	cupi-a-t
1. Pers. Pl.	voc-é-mus	pāre-á-mus	audi-á-mus	curr-á-mus	cupi-ā-mus
2. Pers. Pl.	voc-é-tis	pāre-á-tis	audi-á-tis	curr-á-tis	cupi-á-tis
3. Pers. Pl.	voc-e-nt	pāre-a-nt	audi-a-nt	curr-a-nt	cupi-a-nt

Der Konjunktiv Präsens mancher unregelmäßiger Verben folgt anderen Regeln:

	īre	esse	posse
1. Pers. Sg.	e-a-m	s-i-m	pos-s-i-m
2. Pers. Sg.	e-ā-s	s-ī-s	pos-s-ī-s
3. Pers. Sg.	e-a-t	s-i-t	pos-s-i-t
1. Pers. Pl.	e-á-mus	s-ī-mus	pos-s-ī-mus
2. Pers. Pl.	e-á-tis	s-ī-tis	pos-s-ī-tis
3. Pers. Pl.	e-a-nt	s-i-nt	pos-s-i-nt

2. Konjunktiv Perfekt (Konjunktiv der Vorzeitigkeit)

Für den Konjunktiv Perfekt wird an den Perfektstamm das Moduszeichen -eri- angehängt. Den Abschluss bilden wieder die bekannten Personalendungen.

	vocāre	esse
1. Pers. Sg.	vocā-v-**eri**-m	fu-**eri**-m
2. Pers. Sg.	vocā-v-eri-s	fu-eri-s
3. Pers. Sg.	vocā-v-eri-t	fu-eri-t
1. Pers. Pl.	vocā-v-éri-mus	fu-éri-mus
2. Pers. Pl.	vocā-v-éri-tis	fu-éri-tis
3. Pers. Pl.	vocā-v-eri-nt	fu-eri-nt

Das Zeitverhältnis: gleichzeitig oder vorzeitig (Teil 2)

In Lektion 22 hast du gelernt, dass du bei der Übersetzung von konjunktivischen Nebensätzen immer aufs Zeitverhältnis achten musst: Die Handlung im untergeordneten Satz kann gleichzeitig zur Handlung im übergeordneten Satz ablaufen – oder schon davor geschehen sein (vorzeitig).

Wenn der übergeordnete Satz in einem Vergangenheitstempus steht (Imperfekt, Perfekt, Plusquamperfekt), so markiert im untergeordneten Satz immer …
- der Konjunktiv Imperfekt die Gleichzeitigkeit,
- der Konjunktiv Plusquamperfekt die Vorzeitigkeit.

Wenn der übergeordnete Satz im Präsens oder Futur steht, so markiert im untergeordneten Satz immer …
- der Konjunktiv Präsens die Gleichzeitigkeit,
- der Konjunktiv Perfekt die Vorzeitigkeit.

Nōn īgnōrō,	*Ich weiß ganz genau,*
… quis sīs. (GZ)	*… wer du bist.*
… quid dīxeris. (VZ)	*… was du gesagt hast.*

Fürs Übersetzen konjunktivischer Nebensätze kannst du dir folgende einfache Regel merken:	
Konjunktiv Präsens/Imperfekt	gleichzeitig
Konjunktiv Perfekt/Plusquamperfekt	vorzeitig

Begehrsätze

1. Begehrsätze mit *ut / nē*

Nach Verben, die eine Bitte (z. B. *ōrāre*), eine Aufforderung (z. B. *monēre*) oder deren Gegenteil (z. B. *resistere*) ausdrücken, kann die Subjunktion *ut* auch einen Begehrsatz einleiten. Die Verneinung lautet *nē*.

Optō, ut abeās.	*Ich wünsche (mir), dass du weggehst.*
Tē ōrō, nē tālia dīcās.	*Ich bitte dich, dass du so etwas nicht sagst / so etwas nicht zu sagen.*

2. *nē* nach Verben des Fürchtens

Nach Verben des Fürchtens wie *timēre* und *metuere* verwendet das Lateinische die Subjunktion *nē*, um damit zum Ausdruck zu bringen, dass etwas doch bitte nicht geschehen soll; im Deutschen muss das *nē* jedoch mit »dass« übersetzt werden.

Timeō, nē bēstia veniat.	*Ich fürchte, dass ein wildes Tier kommt.*

Lektion 24

Die 4. Deklination (u-Deklination)

Die Substantive der 4. oder u-Deklination sind fast immer Maskulina.
(Ausnahmen: *manus* »die Hand« und *domus* »das Haus« sind Feminina.)

	Sg.	Pl.
Nom.	exercit-us	exercit-ūs
Gen.	exercit-ūs	exercit-uum
Dat.	exercit-uī	exercit-ibus
Akk.	exercit-um	exercit-ūs
Abl.	exercit-ū	exercit-ibus

Die 5. Deklination (e-Deklination)

Die Substantive der 5. oder e-Deklination sind fast immer Feminina
(Ausnahme: *diēs* »der Tag« ist Maskulinum).

	Sg.	Pl.
Nom.	r-ēs	r-ēs
Gen.	r-ēī	r-ērum
Dat.	r-ēī	r-ēbus
Akk.	r-em	r-ēs
Abl.	r-ē	r-ēbus

Vorsicht: In beiden Deklinationen gibt es viele mehrdeutige Formen.
Mache dir auch Überschneidungen und Verwechslungsgefahren mit den
Endungen anderer Deklinationen bewusst! (s. dazu auch die Tabelle auf
S. 157)

Genitivus subiectivus und obiectivus

Viele Substantive, die eine Tätigkeit oder ein Gefühl bezeichnen, nehmen
ein Genitivattribut zu sich, um die dafür verantwortliche Person zu beschreiben (genitivus subiectivus):

amor līberōrum – die Liebe **der Kinder** (= **Die Kinder** lieben jemanden, z. B. ihren Opa)

Häufiger als im Deutschen kann das Genitivattribut aber manchmal auch
das »Opfer« angeben, auf das sich die Tätigkeit oder das Gefühl richtet
(genitivus obiectivus). Im Deutschen muss man diese Funktion in der
Regel durch einen Präpositionalausdruck ausdrücken:

amor līberōrum – die Liebe **zu den Kindern** (= Jemand, z. B. die Eltern, liebt **die Kinder**)

Ob ein *genitivus subiectivus* oder *obiectivus* vorliegt, kannst du oft nur aus
dem Zusammenhang erschließen.

Lektion 25

Aktiv und Passiv

Bisher kennst du von allen Verben die Formen im Aktiv, nun lernst du auch das Passiv kennen. Vergleiche:

Aktiv: Der Vesuvausbruch zerstörte die Stadt.
Passiv: Die Stadt wurde (vom Vesuvausbruch) zerstört.

Im Lateinischen wird das Passiv genauso verwendet wie im Deutschen, nur kommt es noch häufiger vor.

Die Bildung des Passivs (1): im Perfektstamm

Auch die Bildung des Lateinischen Passivs ist dem Deutschen ähnlich. Im Perfektstamm besteht das Passiv aus zwei Teilen:

Deutsch: er, sie, es wurde **zerstört**   »werden« + Partizip II
Latein: **deletus, a, um** est   Partizip Perfekt Passiv + *esse*

Das Partizip Perfekt Passiv (PPP)

a-Konj.: vocā-re   →   vocā-t-us, -a, -um   gerufen
i-Konj.: audī-re   →   audī-t-us, -a, -um   gehört
e-Konj.: monē-re   →   móni-t-us, -a, -um   ermahnt

Die Partizipien der konsonantischen und der kurzvokalischen Konjugation (z. B. *mittere → missus, capere → captus*), sind unregelmäßig. Du musst sie deshalb im Wortschatz als 4. Stammform auswendig lernen.

Die Formen des Passivs im Perfektstamm

Das Passiv des Perfektstammes wird gebildet aus dem PPP und einer Form von *esse*. Natürlich muss das PPP jeweils in Numerus und Genus an das Subjekt angepasst werden.

Indikativ Perfekt Passiv

1. Pers. Sg.	vocātus, a, um **sum**	ich wurde gerufen/ich bin gerufen worden
2. Pers. Sg.	vocātus, a, um **es**	…
3. Pers. Sg.	vocātus, a, um **est**	
1. Pers. Pl.	vocātī, ae, a **sumus**	
2. Pers. Pl.	vocātī, ae, a **estis**	
3. Pers. Pl.	vocātī, ae, a **sunt**	

Indikativ Plusquamperfekt Passiv

1. Pers. Sg.	vocātus, a, um **eram**	ich war gerufen worden
2. Pers. Sg.	vocātus, a, um **erās**	…
3. Pers. Sg.	vocātus, a, um **erat**	
1. Pers. Pl.	vocātī, ae, a **erāmus**	
2. Pers. Pl.	vocātī, ae, a **erātis**	
3. Pers. Pl.	vocātī, ae, a **erant**	

Indikativ Futur II Passiv

1. Pers. Sg.	vocātus, a, um **ero**	ich werde gerufen worden sein
2. Pers. Sg.	vocātus, a, um **eris**	…

Die Konjunktiv-Formen werden mit dem Konjunktiv von *esse* gebildet:

Konjunktiv Perfekt Passiv: vocātus, a, um **sim** …
Konjunktiv Plusquamperfekt Passiv: vocātus, a, um **essem** …
Infinitiv Perfekt Passiv: vocātum esse

Die beiden Genera Verbi: Ein Verb bestimmen

Aktiv und Passiv sind die beiden *Genera verbi* (Handlungsarten) des Lateinischen und des Deutschen. Du kennst nun alle Eigenschaften, mit denen du ein finites Verb bestimmen kannst, z.B.:

vocātus est:	3. Person	Singular	Indikativ	Perfekt	Passiv
	(Person)	*(Numerus)*	*(Modus)*	*(Tempus)*	*(Genus verbi)*

Verwendung des Passivs

Einer der großen Vorteile des Passivs ist, dass der Erzähler verschweigen kann, *von wem* etwas gemacht wurde: Der »Täter« ist im Passiv nämlich nicht unbedingt erforderlich; im Aktivsatz hingegen ist er das Subjekt und damit unverzichtbar. Vergleiche:

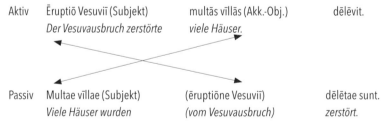

Aktiv	Ēruptiō Vesuviī (Subjekt)	multās vīllās (Akk.-Obj.)	dēlēvit.
	Der Vesuvausbruch zerstörte	*viele Häuser.*	

Passiv	Multae vīllae (Subjekt)	(ēruptiōne Vesuviī)	dēlētae sunt.
	Viele Häuser wurden	*(vom Vesuvausbruch)*	*zerstört.*

Der »Täter« (d. h. das Subjekt des aktiven Satzes) wird im Passiv als Adverbiale wiedergegeben:

- im Deutschen mit den Präpositionen *von* oder *durch,*
- im Lateinischen bei Dingen im bloßen Ablativ (instrumentalis), bei Personen mit der Präposition *a/ab* und Ablativ.
- Das Akkusativobjekt des aktiven Satzes wird im Passivsatz zum Subjekt.

Lektion 26

Die Bildung des Passivs (2): im Präsensstamm

Das Passiv im Präsensstamm erkennst du leicht, denn es hat eigene Personalendungen. Sie werden einfach anstatt der bisherigen Personalendungen an das Wort angehängt:

Stamm + Tempus- bzw. Moduszeichen + Personalendungen für das Passiv

1. Präsens Passiv

	Indikativ			Konjunktiv
1. Pers. Sg.	vide-**or**	ich werde gesehen		vide-a-**r**
2. Pers. Sg.	vidē-**ris**	…		vide-ā-**ris**
3. Pers. Sg.	vidē-**tur**			vide-ā-**tur**
1. Pers. Pl.	vidē-**mur**			vide-ā-**mur**
2. Pers. Pl.	vidē-**minī**			vide-ā-**minī**
3. Pers. Pl.	vide-**ntur**			vide-a-**ntur**

2. Imperfekt Passiv

	Indikativ			Konjunktiv
1. Pers. Sg.	vidē-ba-**r**	ich wurde gesehen		vidē-re-**r**
2. Pers. Sg.	vidē-bā-**ris**	…		vidē-rē-**ris**
3. Pers. Sg.	vidē-bā-**tur**			vidē-rē-**tur**
1. Pers. Pl.	vidē-bā-**mur**			vidē-rē-**mur**
2. Pers. Pl.	vidē-bā-**minī**			vidē-rē-**minī**
3. Pers. Pl.	vidē-ba-**ntur**			vidē-re-**ntur**

3. Futur Passiv

	Indikativ	
1. Pers. Sg.	vidē-bo-**r**	ich werde gesehen (werden)
2. Pers. Sg.	vidē-**be**-ris	…
3. Pers. Sg.	vidē-bi-**tur**	
1. Pers. Pl.	vidē-bi-**mur**	
2. Pers. Pl.	vidē-bi-**minī**	
3. Pers. Pl.	vidē-bu-**ntur**	

Die Übersicht über alle Konjugationen findest du auf S. 161.

4. Infinitiv Präsens Passiv

Der Infinitiv Präsens Passiv wird ebenfalls vom Präsensstamm gebildet:
* die Verben der a-, e- und i-Konjugation erhalten die Endung -rī (z. B.
  laudārī, monērī, audīrī)
* die Verben der kons. und der kurzvok. Konjugation erhalten die
  Endung -ī (z. B. *capī, agī*)

Lektion 27

Das Partizip Präsens Aktiv (PPA)

> vocāns – rufend
> Wie das Deutsche kennt auch das Lateinische ein Partizip der Gleichzeitigkeit, das eine aktive Handlung ausdrückt. Im Deutschen heißt das Partizip meistens »Partizip I«.

Die Formen des Partizips Präsens Aktiv

Es wird gebildet, indem an den Präsensstamm das Suffix -nt- (bzw. im Nominativ -ns) angefügt wird. Dekliniert wird es wie ein Adjektiv der 3. Deklination (außer Ablativ Sg. auf -e).

Singular	
Nom.	vocā-ns
Gen.	voca-nt-is
Dat.	voca-nt-ī
Akk.	voca-nt-em
Abl.	voca-nt-e

Plural	
Nom.	voca-nt-ēs
Gen.	voca-nt-ium
Dat.	voca-nt-ibus
Akk.	voca-nt-ēs
Abl.	voca-nt-ibus

In der i-Konjugation und in der konsonantischen Konjugation wird vor -ns/-nt- noch der Bindevokal -e- eingefügt: *audi-ē-ns, curr-ē-ns, cupi-ē-ns*. Besondere Formen bilden außerdem *īre (iēns, euntis ...)* und seine Komposita.

Wie du es schon von den Infinitiven kennst, drückt auch das Partizip Präsens Aktiv (PPA) keine Zeit (also kein Präsens) aus, sondern ein Zeitverhältnis. Das PPA beschreibt eine Handlung, die gleichzeitig mit einer anderen abläuft bzw. ablief.

> Merke: Das PPA drückt eine gleichzeitige Handlung im Aktiv aus und wird darum oft auch aktives Partizip der Gleichzeitigkeit genannt. Es muss in dem Tempus übersetzt werden, das zum Bezugsverb passt.

Die Verwendung des Partizips: Das Participium Coniunctum (PC)

Das Partizip passt sich im Lateinischen in Kasus, Numerus und Genus (KNG) an sein Bezugswort an, ebenso meistens im Deutschen.

de-ae certant-ēs – *streitend-e Göttin-nen*

Die Übersetzung des Partizips

Man kann die lateinische Partizip-Konstruktion wörtlich ins Deutsche übersetzen. Allerdings verwendet das Lateinische Partizipien häufig so, dass eine wörtliche Übersetzung sehr umständlich klingt, vor allem, wenn das Partizip durch zusätzliche Angaben erweitert wird:

Iūnō mālum appetēns Paridī magnum imperium prōmīsit.
Die den Apfel unbedingt haben wollende Iuno versprach dem Paris ein großes Reich.

In diesen Fällen musst du umformulieren! Du hast folgende Möglichkeiten:

1. attributive Übersetzung: Relativsatz

Wenn du davon ausgehst, dass das Partizip einfach nur das Bezugswort näher beschreibt, kannst du es mit einem Relativsatz wiedergeben.

Iūnō mālum appetēns Paridī magnum imperium prōmīsit.
Juno, die den Apfel unbedingt haben wollte, versprach dem Paris ein großes Reich.

2. adverbiale Übersetzung: Nebensatz/Beiordnung/mit Präposition

Oft kann man auch eine logische Verbindung zwischen Partizip und Prädikat erkennen. Wenn du das bei der Übersetzung betonen willst, kannst du das Partizip mit einem adverbialen Nebensatz wiedergeben.

Iūnō mālum appetēns Paridī magnum imperium prōmīsit.
Juno versprach, weil sie den Apfel unbedingt haben wollte, dem Paris ein großes Reich.

Der Partizipialausdruck gibt also wie eine Adverbiale die näheren Umstände der Handlung an.

> **!**
>
> Je nach Zusammenhang kannst du verschiedene Nebensatzarten wählen, z. B.:
>
> temporal (Zeit)   *während, als*
> kausal (Grund)   *weil*
> konzessiv (Einräumung)   *obwohl, auch wenn*

Alternativ kannst du den Partizipialausdruck auch durch ein »und« an den Satz anbinden (Beiordnung).

Iūnō mālum appetēns Paridī magnum imperium prōmīsit.
Juno wollte den Apfel unbedingt haben und versprach deshalb dem Paris ein großes Reich.

Auch eine Übersetzung mit Präpositionalausdruck ist möglich:

Aus Begierde nach den Apfel versprach Juno dem Paris ein großes Reich.

Zusammenfassung: So geht's!

So gehst du vor, wenn du ein Partizip in einem lateinischen Satz findest:

1. Partizip markieren
   - Bestimme das Partizip nach Kasus, Numerus und Genus und ordne es so einem Bezugswort zu. Verbinde dann das Partizip durch einen Pfeil mit seinem Bezugswort.
   - Klammere das Partizip und seine Erweiterungen (nicht aber das Bezugswort) ein:

Iūnō [mālum appetēns] Paridī magnum imperium prōmīsit.

2. Inhalt verstehen
   - Übersetze zuerst den Satz ohne Klammer *(Juno versprach Paris ein großes Reich).*
   - Untersuche dann die Partizip-Klammer und überlege dir:
     Wer handelt? → Bezugswort *(hier: Juno)*
     Was tut die Person? → Partizip *(hier: Sie möchte den Apfel haben.)*

3. Zusammenhang herstellen
   - Beschreibt das Partizip einfach nur das Bezugswort?
     Oder siehst du eine logische Verbindung zwischen der Handlung des Partizips und dem Rest des Satzes? Wenn ja: Welche? *(hier: Warum verspricht sie Paris ein großes Reich? → Das Partizip gibt einen Grund für ihr Verhalten an. → kausale Sinnrichtung)*

4. Übersetzen
   - Wähle nun eine Übersetzung für das Partizip und seine Ergänzungen und baue sie in den Satz ein. *(hier: Juno versprach, weil sie den Apfel unbedingt haben wollte, dem Paris ein großes Reich.)*

Lektion 28

Das PPP und seine Verwendung im Satz

Natürlich kann ein Partizipialausdruck nicht nur mit dem Partizip Präsens Aktiv (PPA) gebildet werden, sondern auch mit dem Partizip Perfekt Passiv (PPP).

Dadurch verändert sich die Bedeutung in zwei wichtigen Punkten:
- Die Partiziphandlung ist nun **vorzeitig** zum übergeordneten Satz und
- sie muss im **Passiv** übersetzt werden.

Trōiānī equum [ab hostibus in lītore relictum] in urbem trahunt.

Auch hier kannst du die Übersetzungsmöglichkeiten aus Lektion 27 anwenden:
1. **wörtlich**:
   Die Trojaner ziehen das von den Feinden am Strand zurückgelassene Pferd in die Stadt.
2. **Relativsatz**:
   Die Trojaner ziehen das Pferd, das von den Feinden am Strand zurückgelassen worden ist, in die Stadt.
3. **adverbialer Nebensatz/Beiordnung**:
   Nachdem das Pferd von den Feinden am Strand zurückgelassen worden ist, ziehen es die Trojaner in die Stadt.
   Das Pferd ist von den Feinden am Strand zurückgelassen worden; daraufhin ziehen es die Trojaner in die Stadt.

29

Lektion 29

Demonstrativpronomina

Neben *is, ea, id* (vgl. Lektion 10) gibt es im Lateinischen noch weitere Demonstrativpronomina, mit denen etwas hervorgehoben werden kann, so als würde man mit dem Finger darauf zeigen *(dēmōnstrāre)*.

hic, haec, hoc

	Singular		
	m.	f.	n.
Nom.	hic	haec	hoc
Gen.	huius	huius	huius
Dat.	huic	huic	huic
Akk.	hunc	hanc	hoc
Abl.	hōc	hāc	hōc

	Plural		
	m.	f.	n.
Nom.	hī	hae	**haec**
Gen.	hōrum	hārum	hōrum
Dat.	hīs	hīs	hīs
Akk.	hōs	hās	**haec**
Abl.	hīs	hīs	hīs

ille, illa, illud

	Singular		
	m.	f.	n.
Nom.	ille	illa	**illud**
Gen.	illíus	illíus	illíus
Dat.	illī	illī	illī
Akk.	illum	illam	**illud**
Abl.	illō	illā	illō

	Plural		
	m.	f.	n.
Nom.	illī	illae	illa
Gen.	illōrum	illārum	illōrum
Dat.	illīs	illīs	illīs
Akk.	illōs	illās	illa
Abl.	illīs	illīs	illīs

Die meisten Formen haben die Endungen der a-/o-Deklination. Die besonderen Endungen im Genitiv und Dativ Singular kennst du in ähnlicher Form schon von *is, ea, id* und *qui, quae, quod.*

Die Verwendung von *hic* (»dieser«) und *ille* (»jener«)

- *Hic, haec, hoc* verweist auf Personen oder Gegenstände, die sich beim Sprecher befinden oder ihm (räumlich, zeitlich oder gefühlsmäßig) nahestehen → »dieser (hier bei mir)«.
- *Ille, illa, illud* verweist auf Personen oder Gegenstände, die dem Sprecher (räumlich, zeitlich oder gefühlsmäßig) fern sind → »jener (dort)«.

144 | Odysseus und die Sirenen

Die Formen von *ferre, ferō, tūlī, lātum* (»tragen«)

Zu den unregelmäßigen Verben gehört auch *ferre*. Im Präsensstamm weist es einige Sonderformen auf. Die Formen des Perfektstamms sehen zwar – wie auch das PPP – völlig anders aus als der Präsensstamm, sind aber wieder ganz regelmäßig.

Präsens

Aktiv	Indikativ	Konjunktiv
1. Pers. Sg.	fer-ō	fer-a-m
2. Pers. Sg.	**fer-s**	fer-ā-s
3. Pers. Sg.	**fer-t**	fer-a-t
1. Pers. Pl.	fér-i-mus	fer-ā-mus
2. Pers. Pl.	**fer-tis**	fer-ā-tis
3. Pers. Pl.	fer-u-nt	fer-a-nt

Passiv	Indikativ	Konjunktiv
1. Pers. Sg.	fer-or	fer-a-r
2. Pers. Sg.	**fer-ris**	fer-ā-ris
3. Pers. Sg.	**fer-tur**	fer-ā-tur
1. Pers. Pl.	fer-i-mur	fer-ā-mur
2. Pers. Pl.	fer-í-minī	fer-ā-minī
3. Pers. Pl.	fer-ú-ntur	fer-a-ntur

Imperfekt

Aktiv	Indikativ	Konjunktiv
1. Pers. Sg.	fer-ēba-m	fer-re-m
2. Pers. Sg.	fer-ēbā-s	fer-rē-s
3. Pers. Sg.	fer-ēba-t	fer-re-t
1. Pers. Pl.	fer-ēbā-mus	fer-rē-mus
2. Pers. Pl.	fer-ēbā-tis	fer-rē-tis
3. Pers. Pl.	fer-ēba-nt	fer-re-nt

Passiv	Indikativ	Konjunktiv
1. Pers. Sg.	fer-ēba-r	fer-re-r
2. Pers. Sg.	fer-ēbā-ris	fer-rē-ris
3. Pers. Sg.	fer-ēbā-tur	fer-rē-tur
1. Pers. Pl.	fer-ēbā-mur	fer-rē-mur
2. Pers. Pl.	fer-ēbā-minī	fer-rē-minī
3. Pers. Pl.	fer-ēba-ntur	fer-re-ntur

Futur

Aktiv	Indikativ
1. Pers. Sg.	fer-a-m
2. Pers. Sg.	fer-ē-s
3. Pers. Sg.	fer-e-t
1. Pers. Pl.	fer-ē-mus
2. Pers. Pl.	fer-ē-tis
3. Pers. Pl.	fer-e-nt

Passiv	Indikativ
1. Pers. Sg.	fer-a-r
2. Pers. Sg.	fer-ē-ris
3. Pers. Sg.	fer-ē-tur
1. Pers. Pl.	fer-ē-mur
2. Pers. Pl.	fer-ē-minī
3. Pers. Pl.	fer-e-ntur

Imperativ

2. Pers. Sg.	fer!
2. Pers. Pl.	ferte!

Infinitiv und Partizip

Der Infinitiv Präsens Passiv lautet *ferrī*, das PPA *ferēns, ferentis*.

Lektion 30

Der Ablativus absolutus (1)

1. Der Ablativus absolutus

In Lektion 27 und 28 hast du gesehen, dass das Lateinische den Satz sehr gern durch Partizipien erweitert. Diese Partizipien waren bisher immer von einem Satzglied (z. B. vom Subjekt oder vom Objekt) abhängig und damit mit dem Satz verbunden.

Mīlitēs [Germānōs timentēs] sē trāns Rhēnum recēpērunt.

Weil die Soldaten Angst vor den Germanen hatten, zogen sie sich über den Rhein zurück.

Es gibt aber im Lateinischen auch die Möglichkeit, das Partizip gar nicht in den Satz einzubinden, sondern ihm ein Substantiv an die Seite zu stellen, das als eigenes Subjekt der Partizipialhandlung dient. Diese Konstruktion ist damit »losgelöst« vom übergeordneten Satz (lat. absolutus); sie steht immer im Ablativ und wird Ablativus absolutus genannt.

[Hostibus victīs]   Caesar sē trāns Rhēnum recēpit.
Nachdem die Feinde besiegt worden waren, zog sich Caesar über den Rhein zurück.

2. Das Zeitverhältnis im Ablativus absolutus

In welchem Zeitverhältnis der Abl. abs. zum Satz steht, erkennst du am Partizip:

- Mit einem PPA ist der Ablativus absolutus gleichzeitig und aktiv.
- Mit einem PPP ist der Ablativus absolutus vorzeitig und passiv.

3. Die Übersetzung des Ablativus absolutus

Dass du manche lateinische Konstruktionen im Deutschen nicht direkt nachmachen kannst, weißt du schon. Das gilt auch für den Ablativus absolutus. Für die Wiedergabe im Deutschen hast du folgende Möglichkeiten:

1. Übersetzung mit einem Adverbialsatz
Du kannst den Abl. abs. mit einem Adverbialsatz wiedergeben. Je nach Zusammenhang kannst du verschiedene Nebensatzarten wählen, z. B.:

temporal (Zeit)	*als, während (gleichzeitig); nachdem (vorzeitig)*
kausal (Grund)	*weil*
konzessiv (Einräumung)	*obwohl*

Bei der Auflösung des Ablativ-Ausdrucks wird im Deutschen aus dem Substantiv das Subjekt und aus dem Partizip das Prädikat des Adverbialsatzes. Am Partizip kannst du außerdem das Zeitverhältnis ablesen.

Hostibus victīs   Caesar sē trāns Rhēnum recēpit.

Nachdem die Feinde besiegt worden waren, *zog sich Caesar über den Rhein zurück.*

2. weitere Möglichkeiten: Beiordnung und Substantivierung
Alternativ kannst du den Abl. abs. beiordnen oder ihn mit einem Präpositionalausdruck wiedergeben:

Hostibus victīs Caesar sē trāns Rhēnum recēpit.
Die Feinde wurden besiegt; darauf zog sich Caesar über den Rhein zurück.
Nach dem Sieg über seine Feinde zog sich Caesar über den Rhein zurück.

Wie klingt die deutsche Übersetzung besser?
Wie du weißt, ist ein Abl. abs. mit PPP nicht nur vorzeitig, sondern auch passiv. Das führt oft dazu, dass die deutsche Übersetzung etwas umständlich klingt:
Hostibus victīs Caesar sē trāns Rhēnum recēpit.
Nachdem die Feinde besiegt worden waren, zog sich Caesar über den Rhein zurück.

Aber natürlich wurden die Feinde *von Caesar* besiegt, der im Hauptsatz als Subjekt begegnet. Deswegen empfiehlt es sich im Deutschen manchmal, das Passiv ins Aktiv umzuwandeln:
Nachdem Caesar die Feinde besiegt hatte, zog er sich über den Rhein zurück.

Zusammenfassung: So geht's!

1. Ablativus absolutus markieren
   - Bestimme das Partizip nach KNG und ordne es so einem Bezugswort zu (beide müssen im Ablativ stehen).
   - Verbinde dann das Partizip durch einen Pfeil mit seinem Bezugswort. Klammere das Partizip, sein Bezugswort (und eventuelle Erweiterungen dazwischen) ein.

   [Hostibus victīs] Caesar sē trāns Rhēnum recēpit.

2. Inhalt verstehen
   - Übersetze zuerst den Satz ohne Klammer. *(hier: Caesar zog sich über den Rhein zurück).*
   - Untersuche dann die Klammer und überlege:
   Wer ist Subjekt? → Substantiv im Ablativ *(hier: die Feinde)*
   Was tut das Subjekt bzw. was passiert mit ihm? → Partizip: PPA = aktiv; PPP = passiv *(hier: die Feinde wurden besiegt).*

3. Zusammenhang herstellen
   - Erschließe das Zeitverhältnis zum umgebenden Satz: PPA = gleichzeitig; PPP = vorzeitig *(hier: victīs = PPP → vorzeitig).*
   - Erschließe das logische Verhältnis zum umgebenden Satz *(hier: **Wann** zog sich Caesar zurück? → temporal).*

4. Übersetzen
   - Wähle nun eine passende Übersetzung für den Abl. abs. und baue sie in den Satz ein. *(hier: Nachdem die Feinde besiegt worden waren, zog Caesar sich über den Rhein zurück.)*

Lektion 31

Der Ablativus absolutus (2)

In einigen Fällen nimmt das Substantiv im Ablativus absolutus nicht ein Partizip, sondern ein weiteres Substantiv oder ein Adjektiv zu sich (daher »nominaler Ablativus absolutus«). Dabei handelt es sich vor allem um:

- Tätigkeitsbezeichnungen *(rēx, cōnsul, imperātor, dux, auctor …)*
- Altersbezeichnungen *(puer …)*
- manche Adjektive *(salvus, incolumis, praesēns …)*

Diese Wendungen sind gleichzeitig zum übergeordneten Satz und können meist mit einem Präpositionalausdruck übersetzt werden:

Caesare auctōre	*auf Veranlassung Caesars*
mē puerō	*in meiner Kindheit*
Trāiānō duce	*unter Führung Trajans*
Cicerōne cōnsule	*unter dem Konsulat Ciceros*
patre praesente	*in Anwesenheit des Vaters*

Das Pronomen *ipse, ipsa, ipsum*

	Singular		
	m.	f.	n.
Nom.	ipse	ipsa	ipsum
Gen.	ipsíus	ipsíus	ipsíus
Dat.	ipsī	ipsī	ipsī
Akk.	ipsum	ipsam	ipsum
Abl.	ipsō	ipsā	ipsō

	Plural		
	m.	f.	n.
Nom.	ipsī	ipsae	ipsa
Gen.	ipsōrum	ipsārum	ipsōrum
Dat.	ipsīs	ipsīs	ipsīs
Akk.	ipsōs	ipsās	ipsa
Abl.	ipsīs	ipsīs	ipsīs

Das Lateinische benutzt *ipse, ipsa, ipsum* gern, um eine Person oder Sache besonders hervorzuheben oder sie von anderen Personen bzw. Sachen abzugrenzen:

Rēx ipse appropinquat.
Der König selbst (= höchstpersönlich, er und kein anderer) nähert sich.

Eine Übersetzung mit »*selbst*« passt im Deutschen oft nicht; vielmehr müssen dann Umschreibungen wie »*gerade, genau, persönlich, wirklich, sogar, ganz*« etc. gewählt werden.

In ipsō fīne epistulae haec verba invenīs.
Direkt am Schluss des Briefes findest du die folgenden Worte.

Lektion 32

Adverbien

Adjektive beschreiben ein Substantiv näher: Wie beschaffen ist es?

Das Mädchen ist schön. Das schöne Mädchen gefällt mir.

Adverbien beschreiben einen Vorgang: Wie geschieht es?

Das Mädchen singt (wirklich) schön.

Adverbien (vgl. ad verbum = *zum Verbum*) treten also zum Verb, aber auch zu Adjektiven und weiteren Adverbien hinzu.

Im Deutschen sehen Adjektive und Adverbien gleich aus. Andere Sprachen (z. B. Englisch, Latein) haben für das Adverb eigene Formen.

Im Lateinischen werden Adverbien so gebildet:
- Adjektive der a-/o-Deklination erhalten die Endung -ē,
- Adjektive der 3. Deklination erhalten die Endung -(it)er.

Adjektive der a-/o-Deklination		Adjektive der 3. Deklination	
prob-us	→ prob-ē	ācer, ācr-is	→ ācr-iter
pulcher, pulchr-ī	→ pulchr-ē	sapiēns, sapient-is	→ sapient-er (statt sapient-iter)

Für Experten: Das Adverb von *bonus* ist *běně*, das Adverb von *audax audacter*. Übrigens: Du kennst schon viele Adverbien aus dem Wortschatz – du hast sie als »kleine Wörter« gelernt (z.B. *clam* »heimlich«, *saepe* »oft« etc.).

Genitiv und Ablativ der Beschaffenheit

Um die Beschaffenheit einer Sache oder die besondere Eigenschaft einer Person auszudrücken, gibt es im Lateinischen folgende Möglichkeiten:

1. Genitiv der Beschaffenheit (genitivus qualitatis)

puer quīnque annōrum	ein Junge von fünf Jahren = ein fünfjähriger Junge
dōnum magnī pretiī	ein Geschenk von hohem Wert = ein wertvolles Geschenk
hominēs eius modī	Menschen dieser Art = derartige Menschen

2. Ablativ der Beschaffenheit (ablativus qualitatis)

homō maximō corpore	ein Mensch von sehr großem Körperbau = ein Riese
vir magnā sapientiā	ein Mann von großer Weisheit = ein sehr weiser Mann

Die beiden Kasus können in dieser Funktion auch als Prädikatsnomen gebraucht werden:

summae pietātis esse	von höchster Frömmigkeit (= sehr fromm) sein
bonō animō esse	guten Mutes (= voller Hoffnung) sein

Lektion 33

Wichtige Funktionen des Dativs: Zusammenfassung

Der Dativ kann verschiedene Funktionen im Satz übernehmen. Einige (wie das Dativobjekt) kennst du bereits, andere lernst du in der folgenden Übersicht neu kennen.

1. Der Dativ als Objekt

Wie im Deutschen kann der Dativ auf die Frage »wem?« ein indirektes Objekt angeben.

Philolachēs **amīcae** lībertātem dōnāvit.
*Philolaches hat **seiner Freundin** die Freiheit geschenkt.*

2. Der Dativ des Besitzers *(dativus possessivus)*

Im Lateinischen gibt es mehrere Möglichkeiten, Besitzverhältnisse anzugeben: Eine davon ist der Dativ in Verbindung mit *esse*. Dabei bezeichnet der Dativ den Besitzer, die besessene Sache steht im Nominativ. Im Deutschen übersetzt man meist einfacher mit »haben«.

Theoprōpidī multa pecūnia est.
*(**Dem Theopropides** ist/gehört viel Geld) = **Theopropides** hat viel Geld.*

3. Der Dativ des Vorteils (*dativus commodi* bzw. *incommodi*)

Der Dativ kann auch die Person oder Sache bezeichnen, zu deren Vorteil (oder auch Schaden) etwas passiert. Er wird im Deutschen meist mit »für« übersetzt.

Ôstium aedium **omnibus** semper apertum est.
*Die Haustür steht immer **für alle** offen.*

4. Der doppelte Dativ *(dativus finalis)*

Manchmal kann der Dativ auch einen Zweck oder eine Wirkung bezeichnen (*finis* = Ziel, Zweck, daher *dativus finalis*). Daneben steht meist ein weiterer Dativ, der die betroffene Person angibt, sodass man von einem »doppelten Dativ« spricht.
Esse nimmt hier die Bedeutung »dienen (zu), einbringen« an; meist muss die ganze Wendung aber im Deutschen freier übersetzt werden.

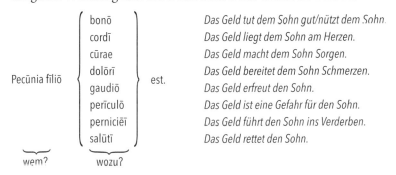

Pecūnia filiō	bonō	est.	*Das Geld tut dem Sohn gut/nützt dem Sohn.*
	cordī		*Das Geld liegt dem Sohn am Herzen.*
	cūrae		*Das Geld macht dem Sohn Sorgen.*
	dolōrī		*Das Geld bereitet dem Sohn Schmerzen.*
	gaudiō		*Das Geld erfreut den Sohn.*
	perīculō		*Das Geld ist eine Gefahr für den Sohn.*
	perniciēī		*Das Geld führt den Sohn ins Verderben.*
	salūtī		*Das Geld rettet den Sohn.*
wem?	wozu?		

quīdam, quaedam, quoddam

1. Formen

Die Formen von *quīdam, quaedam, quoddam* sind dir weitgehend vom Relativpronomen *quī, quae, quod* bekannt.

Nur im Akkusativ Singular und im Genitiv Plural hat sich der Lateiner die Aussprache erleichtert, indem das auslautende *-m* des Relativpronomens zu einem *-n-* abgewandelt wurde.

	Singular		
	m.	f.	n.
Nom.	quīdam	quaedam	quoddam*
Gen.	cuiusdam	cuiusdam	cuiusdam
Dat.	cuidam	cuidam	cuidam
Akk.	quendam	quandam	quoddam*
Abl.	ā quōdam	ā quādam	ā quōdam

	Plural		
	m.	f.	n.
Nom.	quīdam	quaedam	quaedam
Gen.	quōrundam	quārundam	quōrundam
Dat.	quibusdam	quibusdam	quibusdam
Akk.	quōsdam	quāsdam	quaedam
Abl.	ā quibusdam	ā quibusdam	ā quibusdam

* Für Experten: Wenn das Pronomen substantivisch, d. h. alleine und ohne ein Bezugswort gebraucht wird, dann lautet der Nominativ / Akkusativ Singular des Neutrums *quiddam*.

2. Verwendung im Satz

Das Indefinitpronomen (unbestimmtes Fürwort) *quīdam, quaedam, quoddam* »ein gewisser« bezeichnet eine bestimmte Person oder Sache, deren genaue Bezeichnung der Sprecher aber nicht angeben kann oder will (etwa, weil sie geheim gehalten werden soll).

Im Deutschen kann man *quīdam* oft einfach mit dem unbestimmten Artikel übersetzen:

Fīlius Theoprōpidis **hominī cuidam** magnam pecūniam dēbuit.
*Der Sohn des Theopropides schuldete **einem (gewissen) Menschen** viel Geld.*

Im Plural hat *quīdam* oft die Bedeutung »einige, manche« *(~ complūrēs).*

Quīdam dīcunt Theoprōpidem opēs suās maximē amāre.
Manche (Leute) berichten, dass Theopropides hauptsächlich sein Geld liebt.

Lektion 34

Wichtige Funktionen des Akkusativs: Zusammenfassung

Auch der Akkusativ kann verschiedene Funktionen im Satz übernehmen. Einige (wie das Akkusativobjekt) kennst du bereits, andere lernst du in der folgenden Übersicht neu kennen.

1. Der Akkusativ als Objekt

Wie im Deutschen kann der Akkusativ auf die Frage »wen oder was?« ein direktes Objekt angeben.

Philolachēs amīcae **lībertātem** dōnāvit.
*Philolaches schenkte seiner Freundin **die Freiheit**.*

2. Der Akkusativ der Ausdehnung

Auf die Fragen »wie weit?« oder »wie lange?« (hier oft durch *per* verstärkt) steht im Lateinischen der Akkusativ der Ausdehnung.

(Per) septem mēnsēs nēmō hās aedēs intrāvit.
***Sieben Monate lang** hat niemand dieses Haus betreten.*

3. Der Akkusativ der Richtung

Nach Verben der Bewegung (*z. B. īre, venīre ...*) gibt der Akkusativ auf die Frage »wohin?« eine Richtung an. Oft wird er durch *in + Akkusativ* verstärkt.

Theoprōpidēs **Athēnās** rediit.
*Theopropides ist **nach Athen** zurückgekehrt.*

4. Der doppelte Akkusativ

Im Deutschen kann man mit manchen Verben zwei Akkusative verbinden (z. B.: *Ich nenne dich einen Angsthasen*!). Dieser »doppelte Akkusativ« ist auch im Lateinischen häufig; allerdings musst du für die Übersetzung oft »als« oder »für« ergänzen.

Nūntius **Philolachētem timidum** fēcit.
Die Nachricht hat Philolaches ängstlich gemacht.

Amīcī **Philolachētem miserum** putant. Sed Trāniō **sē callidum** praebet.
Die Freunde halten Philolaches für unglücklich. Doch Tranio erweist sich als schlau.

Der doppelte Akkusativ steht oft nach folgenden Verben:
* nennen: *appellāre, dīcere, vocāre*
* einschätzen/halten für: *dūcere, exīstimāre, iūdicāre, putāre*
* machen/ernennen/wählen: *creāre, facere*
* zeigen: *sē praebēre* und *sē praestāre*

Die Zahlen – Teil 1

Wie im Deutschen gibt es auch im Lateinischen verschiedene Arten von Zahlen, darunter …

- die Kardinalzahlen (Grundzahlen: eins, zwei, drei, …) und
- die Ordinalzahlen (Ordnungszahlen: der erste, zweite, dritte, … → Lektion 35).

1. Die Bildung der Grundzahlen

Für normale Mengenangaben und Rechenoperationen werden die Grundzahlen benötigt:

1	I	ūnus, -a, -um		11	XI	ūndecim
2	II	duo, -ae, -o		12	XII	duodecim
3	III	trēs, tria		13	XIII	trēdecim
4	IV / IIII	quattuor		14	XIV	quattuordecim
5	V	quīnque		15	XV	quīndecim
6	VI	sex		16	XVI	sēdecim
7	VII	septem		17	XVII	septendecim
8	VIII	octō		18	XVIII	**duo-dē-vīgintī**
9	IX	novem		19	XIX	**ūn-dē-vīgintī**
10	X	decem		20	XX	vīgintī

Die Zahlen ab 21 werden gebildet, indem …

- die Einerzahl mit *et* vor der Zehnerzahl gestellt wird: *ūnus et vīgintī* (vgl. im Dt.: einundzwanzig)
- oder die Zehnerzahl ohne *et* vor der Einerzahl steht: *vīgintī ūnus* (vgl. im Engl.: twenty-one)

30	XXX	trīgintā		100	C	centum
40	XL	quadrāgintā		200	CC	ducentī, -ae, -a
50	L	quīnquāgintā		500	D	quīngentī, -ae, -a
60	LX	sexāgintā		900	CM	nōngentī, -ae, -a
70	LXX	septuāgintā				
80	LXXX	octōgintā		1000	M	**mīlle**
90	XC	nōnāgintā		2000	MM	duo mīlia, mīlium

2. Besonderheiten

1. Zahlen mit einer 8 bzw. 9 in der Einerstelle (18, 19, 28, 29 etc.)

Diese Zahlen werden gewöhnlich gebildet, indem man 2 (bzw. 1) von der nächsthöheren Zehnerstelle abzieht:

38	= XXXVIII	= *duo-dē-quadrāgintā* (2 von 40)
49	= IL	= *ūn-dē-quīnquāgintā* (1 von 50)

2. Deklinierte Zahlwörter

Die meisten Zahlen sind unveränderlich und werden nicht dekliniert.
Eine Ausnahme sind nur die Zahlen 1 bis 3, die Hunderter ab 200 und die
Tausender ab 2000, die wie Adjektive dekliniert werden.

Die Zahlen 1–3 haben besondere Formen:

	m.	f.	n.
Nom.	ūnus	ūna	ūnum
Gen.	ūnīus	ūnīus	ūnīus
Dat.	ūnī	ūnī	ūnī
Akk.	ūnum	ūnam	ūnum
Abl.	ūnō	ūnā	ūnō

	m.	f.	n.
Nom.	duo	duae	duo
Gen.	duōrum	duārum	duōrum
Dat.	duōbus	duābus	duōbus
Akk.	duō(s)	duās	duo
Abl.	duōbus	duābus	duōbus

	m. / f.	n.
Nom.	trēs	tria
Gen.	trium	trium
Dat.	tribus	tribus
Akk.	trēs	tria
Abl.	tribus	tribus

Mīlia wird wie ein Neutrum der 3. Deklination behandelt:

	n.
Nom.	mīlia
Gen.	mīlium
Dat.	mīlibus
Akk.	mīlia
Abl.	mīlibus

Für Experten: Nach *mīlle/mīlia* wird in der Regel der Genitiv gebraucht (*duo mīlia
passuum* = zweitausend Doppelschritte = eine römische Meile).

Lektion 35

Die Zahlen – Teil 2

Nach den Kardinalzahlen lernst du nun die Ordnungszahlen (Ordinal-zahlen) kennen. Sie werden benötigt, um eine Reihenfolge anzugeben (»der wievielte?«)

1. Die Ordnungszahlen

Alle Ordinalzahlen werden wie Adjektive der a-/o-Deklination dekliniert.

1	ūnus	prīmus, a, um *(der erste)*	11	ūndecim	ūndecimus, a, um
2	duo	secundus, a, um	12	duodecim	duodecimus, a, um
3	trēs	tertius, a, um	13	trēdecim	tertius decimus, a, um
4	quattuor	quārtus, a, um	14	quattuordecim	quārtus decimus, a, um
5	quīnque	quīntus, a, um	15	quīndecim	quīntus decimus, a, um
6	sex	sextus, a, um	16	sēdecim	sextus decimus, a, um
7	septem	septimus, a, um	17	septendecim	septimus decimus, a, um
8	octō	octāvus, a, um	18	duodēvīgintī	duodēvīcēsimus, a, um
9	novem	nōnus, a, um	19	ūndēvīgintī	ūndēvīcēsimus, a, um
10	decem	decimus, a, um	20	vīgintī	vīcēsimus, a, um

Die Zahlen ab 21 werden gebildet, indem die Zehnerzahl ohne *et* vor der Einerzahl steht: *vīcēsimus prīmus.*

30	trīgintā	trīcēsimus, a, um	100	centum	centēsimus, a, um
40	quadrāgintā	quadrāgēsimus, a, um	200	ducentī, -ae, -a	ducentēsimus, a, um
50	quīnquāgintā	quīnquāgēsimus, a, um	500	quīngentī, -ae, -a	quīngentēsimus, a, um
60	sexāgintā	sexāgēsimus, a, um	900	nōngentī, -ae, -a	nōngentēsimus, a, um
70	septuāgintā	septuāgēsimus, a, um			
80	octōgintā	octōgēsimus, a, um	1000	mīlle	mīllēsimus, a, um
90	nōnāgintā	nōnāgēsimus, a, um	2000	duo mīlia, mīlium	**bis** mīllēsimus, a, um

2. Besonderheiten

Im Lateinischen werden anders als im Deutschen die Ordnungszahlen auch für die Angabe von Jahreszahlen und von Uhrzeiten benutzt:

hōrā sextā = zur sechsten Stunde = um 12 Uhr
annō quadringentēsimō septuāgēsimō secundō = im Jahr 472

Substantive

1. oder a-Deklination

	Sg.	Pl.
Nom.	fīli-a	fīli-ae
Gen.	fīli-ae	fīli-ārum
Dat.	fīli-ae	fīli-īs
Akk.	fīli-am	fīli-ās
Abl.	fīli-ā	fīli-īs

2. oder o-Deklination (m.)

	Sg.	Pl.
Nom.	fīli-us	fīli-ī
Gen.	fīli-ī	fīli-ōrum
Dat.	fīli-ō	fīli-īs
Akk.	fīli-um	fīli-ōs
Abl.	fīli-ō	fīli-īs

2. oder o-Deklination (n.)

	Sg.	Pl.
Nom.	dōn-um	dōn-a
Gen.	dōn-ī	dōn-ōrum
Dat.	dōn-ō	dōn-īs
Akk.	dōn-um	dōn-a
Abl.	dōn-ō	dōn-īs

3. Deklination (m. / f.)

	Sg.	Pl.
Nom.	sacerdōs	sacerdōt-ēs
Gen.	sacerdōt-is	sacerdōt-um
Dat.	sacerdōt-ī	sacerdōt-ibus
Akk.	sacerdōt-em	sacerdōt-ēs
Abl.	sacerdōt-e	sacerdōt-ibus

3. Deklination (n.)

	Sg.	Pl.
Nom.	carmen	carmin-a
Gen.	carmin-is	carmin-um
Dat.	carmin-ī	carmin-ibus
Akk.	carmen	carmin-a
Abl.	carmin-e	carmin-ibus

4. oder u-Deklination (m.)

	Sg.	Pl.
Nom.	exercit-us	exercit-ūs
Gen.	exercit-ūs	exercit-uum
Dat.	exercit-uī	exercit-ibus
Akk.	exercit-um	exercit-ūs
Abl.	exercit-ū	exercit-ibus

5. oder e-Deklination (f.)

	Sg.	Pl.
Nom.	r-ēs	r-ēs
Gen.	re-ī	r-ērum
Dat.	re-ī	r-ēbus
Akk.	r-em	r-ēs
Abl.	r-ē	r-ēbus

Adjektive

Adjektive der a- und o-Deklination

	Sg.			Pl.		
	m.	f.	n.	m.	f.	n.
Nom.	bon-us	bon-a	bon-um	bon-ī	bon-ae	bon-a
Gen.	bon-ī	bon-ae	bon-ī	bon-ōrum	bon-ārum	bon-ōrum
Dat.	bon-ō	bon-ae	bon-ō	bon-īs	bon-īs	bon-īs
Akk.	bon-um	bon-am	bon-um	bon-ōs	bon-ās	bon-a
Abl.	bon-ō	bon-ā	bon-ō	bon-īs	bon-īs	bon-īs

Adjektive der 3. Deklination

dreiendige Adjektive						
	Sg.			Pl.		
	m.	f.	n.	m.	f.	n.
Nom.	ācer	ācr-is	ācr-e	ācr-ēs		ācr-ia
Gen.	ācr-is			ācr-ium		
Dat.	ācr-ī			ācr-ibus		
Akk.	ācr-em		ācr-e	ācr-ēs		ācr-ia
Abl.	ācr-ī			ācr-ibus		

zweiendige Adjektive						
	Sg.			Pl.		
	m.	f.	n.	m.	f.	n.
Nom.	omn-is		omn-e	omn-ēs		omn-ia
Gen.	omn-is			omn-ium		
Dat.	omn-ī			omn-ibus		
Akk.	omn-em		omn-e	omn-ēs		omn-ia
Abl.	omn-ī			omn-ibus		

einendige Adjektive						
	Sg.			Pl.		
	m.	f.	n.	m.	f.	n.
Nom.	pār			par-ēs		par-ia
Gen.	par-is			par-ium		
Dat.	par-ī			par-ibus		
Akk.	par-em		pār	par-ēs		par-ia
Abl.	par-ī			par-ibus		

Pronomina

Personalpronomina

	1. Pers. Sg.	2. Pers. Sg.
Nom.	egō	tū
Gen.	meī	tuī
Dat.	mihī	tibī
Akk.	mē	tē
Abl.	ā mē	ā tē

	1. Pers. Pl.	2. Pers. Pl.
Nom.	nōs	vōs
Gen.	nostrī	vestrī
Dat.	nōbīs	vōbīs
Akk.	nōs	vōs
Abl.	ā nōbīs	ā vōbīs

	reflexiv (3. Pers. Sg. / Pl.)
Nom.	–
Gen.	suī
Dat.	sibī
Akk.	sē
Abl.	ā sē

Demonstrativpronomina *is, ea, id*

	Sg.			Pl.		
	m.	f.	n.	m.	f.	n.
Nom.	is	ea	id	iī (eī)	eae	ea
Gen.	eius	eius	eius	eōrum	eārum	eōrum
Dat.	ei	ei	ei	iīs (eīs)	iīs (eīs)	iīs (eīs)
Akk.	eum	eam	id	eōs	eās	ea
Abl.	eō	eā	eō	iīs (eīs)	iīs (eīs)	iīs (eīs)

ebenso: hic, haec, hoc – ille, illa, illud – iste, ista, istud   ipse, ipsa, ipsum

Relativpronomina *qui, quae, quod*

	Sg.			Pl.		
	m.	f.	n.	m.	f.	n.
Nom.	quī	quae	quod	quī	quae	quae
Gen.	cuius	cuius	cuius	quōrum	quārum	quōrum
Dat.	cui	cui	cui	quibus	quibus	quibus
Akk.	quem	quam	quod	quōs	quās	quae
Abl.	quō	quā	quō	quibus	quibus	quibus

ebenso: quīdam

Verben: Präsensstamm Aktiv

Infinitiv	vocā-re	monē-re	audī-re	relinqu-e-re	accipe-re
Präsens (Indikativ) 1. Pers. Sg.	voc-ō	mone-ō	audi-ō	relinqu-ō	accipi-ō
2. Pers. Sg.	vocā-s	monē-s	audī-s	relinqu-i-s	accipi-s
3. Pers. Sg.	voca-t	mone-t	audi-t	relinqu-i-t	accipi-t
1. Pers. Pl.	vocā-mus	monē-mus	audī-mus	relinqu-i-mus	accipi-mus
2. Pers. Pl.	vocā-tis	monē-tis	audī-tis	relinqu-i-tis	accipi-tis
3. Pers. Pl.	voca-nt	mone-nt	audi-u-nt	relinqu-u-nt	accipi-u-nt
Präsens (Konjunktiv) 1. Pers. Sg.	voc-e-m	mone-a-m	audi-a-m	relinqu-a-m	accipi-a-m
2. Pers. Sg.	voc-ē-s	mone-ā-s	audi-ā-s	relinqu-ā-s	accipi-ā-s
3. Pers. Sg.	voc-e-t	mone-a-t	audi-a-t	relinqu-a-t	accipi-a-t
1. Pers. Pl.	voc-ē-mus	mone-ā-mus	audi-ā-mus	relinqu-ā-mus	accipi-ā-mus
2. Pers. Pl.	voc-ē-tis	mone-ā-tis	audi-ā-tis	relinqu-ā-tis	accipi-ā-tis
3. Pers. Pl.	voc-e-nt	mone-a-nt	audi-a-nt	relinqu-a-nt	accipi-a-nt
Imperfekt (Indikativ) 1. Pers. Sg.	vocā-ba-m	monē-ba-m	audi-ēba-m	relinqu-ēba-m	accipi-ēba-m
2. Pers. Sg.	vocā-bā-s	monē-bā-s	audi-ēbā-s	relinqu-ēbā-s	accipi-ēbā-s
3. Pers. Sg.	vocā-ba-t	monē-ba-t	audi-ēba-t	relinqu-ēba-t	accipi-ēba-t
1. Pers. Pl.	vocā-bā-mus	monē-bā-mus	audi-ēbā-mus	relinqu-ēbā-mus	accipi-ēbā-mus
2. Pers. Pl.	vocā-bā-tis	monē-bā-tis	audi-ēbā-tis	relinqu-ēbā-tis	accipi-ēbā-tis
3. Pers. Pl.	vocā-ba-nt	monē-ba-nt	audi-ēba-nt	relinqu-ēba-nt	accipi-ēba-nt
Imperfekt (Konjunktiv) 1. Pers. Sg.	vocā-re-m	monē-re-m	audī-re-m	relinqu-e-re-m	accipe-re-m
2. Pers. Sg.	vocā-rē-s	monē-rē-s	audī-rē-s	relinqu-e-rē-s	accipe-rē-s
3. Pers. Sg.	vocā-re-t	monē-re-t	audī-re-t	relinqu-e-re-t	accipe-re-t
1. Pers. Pl.	vocā-rē-mus	monē-rē-mus	audī-rē-mus	relinqu-e-rē-mus	accipe-rē-mus
2. Pers. Pl.	vocā-rē-tis	monē-rē-tis	audī-rē-tis	relinqu-e-rē-tis	accipe-rē-tis
3. Pers. Pl.	vocā-re-nt	monē-re-nt	audī-re-nt	relinqu-e-re-nt	accipe-re-nt
Futur I 1. Pers. Sg.	vocā-b-ō	monē-b-ō	audi-a-m	relinqu-a-m	accipi-a-m
2. Pers. Sg.	vocā-bi-s	monē-bi-s	audi-ē-s	relinqu-ē-s	accipi-ē-s
3. Pers. Sg.	vocā-bi-t	monē-bi-t	audi-e-t	relinqu-e-t	accipi-e-t
1. Pers. Pl.	vocā-bi-mus	monē-bi-mus	audi-ē-mus	relinqu-ē-mus	accipi-ē-mus
2. Pers. Pl.	vocā-bi-tis	monē-bi-tis	audi-ē-tis	relinqu-ē-tis	accipi-ē-tis
3. Pers. Pl.	vocā-bu-nt	monē-bu-nt	audi-e-nt	relinqu-e-nt	accipi-e-nt
Imp. Sg.	vocā!	monē!	audī!	relinqu-e!	accip-e!
Imp. Pl.	vocā-te!	monē-te!	audī-te!	relinqu-i-te!	accipi-te!

Verben: Präsensstamm Passiv

Infinitiv	vocā-rī	monē-rī	audī-rī	relinqu-ī	accip-ī
Präsens (Indikativ)					
1. Pers. Sg.	voc-**or**	mone-or	audi-or	relinqu-or	accipi-or
2. Pers. Sg.	vocā-**ris**	monē-ris	audī-ris	relinqu-e-ris	accip-e-ris
3. Pers. Sg.	vocā-**tur**	monē-tur	audī-tur	relinqu-i-tur	accipi-tur
1. Pers. Pl.	vocā-**mur**	monē-mur	audī-mur	relinqu-i-mur	accipi-mur
2. Pers. Pl.	vocā-**minī**	monē-minī	audī-minī	relinqu-i-minī	accipi-minī
3. Pers. Pl.	voca-**ntur**	mone-ntur	audi-u-ntur	relinqu-u-ntur	accipi-u-ntur
Präsens (Konjunktiv)					
1. Pers. Sg.	voc-**e-r**	mone-a-r	audi-a-r	relinqu-a-r	accipi-a-r
2. Pers. Sg.	voc-**ē-ris**	mone-ā-ris	audi-ā-ris	relinqu-ā-ris	accipi-ā-ris
3. Pers. Sg.	voc-**ē-tur**	mone-ā-tur	audi-ā-tur	relinqu-ā-tur	accipi-ā-tur
1. Pers. Pl.	voc-**ē-mur**	mone-ā-mur	audi-ā-mur	relinqu-ā-mur	accipi-ā-mur
2. Pers. Pl.	voc-**ē-minī**	mone-ā-minī	audi-ā-minī	relinqu-ā-minī	accipi-ā-minī
3. Pers. Pl.	voc-**e-ntur**	mone-a-ntur	audi-a-ntur	relinqu-a-ntur	accipi-a-ntur
Imperfekt (Indikativ)					
1. Pers. Sg.	vocā-**ba-r**	monē-ba-r	audi-ēba-r	relinqu-ēba-r	accipi-ēba-r
2. Pers. Sg.	vocā-**bā-ris**	monē-bā-ris	audi-ēbā-ris	relinqu-ēbā-ris	accipi-ēbā-ris
3. Pers. Sg.	vocā-**bā-tur**	monē-bā-tur	audi-ēbā-tur	relinqu-ēbā-tur	accipi-ēbā-tur
1. Pers. Pl.	vocā-**bā-mur**	monē-bā-mur	audi-ēbā-mur	relinqu-ēbā-mur	accipi-ēbā-mur
2. Pers. Pl.	vocā-**bā-minī**	monē-bā-minī	audi-ēbā-minī	relinqu-ēbā-minī	accipi-ēbā-minī
3. Pers. Pl.	vocā-**ba-ntur**	monē-ba-ntur	audi-ēba-ntur	relinqu-ēba-ntur	accipi-ēba-ntur
Imperfekt (Konjunktiv)					
1. Pers. Sg.	vocā-**re-r**	monē-re-r	audī-re-r	relinqu-e-re-r	accipe-re-r
2. Pers. Sg.	vocā-**rē-ris**	monē-rē-ris	audī-rē-ris	relinqu-e-rē-ris	accipe-rē-ris
3. Pers. Sg.	vocā-**rē-tur**	monē-rē-tur	audī-rē-tur	relinqu-e-rē-tur	accipe-rē-tur
1. Pers. Pl.	vocā-**rē-mur**	monē-rē-mur	audī-rē-mur	relinqu-e-rē-mur	accipe-rē-mur
2. Pers. Pl.	vocā-**rē-minī**	monē-rē-minī	audī-rē-minī	relinqu-e-rē-minī	accipe-rē-minī
3. Pers. Pl.	vocā-**re-ntur**	monē-re-ntur	audī-re-ntur	relinqu-e-re-ntur	accipe-re-ntur
Futur I					
1. Pers. Sg.	vocā-**b-or**	monē-b-or	audi-a-r	relinqu-a-r	accipi-a-r
2. Pers. Sg.	vocā-**be-ris**	monē-be-ris	audi-ē-ris	relinqu-ē-ris	accipi-ē-ris
3. Pers. Sg.	vocā-**bi-tur**	monē-bi-tur	audi-ē-tur	relinqu-ē-tur	accipi-ē-tur
1. Pers. Pl.	vocā-**bi-mur**	monē-bi-mur	audi-ē-mur	relinqu ē-mur	accipi-ē-mur
2. Pers. Pl.	vocā-**bi-minī**	monē-bi-minī	audi-ē-minī	relinqu-ē-minī	accipi-ē-minī
3. Pers. Pl.	vocā-**bu-ntur**	monē-bu-ntur	audi-e-ntur	relinqu-e-ntur	accipi-e-ntur

Verben: Perfektstamm Aktiv und Passiv

Aktiv

Infinitiv	vocāv-isse

Perfekt (Indikativ)		
	1. Pers. Sg.	vocāv-ī
	2. Pers. Sg.	vocāv-istī
	3. Pers. Sg.	vocāv-it
	1. Pers. Pl.	vocāv-imus
	2. Pers. Pl.	vocāv-istis
	3. Pers. Pl.	vocāv-ērunt

Perfekt (Konjunktiv)		
	1. Pers. Sg.	vocāv-erim
	2. Pers. Sg.	vocāv-eris
	3. Pers. Sg.	vocāv-erit
	1. Pers. Pl.	vocāv-erimus
	2. Pers. Pl.	vocāv-eritis
	3. Pers. Pl.	vocāv-erint

Plusquamperfekt (Indikativ)		
	1. Pers. Sg.	vocāv-eram
	2. Pers. Sg.	vocāv-erās
	3. Pers. Sg.	vocāv-erat
	1. Pers. Pl.	vocāv-erāmus
	2. Pers. Pl.	vocāv-erātis
	3. Pers. Pl.	vocāv-erant

Plusquamperfekt (Konjunktiv)		
	1. Pers. Sg.	vocāv-isse-m
	2. Pers. Sg.	vocāv-issē-s
	3. Pers. Sg.	vocāv-isse-t
	1. Pers. Pl.	vocāv-issē-mus
	2. Pers. Pl.	vocāv-issē-tis
	3. Pers. Pl.	vocāv-isse-nt

Futur II (Indikativ)		
	1. Pers. Sg.	vocāv-erō
	2. Pers. Sg.	vocāv-eris
	3. Pers. Sg.	vocāv-erit
	1. Pers. Pl.	vocāv-erimus
	2. Pers. Pl.	vocāv-eritis
	3. Pers. Pl.	vocāv-erint

Passiv

Infinitiv	vocā-tum esse

Perfekt (Indikativ)		
	1. Pers. Sg.	vocā-tus (a, um) sum
	2. Pers. Sg.	vocā-tus (a, um) es
	3. Pers. Sg.	vocā-tus (a, um) est
	1. Pers. Pl.	vocā-tī (ae, a) sumus
	2. Pers. Pl.	vocā-tī (ae, a) estis
	3. Pers. Pl.	vocā-tī (ae, a) sunt

Perfekt (Konjunktiv)		
	1. Pers. Sg.	vocā-tus (a, um) sim
	2. Pers. Sg.	vocā-tus (a, um) sīs
	3. Pers. Sg.	vocā-tus (a, um) sit
	1. Pers. Pl.	vocā-tī (ae, a) simus
	2. Pers. Pl.	vocā-tī (ae, a) sītis
	3. Pers. Pl.	vocā-tī (ae, a) sint

Plusquamperfekt (Indikativ)		
	1. Pers. Sg.	vocā-tus (a, um) eram
	2. Pers. Sg.	vocā-tus (a, um) erās
	3. Pers. Sg.	vocā-tus (a, um) erat
	1. Pers. Pl.	vocā-tī (ae, a) erāmus
	2. Pers. Pl.	vocā-tī (ae, a) erātis
	3. Pers. Pl.	vocā-tī (ae, a) erant

Plusquamperfekt (Konjunktiv)		
	1. Pers. Sg.	vocā-tus (a, um) essem
	2. Pers. Sg.	vocā-tus (a, um) essēs
	3. Pers. Sg.	vocā-tus (a, um) esset
	1. Pers. Pl.	vocā-tī (ae, a) essēmus
	2. Pers. Pl.	vocā-tī (ae, a) essētis
	3. Pers. Pl.	vocā-tī (ae, a) essent

Futur II (Indikativ)		
	1. Pers. Sg.	vocā-tus (a, um) erō
	2. Pers. Sg.	vocā-tus (a, um) eris
	3. Pers. Sg.	vocā-tus (a, um) erit
	1. Pers. Pl.	vocā-tī (ae, a) erimus
	2. Pers. Pl.	vocā-tī (ae, a) eritis
	3. Pers. Pl.	vocā-tī (ae, a) erunt

Unregelmäßige Verben

Infinitiv	esse	posse	īre	ferre	ferrī (Passiv v. ferre)	velle	nōlle
	sein	können	gehen	(er)tragen	getragen werden	wollen	nicht wollen

Präsens (Indikativ)

	esse	posse	īre	ferre	ferrī	velle	nōlle
1. Pers. Sg.	sum	pos-sum	eō	ferō	fer-or	volō	nōlō
2. Pers. Sg.	es	pot-es	īs	fers	fer-ris	vīs	nōn vīs
3. Pers. Sg.	est	pot-est	it	fert	fer-tur	vult	nōn vult
1. Pers. Pl.	sumus	pos-sumus	īmus	ferimus	fer-i-mur	volumus	nōlumus
2. Pers. Pl.	estis	pot-estis	ītis	fertis	fer-i-minī	vultis	nōn vultis
3. Pers. Pl.	sunt	pos-sunt	eunt	ferunt	fer-u-ntur	volunt	nōlunt

Präsens (Konjunktiv)

	esse	posse	īre	ferre	ferrī	velle	nōlle
1. Pers. Sg.	sim	pos-sim	eam	fer-a-m	fer-ar	velim	nōlim
2. Pers. Sg.	sīs	pos-sīs	eās	fer-ā-s	fer-ā-ris	velīs	nōlīs
3. Pers. Sg.	sit	pos-sit	eat	fer-a-t	fer-ā-tur	velit	nōlit
1. Pers. Pl.	sīmus	pos-sīmus	eāmus	fer-ā-mus	fer-ā-mur	velīmus	nōlīmus
2. Pers. Pl.	sītis	pos-sītis	eātis	fer-ā-tis	fer-ā-minī	velītis	nōlītis
3. Pers. Pl.	sint	pos-sint	eant	fer-a-nt	fer-a-ntur	velint	nōlint

Imperfekt (Indikativ)

	esse	posse	īre	ferre	ferrī	velle	nōlle
1. Pers. Sg.	eram	pot-eram	ī-ba-m	fer-ēba-m	fer-ēba-r	vol-ēba-m	nōl-ēba-m
2. Pers. Sg.	erās	pot-erās	ī-bā-s	fer-ēbā-s	fer-ēbā-ris	vol-ēbā-s	nōl-ēbā-s
3. Pers. Sg.	erat	pot-erat	ī-ba-t	fer-ēba-t	fer-ēbā-tur	vol-ēba-t	nōl-ēba-t
1. Pers. Pl.	erāmus	pot-erāmus	ī-bā-mus	fer-ēbā-mus	fer-ēbā-mur	vol-ēbā-mus	nōl-ēbā-mus
2. Pers. Pl.	erātis	pot-erātis	ī-bā-tis	fer-ēbā-tis	fer-ēbā-minī	vol-ēbā-tis	nōl-ēbā-tis
3. Pers. Pl.	erant	pot-erant	ī-ba-nt	fer-ēba-nt	fer-ēba-ntur	vol-ēba-nt	nōl-ēba-nt

Imperfekt (Konjunktiv)

	esse	posse	īre	ferre	ferrī	velle	nōlle
1. Pers. Sg.	esse-m	posse-m	īre-m	ferre-m	ferre-r	vellem	nōllem
2. Pers. Sg.	essē-s	possē-s	īrē-s	ferrē-s	ferrē-ris	vellēs	nōllēs
3. Pers. Sg.	esse-t	posse-t	īre-t	ferre-t	ferrē-tur	vellet	nōllet
1. Pers. Pl.	essē-mus	possē-mus	īrē-mus	ferrē-mus	ferrē-mur	vellēmus	nōllēmus
2. Pers. Pl.	essē-tis	possē-tis	īrē-tis	ferrē-tis	ferrē-minī	vellētis	nōllētis
3. Pers. Pl.	esse-nt	posse-nt	īre-nt	ferre-nt	ferrē-ntur	vellent	nōllent

Futur I

	esse	posse	īre	ferre	ferrī	velle	nōlle
1. Pers. Sg.	erō	pot-erō	ī-bō	fer-a-m	fer-ar	vol-a-m	nōl-am
2. Pers. Sg.	eris	pot-eris	ī-bis	fer-ē-s	fer-ē-ris	vol-ē-s	nōl-ē-s
3. Pers. Sg.	erit	pot-erit	ī-bit	fer-e-t	fer ē-tur	vol-e-t	nōl-e-t
1. Pers. Pl.	erimus	pot-erimus	ī-bimus	fer-ē-mus	fer-ē-mur	vol-ē-mus	nōl-ē-mus
2. Pers. Pl.	eritis	pot-eritis	ī-bitis	fer-ē-tis	fer-ē-minī	vol-ē-tis	nōl-ē-tis
3. Pers. Pl.	erunt	pot-erunt	ī-bunt	fer-e-nt	fer-e-ntur	vol-e-nt	nōl-e-nt

Perfektstamm

Infinitiv	fu-isse	potu-isse	īsse	tul-isse	latum esse	volu-isse	nōlu-isse

Stammformen

a-Konjugation (regelmäßig mit v-Perfekt)

1 aedificāre, -ō, -āvī, -ātum	bauen	12
2 amāre, -ō, -āvī, -ātum	lieben; mögen	9
3 appellāre, -ō, -āvī, -ātum	nennen	20
4 appropinquāre, -ō, -āvī, -ātum	sich nähern	28
5 cantāre, -ō, -āvī, -ātum	singen	4
6 certāre, -ō, -āvī, -ātum	streiten; (wett-)kämpfen	27
7 clāmāre, -ō, -āvī, -ātum	rufen; schreien	2
8 creāre, -ō, -āvī, -ātum	erschaffen; wählen	23
9 cūrāre, -ō, -āvī, -ātum	1. behandeln; pflegen 2. sich *um etw.* kümmern; sorgen *(für)*	2
10 dēlectāre, -ō, -āvī, -ātum	erfreuen; *jdm.* Spaß machen	6
11 dēlīberāre, -ō, -āvī, -ātum	überlegen	12
12 dēmōnstrāre, -ō, -āvī, -ātum	(deutlich) zeigen; beweisen	11
13 dōnāre, -ō, -āvī, -ātum	(be)schenken	33
14 dubitāre, -ō, -āvī, -ātum	1. zögern 2. (be)zweifeln	27
15 ēducāre, -ō, -āvī, -ātum	erziehen	33
16 errāre, -ō, -āvī, -ātum	sich irren; umherirren	3
17 excitāre, -ō, -āvī, -ātum	antreiben; ermuntern; wecken	26
18 exīstimāre, -ō, -āvī, -ātum	einschätzen; meinen	28
19 habitāre, -ō, -āvī, -ātum	(be)wohnen	1
20 iactāre, -ō, -āvī, -ātum	werfen; schleudern	28
21 īgnōrāre, -ō, -āvī, -ātum	nicht kennen; nicht wissen	9
non ignorare, -ō, -āvī, -ātum	genau kennen; genau wissen	9
22 immolāre, -ō, -āvī, -ātum	opfern	4
23 implōrāre, -ō, -āvī, -ātum	*jmdn.* anflehen	4
24 incitāre, -ō, -āvī, -ātum	1. erregen 2. antreiben	2
25 intrāre, -ō, -āvī, -ātum	eintreten; betreten	1
26 invītāre, -ō, -āvī, -ātum	einladen	12
27 iūdicāre, -ō, -āvī, -ātum	1. (als etwas) beurteilen 2. entscheiden	27
28 labōrāre, -ō, -āvī, -ātum	1. sich bemühen; arbeiten 2. in Not sein; leiden	9
29 laudāre, -ō, -āvī, -ātum	loben	18
30 līberāre, -ō, -āvī, -ātum	befreien	29
31 nārrāre, -ō, -āvī, -ātum	erzählen	11
32 necāre, -ō, -āvī, -ātum	töten	11
33 nūntiāre, -ō, -āvī, -ātum	melden; verkünden	33

34 obsecrāre, -ō, -āvī, -ātum	anflehen; beschwören	24
35 occultāre, -ō, -āvī, -ātum	verstecken	28
36 optāre, -ō, -āvī, -ātum	wünschen	23
37 ōrāre, -ō, -āvī, -ātum	bitten	16
38 parāre, -ō, -āvī, -ātum	(vor)bereiten	12
comparāre, -ō, -āvī, -ātum	1. beschaffen 2. vergleichen	27
reparāre, -ō, -āvī, -ātum	wiederherstellen; reparieren	13
39 peccāre, -ō, -āvī, -ātum	einen Fehler machen; sündigen	34
40 perturbāre, -ō, -āvī, -ātum	(völlig) verwirren	34
41 plācāre, -ō, -āvī, -ātum	beruhigen	4
42 portāre, -ō, -āvī, -ātum	tragen; bringen	28
apportāre, -ō, -āvī, -ātum	herbeitragen; (über)bringen	2
43 postulāre, -ō, -āvī, -ātum	fordern	29
44 pōtāre, -ō, -āvī, -ātum	trinken; saufen	35
45 praedicāre, -ō, -āvī, -ātum	laut verkünden; rühmen	18
46 properāre, -ō, -āvī, -ātum	eilen; sich beeilen	8
47 pūgnāre, -ō, -āvī, -ātum	kämpfen	5
oppūgnāre, -ō, -āvī, -ātum	angreifen	21
48 putāre, -ō, -āvī, -ātum	1. glauben; meinen 2. für *etw.* halten	9
49 recūsāre, -ō, -āvī, -ātum	ablehnen; zurückweisen	35
50 renovāre, -ō, -āvī, -ātum	erneuern	35
51 rogāre, -ō, -āvī, -ātum	1. fragen 2. bitten	8
52 salūtāre, -ō, -āvī, -ātum	grüßen	5
53 servāre, -ō, -āvī, -ātum	retten; bewahren	11
54 simulāre, -ō, -āvī, -ātum	vortäuschen	11
55 spectāre, -ō, -āvī, -ātum	betrachten; (hin)schauen	1
exspectāre, -ō, -āvī, -ātum	(er)warten	1
56 spērāre, -ō, -āvī, -ātum	hoffen	14
dēspērāre, -ō, -āvī, -ātum	verzweifeln	13
57 superāre, -ō, -āvī, -ātum	besiegen; übertreffen	17
58 temperāre, -ō, -āvī, -ātum	Maß halten	23
59 tolerāre, -ō, -āvī, -ātum	ertragen	3
60 verberāre, -ō, -āvī, -ātum	prügeln	2
61 vocāre, -ō, -āvī, -ātum	1. rufen 2. nennen	7
62 volāre, -ō, -āvī, -ātum	fliegen	12

a-Konjugation (mit Dehnungsperfekt)

63 iuvāre, iuvō, iūvī, iūtum	1. unterstützen; helfen 2. erfreuen	7
adiuvāre, -iuvō, -iūvī, -iūtum	unterstützen; helfen	27

a-Konjugation (mit Reduplikationsperfekt)

64 dare, dō, dedī, datum	geben	4
circumdare, -dō, -dedī, -datum	umgeben	20
65 stāre, stō, stetī, statum	stehen	4
cōnstat, constitī *(+ AcI)*	es steht fest, dass	9
praestāre, -stō, -stitī, -stitum	1. *mit Dat.:* (»vor *jdm.* stehen«) → *jdn.* übertreffen 2. *mit Akk.: etw.* geben; *etw.* leisten	27
sē praestāre	sich zeigen, sich erweisen als	34

e-Konjugation (mit v-Perfekt)

1 complēre, -pleō, -plēvī, -plētum	anfüllen	13
2 dēlēre, dēleō, dēlēvī, dēlētum	zerstören	7
3 flēre, fleō, flēvī, flētum	(be)weinen	4

e-Konjugation (mit u-Perfekt)

4 cēnsēre, cēnseō, cēnsuī, cēnsum	1. meinen 2. beschließen	9
5 dēbēre, dēbeō, dēbuī, dēbitum	1. müssen 2. schulden 3. verdanken	1
6 decet *(+ Inf. / AcI)*	es gehört sich *für jdn., etw. zu tun*	23
7 docēre, doceō, docuī, doctum	lehren; unterrichten	20
8 habēre, habeō, habuī, habitum	haben	8
adhibēre, -hibeō, -hibuī, -hibitum	anwenden; hinzuziehen	29
prohibēre, -hibeō, -hibuī, -hibitum	fernhalten; abhalten; hindern	25
9 iacēre, iaceō, iacuī, –	liegen	5
10 latēre, lateō, latuī, –	versteckt sein	28
11 licet, licuit – *(+ Inf.)*	es ist erlaubt	2
12 monēre, moneō, monuī, monitum	(er)mahnen	10
13 oportet, oportuit	es gehört sich; es ist nötig	14
14 paenitet, paenituit *(+ Akk.) (+ Gen. der Sache)*	es reut *jdn. einer Sache*	35
15 pārēre, pāreō, pāruī, –	gehorchen	1
appārēre, -pāreō, -pāruī, –	erscheinen; sich zeigen	25
16 placēre, placeō, placuī, placitum	gefallen	1
17 praebēre, praebeō, praebuī, praebitum	geben	8

18 studēre, studeō, studuī, – (+ Dat.)	sich bemühen (um)	15
19 tacēre, taceō, tacuī, tacitum	schweigen	
20 tenēre, teneō, tenuī, tentum	halten; haben	19
attinēre, -tineō, -tinuī, -tentum	1. festhalten 2. sich erstrecken 3. *jdn.* betreffen, angehen	35
obtinēre, -tineō, -tinuī, -tentum	innehaben; (besetzt) halten	23
21 terrēre, terreō, terruī, territum	*jmdn.* erschrecken	19
perterrēre, -terreō, -terruī, -territum	gewaltig erschrecken	28
22 timēre, timeō, timuī, –	(sich) fürchten (vor)	4
23 valēre, valeō, valuī, –	1. gesund sein 2. stark sein 3. imstande sein	26

e-Konjugation (mit s-Perfekt)

24 ārdēre, ārdeō, ārsī, –	brennen; glühen	7
25 augēre, augeō, auxī, auctum	vergrößern	13
26 haerēre, haereō, haesī, haesum	hängen; stecken bleiben	11
27 iubēre, iubeō, iussī, iussum	befehlen	9
28 manēre, maneō, mānsī, mānsum	bleiben; (er)warten	33
remanēre, -maneō, -mānsī, mānsum	(zurück)bleiben	13
29 persuādēre, -suādeō, -suāsī, -suāsum (+ Dat.)	1. überzeugen 2. überreden	27
30 rīdēre, rīdeō, rīsī, rīsum	lachen	15

e-Konjugation (mit Reduplikationsperfekt)

31 respondēre, respondeō, respondī, respōnsum	antworten	8

e-Konjugation (mit Dehnungsperfekt)

32 cavēre, caveō, cāvī, cautum (+ Akk.)	sich *vor etw.* hüten	19
33 favēre, faveō, fāvī, fautum (+ Dat.)	*jdm.* geneigt sein	27
34 movēre, moveō, mōvī, mōtum	1. bewegen 2. beeindrucken	2
commovēre, -moveō, -mōvī, -mōtum	(innerlich) bewegen; veranlassen	28
removēre, -moveō, -mōvī, -mōtum	entfernen	13
35 sedēre, sedeo, sēdī, sessum	sitzen	27
36 vidēre, videō, vīdī, vīsum	sehen	2

e-Konjugation (Sonderformen)

37 solēre, soleō, (solitus sum)	gewöhnlich tun, gewohnt sein	23
38 audēre, audeō, (ausus sum)	wagen	22
39 gaudēre, gaudeō (gāvīsus sum) *(+ Abl.)*	sich (über *etw.*) freuen	5

i-Konjugation (regelmäßig mit v-Perfekt)

1 audīre, audiō, audīvī, audītum	hören	3
2 mūnīre, mūniō, mūnīvī, mūnītum	befestigen	30
3 pūnīre, pūniō, pūnīvī, pūnītum	bestrafen	28
4 scīre, sciō, scīvī, scītum	wissen	15
nescīre, -sciō, -scīvī, -scītum	nicht wissen	15

i-Konjugation (mit u-Perfekt)

5 aperīre, aperiō, aperuī, apertum	öffnen; aufdecken	25

i-Konjugation (mit Reduplikationsperfekt)

6 comperīre, comperiō, comperī, compertum	erfahren	14

i-Konjugation (mit Dehnungsperfekt)

7 venīre, veniō, vēnī, ventum	kommen	1
advenīre, -veniō, -vēnī, -ventum	ankommen; herbeikommen	33
convenīre, -veniō, -vēnī, -ventum	»zusammenkommen«: 1. *jdn.* treffen 2. sich einigen	15
ēvenīre, -veniō, -vēnī, -ventum	1. herauskommen 2. sich ereignen	30
invenīre, -veniō, -vēnī, -ventum	(er)finden	2
pervenīre, -veniō, -vēnī, -ventum	hinkommen; erreichen	17

konsonantische Konjugation (mit v-Perfekt)

1 cernere, cernō, crēvī, crētum	wahrnehmen; sehen; bemerken	21
2 cognōscere, cognōscō, cognōvī, cognitum	kennenlernen; erkennen	20
3 crēscere, crēscō, crēvī, crētum	wachsen	31
4 dēsinere, -sinō, -siī	aufhören	3
5 petere, petō, petīvī, petītum	[»anpeilen, anvisieren«] 1. aufsuchen; sich begeben 2. verlangen; (er)bitten 3. angreifen	5
appetere, -petō, -petīvī, -petītum	*verstärktes* petere	27
6 quaerere, quaerō, quaesīvī, quaesītum	suchen	8

konsonantische Konjugation (mit u-Perfekt)

7 colere, colō, coluī, cultum	»sich intensiv beschäftigen mit«: 1. bewirtschaften 2. pflegen 3. verehren	16
8 pōnere, pōnō, posuī, positum	stellen; legen	11
dēpōnere, -pōnō, -posuī, -positum	1. ablegen 2. aufgeben	26
impōnere, -pōnō, -posuī, -positum	auferlegen	20
prōpōnere, -pōnō, -posuī, -positum	vorlegen; vorschlagen	19
9 statuere, statuō, statuī, statūtum	1. aufstellen 2. festsetzen; beschließen	26
cōnstituere, -stituō, -stituī, -stitūtum	1. aufstellen 2. festsetzen; beschließen	30
restituere, -stituō, -stituī, -stitūtum	wiederherstellen	13

konsonantische Konjugation (mit s-Perfekt)

10 carpere, carpō, carpsī, carptum	pflücken; abreißen	22
11 cēdere, cēdō, cessī, cessum	gehen; weichen; nachgeben	26
abscēdere, -cēdō, -cessī, -cessum	weggehen	34
prōcēdere, -cēdō, -cessī, -cessum	1. vorrücken 2. Fortschritte machen	30
12 claudere, claudō, clausī, clausum	(ab- / ein-)schließen	25
conclūdere, -clūdō, -clūsī, -clūsum	1. schließen 2. folgern	34
13 dīcere, dīcō, dīxī, dictum	sagen	2
14 dūcere, dūcō, dūxī, ductum	1. führen 2. meinen; für etw. halten	12
abdūcere, -dūcō, -dūxī, -ductum	wegführen; entführen	22
redūcere, -dūcō, -dūxī, -ductum	zurückführen	20
trādūcere, -dūcō, -dūxī, -ductum	hinüberführen; jdn. über etw. führen	30
15 exstinguere, -stinguō, -stīnxī, -stīnctum	auslöschen; vernichten	13
16 fingere, fingō, fīnxī, fictum	1. gestalten 2. sich etw. ausdenken	22
17 gerere, gerō, gessī, gestum	tragen; führen; ausführen	27
18 laedere, laedō, laesī, laesum	verletzen; beleidigen	28
19 (legere, legō, lēgī, lēctum)	1. sammeln; auswählen 2. lesen	15
dīligere, dīligō, dīlēxī, dīlēctum	schätzen; lieben	16
intellegere, intellegō, intellēxī, intellēctum	bemerken; verstehen	10
neglegere, neglegō, neglexī, neglectum	1. nicht beachten; missachten 2. vernachlässigen	10
20 lūdere, lūdō, lūsī, lūsum	spielen	9
21 mittere, mittō, mīsī, missum	schicken	24
āmittere, -mittō, -mīsī, -missum	verlieren	5
committere, -mittō, -mīsī, -missum	1. veranstalten 2. überlassen; anvertrauen	32
ēmittere, -mittō, -mīsī, -missum	hinausschicken	25
intermittere, -mittō, -mīsī, -missum	unterbrechen	30

prōmittere, -mittō, -mīsī, -missum	versprechen	15
22 nūbere, nūbō, nūpsī, nūptum *(+ Dat.)*	heiraten	15
23 opprimere, opprimō, oppressī, oppressum	1. bedrohen; niederdrücken 2. überfallen	19
24 regere, regō, rēxī, rēctum	lenken; leiten; beherrschen	19
pergere, pergō, -rēxī, -rēctum	1. weitermachen; fortsetzen 2. aufbrechen (≈ sich auf den Weg machen)	14
25 sūmere, sūmō, sūmpsī, sūmptum	nehmen	35
absūmere, -sūmō, -sūmpsī, -sūmptum	1. verbrauchen 2. vernichten	33
cōnsūmere, -sūmō, -sūmpsī, -sūmptum	verbrauchen; verwenden	33
26 trahere, trahō, trāxī, tractum	ziehen	2
27 vīvere, vīvō, vīxī	leben	12

konsonantische Konjugation (mit Reduplikationsperfekt)

28 accidere, accidō, accidī, –	sich ereignen; geschehen	23
dēcidere, -cidō, -cidī, –	herabfallen	25
29 bibere, bibō, bibī, –	trinken	23
30 caedere, caedō, cecīdī, caesum	fällen; niederhauen; töten	31
occīdere, -cīdō, -cīdī, -cīsum	niederhauen; töten	34
31 currere, currō, cucurrī, cursum	laufen; eilen	2
32 (dare, dō, dedī, datum)	geben	4
abdere, -dō, -didī, -ditum	verbergen	30
condere, -dō, -didī, -ditum	1. gründen; erbauen 2. verwahren; verstecken	20
crēdere, -dō, -didī, -ditum	1. glauben 2. anvertrauen	14
(sē) dēdere, -dō, -didī, -ditum *(+ Dat.)*	sich *jdm.* ausliefern; sich *einer Sache* widmen	18
reddere, reddō, reddidī, redditum	1. zurückgeben 2. zu *etw.* machen	17
trādere, -dō, -didī, -ditum	1. übergeben 2. überliefern	11
vēndere, -dō, -didī, -ditum	verkaufen	3
33 discere, discō, didicī	lernen; erfahren	18
34 parcere, parcō, pepercī *(+ Dat.)*	1. *etw./jdn.* schonen; auf *jdn.* Rücksicht nehmen 2. sparen	21
35 pellere, pellō, pepulī, pulsum	1. stoßen; schlagen 2. vertreiben	24
repellere, -pellō, reppulī, -pulsum	vertreiben; zurückschlagen	14
36 poscere, poscō, poposcī, –	fordern	19
37 cōnsistere, cōnsistō, cōnstitī, –	1. sich aufstellen 2. stehenbleiben	31
resistere, -sistō, -stitī –	1. stehen bleiben 2. Widerstand leisten	5
38 tangere, tangō, tetigī, tāctum	berühren	22
contingere, -tingō, -tigī, -tāctum	1. berühren 2. gelingen 3. zuteil werden	22
39 tendere, tendō, tetendī, tentum	1. spannen; ausstrecken 2. streben	26

contendere, -tendō, -tendī, -tentum	»sich anstrengen«: 1. kämpfen 2. eilen 3. behaupten	14
ostendere, ostendō, ostendī, ostentum	zeigen	30

konsonantische Konjugation (mit Dehnungsperfekt)

40 agere, agō, ēgī, āctum	»treiben«: 1. tun; handeln 2. verhandeln	11
41 cōnsīdere, -sīdō, -sēdī, -sessum	sich setzen; sich niederlassen	22
42 emere, emō, ēmī, ēmptum	kaufen	3
43 frangere, frangō, frēgī, frāctum	zerbrechen (*transitiv, also:* etwas kaputt machen)	35
44 fundere, fundō, fūdī, fūsum	1. (ver)gießen 2. zerstreuen; in die Flucht schlagen	7
45 legere, legō, lēgī, lēctum	1. sammeln; auswählen 2. lesen	15
46 relinquere, relinquō, relīquī, relictum	1. verlassen 2. unbeachtet lassen	2
47 rumpere, rumpō, rūpī, ruptum	(zer-)brechen	13
48 vincere, vincō, vīcī, victum	(be)siegen	7

konsonantische Konjugation (mit Perfekt ohne Stammveränderung)

49 dēfendere, -fendō, -fendī, -fēnsum	verteidigen; abwehren	24
offendere, -fendō, -fendī, -fēnsum	anstoßen; verletzen; beleidigen	33
50 dēscendere, dēscendō, dēscendī, dēscēnsum	herabsteigen	20
51 incendere, incendō, incendī, incēnsum	in Brand stecken	29
52 metuere, metuō, metuī, –	(sich) fürchten	16
53 comprehendere, comprehendō, comprehendī, comprehēnsum	1. ergreifen; festnehmen 2. begreifen	8
reprehendere, -prehendō, -prehendī, prehēnsum	tadeln	8
54 ruere, ruō, ruī, –	1. eilen; stürmen 2. einstürzen; herabstürzen	26
55 solvere, solvō, solvī, solūtum	1. lösen 2. bezahlen	19
56 tribuere, tribuō, tribuī, tribūtum	zuteilen	13
57 vertere, vertō, vertī, versum	drehen; wenden	2
ēvertere, -vertō, -vertī, -versum	1. umkehren; umstürzen 2. zerstören; vernichten	32

kurzvokalische Konjugation (mit v-Perfekt)

1 cupere, cupiō, cupīvī, cupītum	wünschen; wollen	2
2 sapere, sapiō, sapīvī, –	1. Geschmack haben 2. Verstand haben	22

kurzvokalische Konjugation (mit u-Perfekt)

3 rapere, rapiō, rapuī, raptum	rauben; (weg)reißen	12
arripere, -ripiō, -ripuī, -reptum	an sich reißen; ergreifen; packen	34
ēripere, -ripiō, -ripuī, -reptum	entreißen	14

kurzvokalische Konjugation (mit s-Perfekt)

4 aspicere, aspiciō, aspexī, aspectum	erblicken	22
īnspicere, -spiciō, -spexī, -spectum	besichtigen; hineinschauen	35
5 parere, pariō, peperī, partum	1. gebären 2. hervorbringen; erwerben	11

kurzvokalische Konjugation (mit Dehnungsperfekt)

6 capere, capiō, cēpī, captum	»packen«: 1. erobern 2. nehmen 3. erhalten	8
accipere, -cipiō, -cēpī, -ceptum	1. annehmen; bekommen 2. erfahren	4
excipere, -cipiō, -cēpī, -ceptum	1. aufnehmen 2. eine Ausnahme machen	31
incipere, -cipiō, coepī, coeptum	anfangen	5
praecipere, -cipiō, -cēpī, -ceptum	vorschreiben; belehren	29
recipere, -cipiō, -cēpī, -ceptum	zurücknehmen; empfangen	14
suscipere, -cipiō, -cēpī, -ceptum	übernehmen; auf sich nehmen	32
7 conicere, coniciō, coniēcī, coniectum	1. (zusammen)werfen 2. folgern; vermuten	29
8 facere, faciō, fēcī, factum	tun; machen	9
interficere, -ficiō, -fēcī, -fectum	töten	28
9 fugere, fugiō, fūgī	fliehen	17
effugere, -fugiō, -fūgī	entfliehen	19

unregelmäßige Verben (esse)

1 esse, sum, fuī, –	1. sein 2. als Vollverb: existieren; vorhanden sein (»es gibt«)	1
adesse, -sum, affuī, –	1. da sein 2. helfen	1
interesse, -sum, -fuī, –	1. dazwischenliegen 2. dabei sein; teilnehmen 3. (+ Gen.) es ist für jdn. wichtig 4. es besteht ein Unterschied zwischen	33
posse, possum, potuī, –	können; Einfluss haben	8
praeesse, -sum, -fuī, – (+ Dat.)	an der Spitze stehen; jdn. kommandieren; etw. verwalten	24

unregelmäßige Verben (ferre)

1 ferre, ferō, tulī, lātum	1. tragen 2. ertragen 3. berichten (im Passiv: man erzählt)	29
differre, -ferō, distulī, dīlātum	1. auseinandertragen 2. aufschieben (zeitl.) 3. (sich) unterscheiden	31
prōferre, -ferō, -tulī, -lātum	1. vorwärtstragen 2. erweitern	30

referre, -ferō, rettulī, relātum	1. zurückbringen; hinbringen 2. berichten	33
tollere, tollō, sustulī, sublātum	1. aufheben: hochheben; 2. aufheben: beseitigen	18

unregelmäßige Verben (velle)

1 velle, volō, voluī, –	wollen	15
nōlle, nōlō, nōluī, –	nicht wollen	15

unregelmäßige Verben (ire)

1 īre, eō, iī, itum	gehen	11
abīre, -eō, -iī, -itum	weggehen	11
adīre, -eō, -iī, -itum	[»jmd. an-gehen«]: 1. zu … gehen; 2. angreifen	11
exīre, -eō, -iī, -itum	hinausgehen	16
interīre, -eō, -iī, -itum	untergehen; umkommen	34
perīre, -eō, -iī, -itum	zugrunde gehen	25
redīre, -eō, -iī, -itum	zurückgehen	17
trānsīre, -eō, -iī, -itum	hinübergehen; überqueren	14

Sonderformen

1 ait	er sagt(e)	27
2 inquit	er sagt(e)	8
3 meminisse, meminī *(+ Gen. / Akk.)*	sich erinnern *an (im Dt. Präsens, im Lat. Perfektformen!)*	24

Grammatikregister

Alphabetisches Verzeichnis der Orte und Eigennamen

Achill: Sohn des sterblichen → Peleus und der Meeresgöttin → Thetis; Achill stirbt im Kampf um → Troja, als er von einem Pfeil in die Ferse getroffen wird.

Aeneas: Sohn der Göttin → Venus und des sterblichen Vaters Anchises; er flieht mit wenigen Überlebenden aus dem brennenden → Troja und gründet in Latium in Italien ein neues Volk. Er gilt als Stammvater der Römer.

Aeneis: Epos des → Vergil zur Geschichte des → Aeneas.

Agricola: 40–93 n. Chr.; römischer General, der die römische Grenze bis in den Norden Britanniens ausdehnte und als erster durch eine Umsegelung nachwies, dass Britannien eine Insel ist.

Aiaia: Insel der Zauberin → Circe.

Apollo: Phoebus Apollo, Sohn des → Iuppiter und der Göttin Latona, Bruder der → Diana; Gott des Lichts und der Künste.

Aristoteles: 384–322 v. Chr.; griechischer Philosoph und Erzieher Alexanders des Großen.

Arius: ca. 260–336 n. Chr., christlicher Presbyter aus Alexandria, seine Lehren wurden 325 n. Chr. auf dem Konzil in Nizäa auf Drängen des → Kaisers Konstantin verworfen.

Arminius: (um 17 v. Chr.–21 n. Chr.); 9 n. Chr. führte er die Cherusker gegen Quinctilius → Varus.

Athen: wichtigste Stadt in Griechenland.

Augustus: *Augustus* (der Erhabene) ist ein Ehrentitel; er wurde 63 v. Chr. als Gaius Octavius geboren und starb 14 n. Chr.; als Adoptivsohn und Testamentsvollstrecker → Caesars brachte er den Römern nach 100 Jahren Bürgerkrieg den lang ersehnten Frieden *(Pax Augusta)*. Man übertrug ihm die Regierungsverantwortung über das ganze Römische Reich.

Caecina: Landbesitzer aus Volaterrae; → Cicero verteidigte ihn – offensichtlich erfolgreich – 69 v. Chr. in einem recht verzwickten Erbschaftsstreit.

Caesar: Gaius Iulius Caesar, röm. Feldherr und Politiker, geb. 100 v. Chr., ermordet am 15. März 44 v. Chr.; in den Jahren 58 bis 51 eroberte er → Gallien; die Erinnerungen an diesen gallischen Krieg kann man in seinem berühmten Werk *Commentarii de bello Gallico* nachlesen.

Capitolium: Kapitol; einer der sieben Hügel Roms; auf ihm befanden sich der Tempel der Capitolinischen Trias (Iuppiter Capitolinus, Iuno, Minerva) und der Tempel der Iuno Moneta.

Cato: Marcus Porcius Cato Censorius, auch Cato der Ältere genannt (234–149 v. Chr.); röm. Politiker, Feldherr und Schriftsteller; er galt als eher altmodischer Politiker und war wegen seiner Strenge berühmt-berüchtigt. Bekannt wurde er durch seinen Satz, mit dem er jede seiner Reden beendete: *»Ceterum censeo Carthaginem esse delendam.«* (»Im Übrigen bin ich der Meinung, dass Karthago zerstört werden muss.«).

Ceres: griech. Demeter; Göttin des Ackerbaus.

Chlodwig I.: 466–511 n. Chr.; fränkischer König aus der Familie der Merowinger, Begründer des Frankenreichs.

Christoph Columbus: 1451–1506 n. Chr.; er entdeckte 1492 Amerika.

Christus: Jesus von Nazareth (geb. zwischen 7 und 4 v. Chr., gest. ca. 30 n. Chr.); jüdischer Schriftgelehrter, der von seinen Anhängern den Beinamen Christus (der Gesalbte) erhielt, weil sie in ihm den im Alten Testament angekündigten Messias Gottes erkannten. Er geriet in Konflikt mit der jüdischen Geistlichkeit und der römischen Staatsmacht und wurde deshalb durch Pontius Pilatus zum Tod am Kreuz verurteilt. Von den Christen wird er als Sohn Gottes verehrt.

Cicero: Marcus Tullius Cicero, röm. Redner, Philosoph und Schriftsteller, geb. 106 v. Chr., ermordet 43 v. Chr.; Konsul des Jahres 63 v. Chr.

Circe: Zauberin auf der Insel → Aiaia; sie verwandelte die Gefährten des Odysseus in Schweine.

Daker: Volk im westlichen Schwarzmeergebiet.

Diana: griech. Artemis; Tochter des → Iuppiter und der Latona; jungfräuliche Göttin der Jagd und Hüterin der Frauen und Kinder.

Dido: Königin von → Karthago. Sie nimmt die schiffbrüchigen Trojaner gastfreundlich auf und verliebt sich in deren Anführer → Aeneas. Aeneas, von den Göttern zur Weiterfahrt nach Italien aufgefordert, verlässt Dido, die ihn deswegen verflucht und sich anschließend das Leben nimmt.

Diokletian: Marcus Aurelius Gaius Valerius Diocletianus (geb. zwischen 236 und 245 n. Chr.; gest. ca. 316), römischer Kaiser 284–305 n. Chr.; er verlegte seinen Regierungssitz in das heutige Split und teilte das Römische Reich in vier Regierungsbezirke; 303 n. Chr. begann er die letzte und schlimmste Christenverfolgung.

Dis: → Pluto.

Discordia: Göttin der Zwietracht; sie warf den goldenen Apfel zwischen die Göttinnen und provozierte so das Urteil des → Paris.

Domitian: Titus Flavius Domitianus (geb. 51 n. Chr. gest. 96 n. Chr.); römischer Kaiser, der nach Aussage seiner Zeitgenossen ein Terrorregime in Rom führte und den Senat politisch mundtot machte.

Drusus: Nero Claudius Drusus (38–9 v. Chr.); röm. Politiker und Heerführer; er eroberte Teile Süd- und Westgermaniens.

Eleusis: griech. Ort ca. 30 km nordwestlich von → Athen.

Europa: Sie wird von → Iuppiter nach Kreta entführt, nachdem er sich in einen Stier verwandelt und so ihr Vertrauen gewonnen hat.

Eurylochus: Gefährte des → Odysseus.

Fabius: Quintus Fabius Maximus Verrucosus Cunctator (um 275–203 v. Chr.); er war fünfmal Konsul und zweimal Diktator, durch seine Hinhaltetaktik zwang er → Hannibal 204 v. Chr. zur Aufgabe.

Forum Romanum: politisches, religiöses, kulturelles und wirtschaftliches Zentrum Roms am Fuße des → Capitolium.

Franci: die »Kühnen« – germanisches Volk, das sich aus verschiedenen Stämmen zu einem Großstamm zusammengeschlossen hat.

Gallia: Das heutige Frankreich, Belgien und die Gebiete westlich des Rheins; fließende Grenze zu den Gebieten der Germanen.

Germania: Magna Germania, das Gebiet östlich des Rheins; nach der Varusschlacht zogen sich die Römer auch aus den bereits eroberten Gebieten zurück.

Graecia: Griechenland; für Bildungsreisende in röm. Zeit ein absolutes Muss wegen seiner bedeutenden Architektur und Kunst und wegen seiner herausragenden Philosophen und Redner.

Hannibal: Hannibal Barkas (um 246–183 v. Chr.); im Jahre 218 v. Chr. überquerte er mit seinem Heer und 37 Kriegselefanten die Alpen und drang von Norden nach Italien vor. Nach zahlreichen militärischen Erfolgen wurde er von → Fabius Maximus 204 v. Chr. zur Aufgabe gezwungen und kehrte nach Nordafrika zurück, wo er 202 v. Chr. bei → Zama von → Scipio Africanus maior besiegt wurde.

Hecuba: Mutter des → Paris und Gattin des trojanischen Königs → Priamus.

Hektor: ältester Sohn des → Priamus und Held von Troja; er wurde von Achill im Kampf getötet und anschließend um die Stadtmauern Trojas geschleift; erst nach zwölf Tagen gab Achill die Leiche frei.

Helena: Gattin des spartanischen Königs → Menelaos und schönste Frau der Welt; sie flieht mit → Paris nach → Troja und löst so den Krieg der Griechen gegen Troja aus.

Herculaneum: antike Stadt am Golf von Neapel; 79 n. Chr. beim Ausbruch des Vesuvs verschüttet.

Homer: griechischer Dichter, der um 800 v. Chr. in Kleinasien gelebt haben soll. Er gilt als Verfasser der *Ilias* und der *Odyssee*.

Horaz: Quintus Horatius Flaccus (65–8 v. Chr.); röm. Dichter, er gilt als einer der bedeutendsten Dichter der augusteischen Epoche. Horaz zählte später zum unmittelbaren Freundeskreis des → Augustus.

Ithaka: ionische Insel im Westen Griechenlands; Heimat von → Odysseus.

Iuno: griech. Hera; Göttin der Ehe und Geburt; Gattin des → Iuppiter.

Iuppiter: Göttervater und Herrscher des Olymp; seine Attribute sind Adler, Zepter und Blitzbündel. Auf dem → Capitolium befand sich der wichtigste Tempel Roms, der Tempel des Iuppiter Capitolinus.

Kalkriese: Ausgrabungsstätte in der Nähe von Osnabrück, mutmaßlicher Ort der Varusschlacht.

Kampanien: Gebiet südwestlich von Latium, der Landschaft in der Umgebung Roms.

Kapitol: → Capitolium.

Karl der Große: fränkischer Herrscher, geb. 748 n. Chr., gest. 814 n. Chr. in Aachen; er wurde an Weihnachten im Jahr 800 durch Papst Leo III. zum Kaiser gekrönt und übernahm im Westen Europas die Schutzherrschaft über Rom und die Christenheit.

Karthago: Stadt im Norden Afrikas im heutigen Tunesien; lange Zeit Konkurrentin Roms, bis sie 146 v. Chr. von → Scipio Aemilianus zerstört wurde.

Kassandra: Tochter des Priamus und Seherin; infolge eines Fluchs wurde ihren richtigen (!) Vorhersagen nicht geglaubt => Kassandrarufe.

Kirke: → Circe.

Konstantin: Flavius Valerius Constantinus (geb. zwischen 27.2.270 und 288 n. Chr.), röm. Kaiser (306–337 n. Chr.). Er verlegte den Regierungssitz nach Byzanz (= Konstantinopel, heute Istanbul), betrieb die Anerkennung des Christentums, um so die Einheit des Reiches zu gewährleisten.

Korinth: griech. Stadt ca. 80 km westlich von Athen, an der Meerenge gelegen, die die Peloponnes mit dem griech. Festland verbindet.

Lacus Nesa: Loch Ness.

Laokoon: trojanischer Priester, der die Trojaner vor dem hölzernen Pferd warnt und dafür von zwei Seeschlangen getötet wird, die von der Göttin → Minerva geschickt wurden.

Leda: sterbliche Geliebte des → Iuppiter, der sich ihr in Gestalt eines Schwans nähert und mit ihr die schöne → Helena zeugt.

Limes: befestigter römischer Grenzwall.

Lukanien: Landschaft in Süditalien.

Mars: griech. Ares; Gott des Krieges; Vater von Romulus und Remus.

Menelaos: König von Sparta und Gatte der schönen → Helena.

Merkur: griech. Hermes; Götterbote, erkennbar an seinem Flügelhut, seinen Flügelschuhen und seinem *caduceus* (Heroldstab).

Minerva: griech. Athene; Schutzgöttin der Handwerker, Dichter und Lehrer; ihre Symbole sind Helm, Rüstung, Speer und die Eule.

Misenum: antike Hafenstadt im Golf von Neapel; hier lag die stärkste römische Flotte vor Anker; zur Zeit des Vesuvausbruchs war → Plinius d.Ä. Flottenkommandant in Misenum.

Molon: Apollonius, bedeutender Redner des 1. Jhdts. v.Chr.; er lebte und lehrte auf → Rhodos und weigerte sich bis zu seinem Lebensende, Latein zu lernen. Aufgrund seines Ruhmes wurde ihm in Rom gestattet, eine Rede auf Griechisch im Senat zu halten. Neben → Cicero war sein bekanntester Schüler Gaius Iulius → Caesar.

Musen: in der griech. Mythologie sind die 9 Musen die Töchter von → Zeus und Mnemosyne, der Göttin der Erinnerung; sie sind Schutzgöttinnen der Künste.

Neptun: griech. Poseidon; Gott des Meeres; sein Symbol ist der Dreizack.

Nerva: Marcus Cocceius Nerva (geb. 30 n.Chr.) als Nachfolger Domitians von 96–98 n.Chr. röm. Kaiser.

Odysseus: König von → Ithaka; er ersinnt die List mit dem hölzernen Pferd, mit dessen Hilfe → Troja nach zehn Jahren besiegt wird. Da er sich aber den Zorn → Neptuns zugezogen hat, braucht er zehn Jahre, bis er zu seiner Frau → Penelope zurückkehren kann.

Paris: Sohn des → Priamus und der → Hecuba; als Belohnung für seine Wahl der → Venus zur schönsten Göttin bekommt er die schöne → Helena und löst durch ihre Entführung die Tragödie um → Troja aus.

Peleus: Gatte der → Thetis und Vater des → Achill.

Penelope: Frau des → Odysseus.

Plautus: Titus Maccius Plautus (ca. 254–184 v.Chr.) war einer der ersten und produktivsten Komödiendichter Roms. Dabei ließ er sich vom griechischen Komödiendichter Menander inspirieren.

Plinius d.Ä.: Onkel von → Plinius d.J., Kommandant der Flotte von → Misenum, starb 79 n.Chr. beim Ausbruch des Vesuv.

Plinius d.J.: Gaius Plinius Caecilius Secundus (ca. 61–113 n.Chr.), Schriftsteller und Politiker; er beschrieb den Vesuvausbruch 79 n.Chr.; während seiner Zeit als Statthalter in Bithynien musste er sich u.a. mit dem Problem der Christen auseinandersetzen.

Pluto: griech. Hades; Herrscher der Unterwelt, verheiratet mit → Proserpina, der Tochter von Ceres.

Polyphem: einäugiger Sohn des → Neptun, von → Odysseus geblendet; → Neptun strafte Odysseus damit, dass er ihm die Heimkehr nach → Ithaka verwehrte.

Pompeji: antike Stadt in → Kampanien, die am 24. August 79 n.Chr. durch den Ausbruch des Vesuvs zerstört wurde.

Priamus: König von → Troja und Vater des → Paris.

Proserpina: griech. Persephone; Göttin der Unterwelt und Gattin des → Pluto.

Punische Kriege: drei Kriege zwischen Rom und → Karthago um die Vorherrschaft im Mittelmeer; 1. Punischer Krieg 264–241 v.Chr., 2. Punischer Krieg 218–201 v.Chr., 3. Punischer Krieg 149–146 v.Chr.; die Punischen Kriege enden mit der endgültigen Zerstörung Karthagos.

Rhodos: Insel in der südlichen Ägäis; wurde besonders berühmt durch den Koloss von Rhodos, eine gewaltige Bronzestatue, die zu den sieben Weltwundern der Antike zählt.

Romulus und Remus: Zwillingsbrüder, Söhne der Rhea Silvia und des → Mars; Romulus tötet Remus, als dieser die Furche übersprungen hat, mit der Romulus die Grenze für die neue Stadt gezogen hatte.

Roscius: Sextus Roscius Amerinus, im Jahre 80 v.Chr. von Cicero gegen Sulla und dessen Günstling Chrysogonus erfolgreich verteidigt.

Saturnalien: beliebtestes Fest im alten Rom. Es dauerte mehrere Tage. Eigentlicher Festtag war der 17. Dezember: An diesem Tag erinnerte man an das Zeitalter des → Saturn, als es noch keine Standesunterschiede gab. Deshalb besaßen auch viele Sklaven am Saturnalientag Freiheiten, die ihnen sonst nicht gewährt wurden.

Saturnus: Herrscher des Goldenen Zeitalters; ihm sind die → Saturnalien geweiht.

Scipio Africanus: Publius Cornelius Scipio Africanus maior (235–183 v. Chr.) besiegte → Hannibal 202 v. Chr. während des 2. Punischen Krieges in der Schlacht bei → Zama; Publius Cornelius Scipio Aemilianus Africanus minor Numantinus (185–129 v. Chr.) errang im 3. Punischen Krieg 146 v. Chr. den endgültigen Sieg über → Karthago.

Segestes: Schwiegervater des → Arminius.

Sirenen: weibliche Wesen, halb Vogel, halb Mensch; mit ihren unwiderstehlichen Stimmen lockten sie vorbeifahrende Seefahrer an und töteten sie.

Sol: griech. Helios; Sonnengott.

Styx: Fluss in der Unterwelt, über den die Verstorbenen in den Hades übersetzen.

Subura: Stadtviertel in Rom.

Tacitus: ca. 55–115 n. Chr.; römischer Historiker und Politiker; enger Freund von → Plinius d. J. und Schwiegersohn des → Agricola.

Tarquinius Superbus: Lucius Tarquinius, Etrusker und der Sage nach siebter und letzter König von Rom; er wurde 509 v. Chr. wegen seiner grausamen Amtsführung von → Brutus aus Rom verjagt.

Tartaros: Ort der Unterwelt, an dem diejenigen bestraft wurden, die nie wieder begnadigt werden dürfen.

Themse: lat. Tamesis; zweitlängster Fluss Großbritanniens; fließt durch London (lat. Londinium).

Thetis: Gemahlin des → Peleus und Mutter des → Achill; auf der Hochzeit von Peleus und Thetis löst die Göttin → Discordia einen Streit aus, wer die schönste Göttin sei. → Paris muss entscheiden.

Tiberius: Tiberius Caesar Augustus (geb. 42 v. Chr.); nach seiner Adoption durch → Augustus römischer Kaiser (14–37 n. Chr.); er eroberte mit seinem Bruder Drusus weite Teile Westgermaniens.

Trajan: Marcus Ulpius Traianus (geb. 53 n. Chr., gest. 117 n. Chr.). Seine Regierungszeit gilt als die glücklichste der römischen Kaiserzeit.

Triptolemos: in der griech. Mythologie sterbenskranker Junge, der von der Göttin Demeter (lat. → Ceres) geheilt wurde. Als sie ihn mit Glut aus dem Herd unsterblich machen wollte, riss jedoch seine Mutter der Göttin das Kind aus den Händen. Deshalb blieb ihm nur ein sterbliches Leben, jedoch unterwies ihn die Göttin in der Kunst des Ackerbaus. Mit einem Drachenwagen fuhr er über die ganze Erde und säte Getreidesamen.

Troja: Stadt im heutigen Westanatolien, türkisch *Hisarlık,* deren Ursprünge bis in die frühe Bronzezeit (ca. 3000 v. Chr.) reichen. Die Stadt wurde 1868 durch Heinrich Schliemann ausgegraben. Der Sage nach soll → Aeneas nach der Zerstörung Trojas mit einigen Überlebenden von hier nach Italien geflohen sein.

Tyndareus: König von Sparta und Gatte der → Leda.

Ulixes: → Odysseus.

Varus: Publius Quinctilius Varus, geb. 47/46 v. Chr., gest. 9 n. Chr.; er beging nach der Varusschlacht in Germanien Selbstmord, da er die verheerende Niederlage entscheidend zu verantworten hatte – es fanden mehr als 20 000 Menschen (darunter auch viele Frauen und Kinder) den Tod.

Venus: griech. Aphrodite; Göttin der Liebe; Mutter von → Aeneas.

Vergil: Publius Vergilius Maro (70–19 v. Chr.); neben anderen Dichtungen verfasste er das römische Nationalepos *Aeneis.*

Vesuv: Vulkan am Golf von Neapel; während des Ausbruchs 79 n. Chr. wurden u. a. die Städte → Pompeji, → Herculaneum und Stabiae verschüttet.

Vespasian: Titus Flavius Vespasianus; röm. Kaiser (69–79 n. Chr.).

Via Sacra: »Heilige Straße«; Prachtstraße, die durch das Forum Romanum hoch zum → Capitolium hinaufführt; über die Via Sacra zogen die Triumphzüge zum Tempel der Capitolinischen Trias.

Vindolanda: Auxiliarlager am Hadrianswall, berühmt durch die *tablets,* kleine Holztäfelchen, die sich durch Zufall erhalten haben und einen Einblick in das Alltagsleben eines römischen Militärlagers geben.

Vulcanus: griech. Hephaistos; hinkender Gott des Feuers und der Schmiedekunst, Gatte der → Venus.

Wulfila: »Wölflein«, griech. Ulfilas (ca. 311–383 n. Chr.) westgotischer Bischof; übersetzte das Neue Testament aus dem Griechischen ins Gotische.

Xanten: Stadt am Niederrhein, ursprünglich die Colonia Ulpia Traiana.

Zama: Stadt in der Nähe Karthagos und 202 v. Chr. Ort der Niederlage → Hannibals gegen → Scipio Africanus maior.

Zeus: → Iuppiter.

Alphabetisches Verzeichnis des Lernwortschatzes

ā, ab *(+ Abl.)* 5 — von; von *etw.* her

abdere, -dō, -didī, -ditum 30 — verbergen

abīre, abeō 11 — weggehen

ab-dūcere, dūcō, dūxī 22 — wegführen; entführen

abscēdere, -cēdō, -cessī, -cessum 34 — weggehen

absēns *(Gen.* absentis) 34 — abwesend

ab-sūmere, -sūmō, -sūmpsī, -sūmptum 33 — 1. verbrauchen 2. vernichten

accidere, -cidō, -cidī 23 — sich ereignen; geschehen

accidit, ut *(+ Konj.)* 23 — es ereignet sich, dass

accipere, accipiō, accēpī, acceptum 4, 14, 29 — 1. annehmen; bekommen 2. erfahren

ācer, ācris, ācre 18 — scharf; heftig

āctum 26 — → agere

ad *(+ Akk.)* 4 — zu; nach; bei; an

adesse, adsum, affuī, – 1, 13 — 1. da sein 2. helfen

adhibēre 29 — anwenden; hinzuziehen

adhūc *(Adv.)* 26 — noch

adīre, -eō, -iī, -itum 11, 13, 31 — [»*jmdn.* an-gehen«]: 1. zu … gehen 2. angreifen

adiuvāre, adiuvō, adiūvī, adiūtum 27 — unterstützen; helfen

adulēscēns, ntis *m.* 33 — junger Mann; Jüngling

advenīre, -veniō, -vēnī, -ventum 33 — ankommen; herbeikommen

adventus, ūs *m.* 33 — Ankunft

adversārius, ī 5 — Gegner

aedēs, is *f.* (*Gen. Pl.* aedium) 33 — Tempel; *im Plural:* Wohnhaus

aedificāre 12 — bauen

aes, aeris *n.* 34 — Bronze; Erz; Geld

aes aliēnum, aeris aliēnī 34 — Schulden *(Pl.)*

affuī 13 — → adesse

agere, agō, ēgī, āctum 11, 13, 26 — »treiben«: 1. tun; handeln 2. verhandeln

agmen, agminis *n.* 21 — Heereszug; Schar

ait 27 — er, sie, es sagt(e)

aliquandō *(Adv.)* 17 — irgendwann

aliquot *(indekl.)* 19 — einige

alius, alia, aliud 10 — ein anderer

alter, altera, alterum (*Gen.* alterīus) 23 — der andere; der zweite

altus, a, um 11 — 1. tief 2. hoch

amāre 9 — lieben; mögen

amīcus, ī 12 — Freund

āmittere, -mittō, -mīsī, -missum 5, 16, 29 — verlieren

amor, amōris *m.* 15 — Liebe

amplus, a, um 15 — 1. weit 2. groß; bedeutend

ancilla, ae 3 — Sklavin

angustus, a, um 28 — eng

anima, ae 20 — 1. Atem 2. Seele 3. Leben

animal, ālis *n.* (*Gen. Pl.* animalium) 31 — Lebewesen; Tier

animus, ī 17 — [»das tätige Innenleben«] Geist; Sinn; Gesinnung; Herz; Mut

annus, ī 7 — Jahr

ante 25 — 1. (*+ Akk.*): vor 2. *Adv.:* vorher

anteā *(Adv.)* 13 — vorher; früher

antīquus, a, um 12 — alt

aperīre, aperiō, aperuī, apertum 25 — öffnen; aufdecken

apertus, a, um 25 — offen; offenkundig

appārēre 25 — erscheinen; sich zeigen

appellāre 20 — nennen

appetere, -petō, -petīvī, petītum 27 — *verstärktes* petere

apportāre 2 — herbeitragen; (über)bringen

appropinquāre 28 — sich nähern

apud *(+ Akk.)* 18 — bei

aqua, ae 7 — Wasser

āra, ae 4 — Altar

arbor, arboris *f.* 27 — Baum

ārdēre, ārdeō, ārsī, – 7, 13 — brennen; glühen

argentum, ī 21 — Silber

arma, ōrum *n. Pl.* 5 — Waffen *(Pl.)*

armātus, a, um 31 — bewaffnet

arripere, -ripiō, -ripuī, -reptum 34 — an sich reißen; ergreifen; packen

ārsī 7 — → ārdēre

arx, arcis *f.* 28 — Burg

asinus, ī 8 — Esel

asper, aspera, asperum 24 — rau; streng

aspicere, aspiciō, aspexī 22 — erblicken

at 28 — aber

atque 7 — und

attinēre, -tineō, -tenuī, -tentum 35 — 1. festhalten 2. sich erstrecken 3. *jdn.* betreffen, angehen auctor, ōris *m.* 31 — 1. Urheber; Veranlasser 2. Stammvater

auctum 33 — → augēre

audāx (*Gen.* audācis) 24 — kühn: 1. frech 2. mutig

audēre, audeō 22 — wagen

audīre 3 — hören

augēre, augeō, auxī, auctum 13, 33 — vergrößern

auris, is *f.* (*Gen. Pl.* aurium) 29 — Ohr

aurum, ī 21 — Gold

aut 16 — oder

autem 5 — aber

auxī 13 — → augēre

auxilium, ī 7 — Hilfe

avārus, a, um 34 — habsüchtig; gierig

avis, is *f.* (*Gen. Pl.* avium) 29 — Vogel

avus, ī — Großvater

barbarus, a, um 17 — 1. ausländisch 2. unzivilisiert

bellum, ī 12 — Krieg

bene (*Adv.*) 17 — gut

beneficium, ī 13 — Wohltat

bēstia, ae 2 — Tier; Raubtier

bibere, bibō, bibī 23 — trinken

bona, ōrum *n. Pl.* 7 — Hab und Gut; Besitz

bonum, ī 7 — das Gute

bonus, a, um 3 — gut

brevis, e 33 — kurz

caedere, caedō, cecīdī, caesum 31 — fällen; niederhauen; töten

calamitās, tātis *f.* 13 — Unglück; Schaden

callidus, a, um 33 — schlau; geschickt

campus, ī 4 — Feld; freier Platz

cantāre 4 — singen

caper, caprī 1 — Ziegenbock

capere, capiō, cēpī, captum 8, 17, 25 — »packen«: 1. erobern 2. nehmen 3. erhalten

captīvus, ī 19 — Gefangener

caput, capitis *n.* 32 — 1. Kopf 2. Hauptstadt

carmen, carminis *n.* 4 — Lied; Gedicht; Gebet

carpere, carpō, carpsī 22 — pflücken; abreißen

carrus, ī 2 — Karren

cārus, a, um 10 — 1. teuer; wertvoll 2. lieb

castra movēre 31 — aufbrechen

castra pōnere 31 — ein Lager aufschlagen

castra, ōrum *n. Pl.* 31 — Lager (Sg.)

cāsū 24 — zufälligerweise

cāsus, ūs *m.* 24 — Fall; Zufall; Ereignis

causa, ae 20 — »Motiv; Beweg-grund«: 1. Grund; Ursache 2. (juristisch:) Fall; Prozess 3. (allg.:) Sache

cavēre (+ *Akk.*) 19 — sich *vor etw.* hüten

cēdere, cēdō, cessī, cessum 26 — gehen; weichen; nachgeben

celer, celeris, celere 26 — schnell

cēnsēre 9 — 1. meinen 2. beschließen

cēpī 17 — → capere

cernere, cernō, crēvī, crētum 21, 31 — wahrnehmen; sehen; bemerken

certāre 27 — streiten; (wett-)kämpfen

certē (*Adv.*) 3 — sicherlich

cēterī, ae, a 27 — die anderen; die übrigen (*adj.*); die Übrigen (*subst.*)

cibus, ī 2 — Nahrung; Speise; Futter

cinis, cineris *m.* 25 — Asche

circumdare, -dō, -dedī 20 — umgeben

cīvis, is *m.* 17 — Bürger

clādēs, is *f.* 14 — 1. Niederlage 2. Katastrophe

clam (*Adv.*) 23 — heimlich

clāmāre 2 — rufen; schreien

clāmor, ōris *m.* 7 — Geschrei

clārus, a, um 6 — 1. hell; strahlend 2. berühmt

claudere, claudō, clausī, clausum 25 — (ab-/ein-)schließen

coepī — → incipere

cognōscere, cognōscō, cognōvī, cognitum 20, 26 — kennenlernen; erkennen

colere, colō, coluī, cultum 16, 31 — »sich intensiv beschäftigen mit«: 1. bewirtschaften 2. pflegen 3. verehren

committere, -mittō, -mīsī, -missum 32 — 1. veranstalten 2. überlassen; anvertrauen

commovēre, -moveō, -mōvī, -mōtum 28 — (innerlich) bewegen; veranlassen

comparāre 27 — 1. beschaffen 2. vergleichen

comperīre, comperiō, comperī 14 — erfahren

complēre, -pleō, -plēvī 13 — anfüllen

complūrēs, ium 25 — mehrere; einige

comprehendere, -prehendō, -prehendī 8, 17 — 1. ergreifen; festnehmen 2. begreifen

conclūdere, -clūdō, -clūsī, -clūsum 34 — 1. schließen 2. folgern

condere, condō, condidī 20 — 1. gründen; erbauen 2. verwahren; verstecken

conicere, -icio, -iēcī, -iectum 29 — 1. (zusammen)werfen 2. folgern; vermuten

coniūnx, coniugis *m./f.* 16 — Ehemann/Ehefrau

cōnsīdere, -sido, -sēdī 22 — sich setzen; sich niederlassen

cōnsistere in (+ Abl.) 31 — bestehen aus

cōnsistere, -sistō, -stitī, – 31 — 1. sich aufstellen 2. stehenbleiben

cōnstat (+ AcI) 9 — es steht fest, dass

cōnstituere, -stituō, -stituī, -stitūtum 30 — wie *statuere* (vgl. Lektion 26): 1. aufstellen 2. festsetzen; beschließen

cōnsuetūdō, tūdinis *f.* 31 — Gewohnheit

cōnsul, is *m.* 17 — Konsul

cōnsūmere, -sūmō, -sūmpsī, -sūmptum 33 — verbrauchen; verwenden

contendere, -tendō, -tendī, -tentum 14, 26 — »sich anstrengen«: 1. kämpfen 2. eilen 3. behaupten

contingere, -tingō, -tigī 22 — 1. berühren 2. gelingen 3. zuteil werden

contrā (+ Akk.) 12 — gegen

convenīre, -veniō, -vēnī 15 — »zusammenkommen«: 1. *jmdn.* treffen 2. sich einigen

convīvium, ī 31 — Gastmahl; Fest

cōpia, ae 14 — 1. Menge; Vorrat 2. Möglichkeit; *Pl.:* Truppen

cor, cordis *n.* 16 — Herz

corpus, corporis *n.* 5 — Körper

crās *(Adv.)* 16 — morgen

creāre 23 — erschaffen; wählen

crēber, crēbra, crēbrum 32 — zahlreich; häufig

crēdere, crēdō, crēdidī 14 — 1. glauben 2. anvertrauen

crēscere, crēscō, crēvī, crētum 31 — wachsen

crūdēlis, e 32 — grausam

crūdēlitās, tātis *f.* 32 — Grausamkeit

culpa, ae 21 — Schuld

cultum 16 — → colere

cum (+ Abl.) 5 — mit

cum (+ Ind.) 15 — als; immer, wenn

cum (+ Konj.) 22 — 1. *(temporal)*: als; nachdem 2. *(kausal)*: weil 3. *(konzessiv)*: obwohl

cupere, cupiō, cupīvī 2, 13 — wünschen; wollen

cupiditās, tātis *f.* 10 — Begierde (nach *etw.*); Leidenschaft

cupidus, a, um (+ Gen.) 10 — gierig (auf *etw.*)

cūr? 1 — warum?

cūra, ae 20 — Sorge; Pflege

cūrāre 2 — 1. behandeln; pflegen 2. sich *um etw.* kümmern; sorgen *(für)*

currere, currō, cucurrī, cursum 2, 23, 28 — laufen; eilen

cursus, ūs *m.* 29 — Lauf; Kurs

dare, dō, dedī, datum 4, 13, 27 — geben

dē (+ Abl.) 6 — von *etw.* herab; von *etw.* weg; über *etw.*

dea, ae 16 — Göttin

dēbēre 1 — 1. müssen 2. schulden 3. verdanken

dēcernere. dēcernō, dēcrēvī, dēcrētum 27 — entscheiden; beschließen

decet (+ Inf./AcI) 23 — es gehört sich *für jdn., etw. zu tun*

dēcidere, -cidō, -cidī, – 25 — herabfallen

sē dēdere, dēdō, dēdidī (+ Dat.) 18 — sich *jmdm.* ausliefern; sich *einer Sache* widmen

dedī 13 — → dare

dēfendere, dēfendō, dēfendī 24 — verteidigen; abwehren

deinde *(Adv.)* 25 — dann; darauf

dēlectāre 6 — erfreuen; *jmdm.* Spaß machen

dēlēre, dēleō, dēlēvī, dēlētum 7, 13, 25 — zerstören

dēlīberāre 12 — überlegen

dēmōnstrāre 11 — (deutlich) zeigen; beweisen

dēmum *(Adv.)* 26 — endlich

dēnique *(Adv.)* 8 — zuletzt; schließlich

dēpōnere, -pōnō, -posuī, -positum 26 — 1. ablegen 2. aufgeben

dēscendere, -scendō, -scendī 20 — herabsteigen

dēsinere, -sinō, -siī 3, 14 — aufhören

dēspērāre 13 — verzweifeln

deus, ī 4 — Gott

dīcere, dīcō, dīxī, dictum 2, 13, 26 — sagen

didicī 18 — → discere

diēs, diēī *m.* 24 — Tag

differre, differō, distulī, dīlātum 31 — 1. auseinandertragen 2. aufschieben *(zeitl.)* 3. (sich) unterscheiden

difficilis, e 27 — schwierig

dignus, a, um (+ Abl.) 10 — *einer Sache* würdig

dīligere, dīligō, dīlēxī 16 — schätzen; lieben

discere, discō, didicī 18 — lernen; erfahren

discipulus, ī 18 — Schüler

diū *(Adv.)* 9 — lange *(zeitl.)*

dīves (Gen. dīvitis, Abl. dīvite) 33 — reich

dīvitiae, ārum *Pl.* 33 — Reichtum *(Sg.)*

dīxī 13	→ dīcere
docēre, doceō, docuī 20	lehren; unterrichten
doctus, a, um 18	gelehrt; gebildet
dolor, dolōris *m.* 17	Schmerz
dolus, ī 5	List
domina, ae 1	Herrin
dominus, ī 1	Herr; Hausherr
domī *(Adv.)* 33	zu Hause
domō *(Adv.)* 16	von zu Hause
domum *(Adv.)* 15	nach Hause
domus, ūs *f.* (*Abl. Sg.* domō, *Gen. Pl.* domōrum, *Akk. Pl.* domōs) 25	Haus
dōnāre 33	(be)schenken
dōnum, ī 2	Geschenk
dōs, dōtis *f.* 15	Mitgift
dubitāre 27	1. zögern 2. (be)zweifeln
dūcere, dūcō, dūxī, ductum 12, 15, 30	1. führen 2. meinen; für *etw.* halten
dulcis, e 18	süß; angenehm
dum *(+ Ind. Präs.)* 18	während
duo, duae, duo 16	zwei
dūrus, a, um 20	hart; beschwerlich
dux, ducis *m.* 31	(Heer-)Führer
dūxī 15	→ dūcere
ē, ex *(+ Abl.)* 5	aus *etw.* heraus; von *etw.* her
ecce! *(indekl.)* 3	sieh/seht da! da ist
ēducāre 33	erziehen
effugere, -fugiō, -fūgī 19	entfliehen
ēgī 13	→ agere
egō 6	ich
ēgregius, a, um 27	hervorragend
ēlegāns (*Gen.* ēlegantis) 18	geschmackvoll
ēloquentia, ae 18	Beredsamkeit
emere, emō, ēmī, ēmptum 3, 33	kaufen
ēmittere, -mittō, -mīsī, -missum 25	hinausschicken
enim *(nachgestellt)* 23	nämlich; denn
eques, equitis *m.* 10	1. Reiter 2. Ritter
equus, ī 8	Pferd
ergō 10	also
ēripere, -ripiō, -ripuī 14	entreißen
errāre 3	sich irren; umherirren
ēruptiō, tiōnis *f.* 25	Ausbruch
esse, sum, fuī 1, 12	1. sein 2. *als Vollverb:* existieren; vorhanden sein (»es gibt«)
et … et 17	sowohl … als auch
et 1	1. und 2. auch

Et quod nōmen est tibī?	Und wie heißt du?
etiam 1	auch
etiamsī 6	auch wenn
etsī 29	auch wenn, obwohl
ēvenīre, -veniō, -vēnī, -ventum 30	1. herauskommen 2. sich ereignen
bene ēvenīre 30	ein gutes Ende nehmen; gut ausgehen
ēvertere, -vertō, vertī, -versum 32	1. umkehren; umstürzen 2. zerstören; vernichten
ex *(+ Abl.)* 5	aus *etw.* heraus; von *etw.* her
excipere, -cipiō, -cēpī, -ceptum 31	1. aufnehmen 2. eine Ausnahme machen
excitāre 26	antreiben; ermuntern; wecken
exercitus, ūs *m.* 24	Heer
exīre, -eō, -iī 16	hinausgehen
exīstimāre 28	einschätzen; meinen
exspectāre 1	(er)warten
exstinguere, -stinguō, -stīnxī, -stīnctum 13, 25	auslöschen; vernichten
fābula, ae 11	Geschichte; Erzählung
facere, faciō, fēcī, factum 9, 13, 30	tun; machen
faciēs, faciēī *f.* 24	1. Gesicht 2. Gestalt
facinus, facinoris *n.* 35	Tat; Untat; Verbrechen
fāma, ae 13	(guter/schlechter) Ruf; Gerücht
familia, ae 3	Hausgemeinschaft; Familie; Sklavenschar
familiāris, e 34	vertraut; eng befreundet; *als Substantiv:* Freund
fātum, ī 19	Götterspruch; Schicksal
favēre, faveō, fāvī, fautum *(+ Dat.)* 27	*jdm.* geneigt sein
fēcī 13	→ facere
ferre, ferō, tulī, lātum 29	1. tragen 2. ertragen 3. berichten (*im Passiv:* man erzählt)
ferus, a, um 24	wild
fidēs, eī *f.* 32	1. Vertrauenswürdigkeit; Vertrauen; Treue 2. Glaube
fīdus, a, um 11	treu
fīlia, ae	Tochter
fīlius, ī	Sohn
fingere, fingō, fīnxī 22	1. gestalten 2. sich *etw.* ausdenken
fīnis, is *m.* 12	1. Grenze (*im Pl. auch* Gebiet); Ende 2. Ziel; Zweck
flamma, ae 7	Flamme; Feuer
flēre, fleō, flēvī 4, 13	(be)weinen

flōs, flōris *m.* 22 | Blume
flūmen, flūminis *n.* 11 | Fluss
foedus, a, um 32 | scheußlich; abstoßend
forās *(Adv.)* 26 | heraus; hinaus
fōrma, ae 16 | Form; Gestalt; Schönheit
fortasse *(Adv.)* 6 | vielleicht
fortis, e 20 | stark; tapfer
fortūna, ae 3 | Zufall; Glück; Schicksal
forum, ī 10 | Forum; Marktplatz
frangere, frangō, frēgī, frāctum 35 | zerbrechen *(transitiv, also: etwas kaputt machen)*
frāter, frātris *m.* 4 | Bruder
frūmentum, ī 2 | Getreide
fūdī 14 | → fundere
fugere, fugiō, fūgī 17 | fliehen
fuī 12 | → esse
fundere, fundō, fūdī 7, 14 | 1. (ver)gießen 2. zerstreuen; in die Flucht schlagen
furor, furōris *m.* 32 | Wut; Raserei
gaudēre *(+ Abl.)* 5 | sich (über *etw.*) freuen
gaudium, ī 9 | Freude
gēns, gentis *f.* 12 | 1. (vornehme) Familie; Geschlecht 2. Volk; Stamm
genus, generis *n.* 20 | Abstammung; Geschlecht; Art
gerere, gerō, gessī, gestum 27 | tragen; führen; ausführen
bellum gerere 27 | Krieg führen
Germānus, ī 14 | Germane
gladius, ī 5 | Schwert
gessī 27 | → gerere
gestum 27 | → gerere
glōria, ae 27 | Ruhm; Ehre
Graecus, a, um 15 | griechisch
Graecus, ī 15 | Grieche
grātia, ae 13 | *Positives Verhältnis zwischen Menschen:* 1. Ausstrahlung 2. Beliebtheit; Sympathie 3. Gefälligkeit 4. Dank
grātiās agere 13 | danken
gravis, e 20 | schwer; ernst; wichtig
habēre 8 | haben
habitāre 1 | (be)wohnen
habitus, ūs *m.* 27 | 1. Haltung; Zustand; Aussehen 2. Kleidung
haerēre 11 | hängen; stecken bleiben
haud *(Adv.)* 11 | nicht; nicht gerade
herba, ae 2 | Gras; Pflanze
herī *(Adv.)* 15 | gestern
hīc *(Adv.)* 1 | hier
hic, haec, hoc 29 | dieser, diese, dieses

hiems, hiemis *f.* 30 | Winter
hinc *(Adv.)* 35 | von hier
hodiē *(Adv.)* 5 | heute
homō, hominis *m.* 4 | Mensch; *Pl.:* die Leute
honestus, a, um 15 | ehrenhaft; angesehen
honōs, honōris *m.* 17 | Ehre; Ehrenamt
hōra, ae 5 | Stunde
hortus, ī 8 | Garten
hospes, hospitis *m.* 15 | Fremder; Gast
hostia, ae 4 | Opfertier
hostis, is (*Gen. Pl.* hostium) 21 | Feind
hūmānitās, tātis *f.* 18 | Menschlichkeit; Bildung
iacēre 5 | liegen
iactāre 28 | werfen; schleudern
iam *(Adv.)* 1 | schon
iānua, ae 34 | Tür; Eingang
ibī *(Adv.)* 2 | dort
idōneus, a, um 10 | geeignet (für *etw.*)
igitur *(nachgestellt)* 23 | also; folglich
īgnōrāre 9 | nicht kennen; nicht wissen
nōn īgnōrāre 9 | genau kennen; genau wissen
ille, illa, illud 29 | jener, jene, jenes
imāgō, ginis *f.* 22 | Bild; Abbild
immō 23 | nein, vielmehr; ja, sogar
immolāre 4 | opfern
imperātor, ōris *m.* 4 | 1. Oberbefehlshaber 2. Kaiser; Herrscher
imperium, ī 27 | 1. Befehl 2. Herrschaft 3. Reich
impetus, ūs *m.* 24 | Angriff; Schwung
implōrāre 4 | *jmdn.* anflehen
impōnere, -pōnō, -posuī 20 | auferlegen
imprīmīs *(Adv.)* 6 | vor allem
imprōvīsus, a, um 25 | unvorhergesehen
impūne *(Adv.)* 35 | ungestraft, straflos
in *(+ Abl.)* 5 | in *etw.* (wo?); an; auf; bei
in *(+ Akk.)* 4 | 1. in *etw.* hinein (wohin?) 2. nach; gegen; zu
inānis, e 20 | leer; wertlos
incendere, incendō, incendī, incēnsum 29 | in Brand stecken
incendium, ī 7 | Brand
incipere, incipiō, coepī, coeptum 5, 18, 30 | anfangen
incitāre 2 | 1. erregen 2. antreiben
incola, ae *m.* 25 | Einwohner
incolumis, is, e 29 | unverletzt, wohlbehalten
inde *(Adv.)* 30 | 1. von dort 2. seitdem; daraufhin 3. daher; deshalb
indignus, a, um *(+ Abl.)* 14 | *einer Sache* unwürdig

īnferī, ōrum 20	Unterirdische; Bewohner der Unterwelt
īnferior, inferius (*Gen.* īnferiōris) 29	der untere
ingēns (*Gen.* ingentis) 20	riesig; ungeheuer
inīquus, a, um 3	1. ungleich 2. ungerecht
innocentia, ae 32	Unschuld
inquit 8	er, sie, es sagt(e)
īn-sānus, a, um 34	unvernünftig; verrückt
īnspicere, -spiciō, -spexī, -spectum 35	besichtigen; hineinschauen
īnsula, ae 18	1. Insel 2. Wohnblock
intellegere, intellegō, intellēxī 10, 15	bemerken; verstehen
interesse, -sum, -fui, – 33	1. dazwischenliegen 2. dabei sein; teilnehmen 3. (*+ Gen.*) es ist für *jdn.* wichtig 4. es besteht ein Unterschied zwischen
interficere, -ficiō, -fēcī, -fectum 28	töten
interim (*Adv.*) 26	inzwischen
interīre, -eō, -iī, -itum 34	untergehen; umkommen
intermittere, -mittō, -mīsī, -missum 30	unterbrechen
intrā (*+ Akk.*) 25	innerhalb von *etw.*
intrāre 1	eintreten; betreten
invenīre, -veniō, -vēnī, -ventum 2, 14, 28	(er)finden
invītāre 12	einladen
ipse, ipsa, ipsum (*Gen.* ipsīus) 31	1. selbst 2. *betonend:* persönlich; eben; genau; gerade
īra, ae 9	Zorn
īre, eō, iī, itum 11, 18, 26	gehen
is, ea, id 10	der; dieser; er
iste, ista, istud (*Gen.* istīus) 32	dieser (da)
ita (*Adv.*) 2	so
itaque 8	deshalb
iter, itineris *n.* 20	Weg; Marsch; Reise
iterum 6	wiederum; noch einmal
iterum atque iterum 7	immer wieder
iubēre, iubeō, iussī, iussum 9, 15, 26	befehlen
iūcundus, a, um 16	angenehm
iūdicāre 27	1. (als etwas) beurteilen 2. entscheiden
Iuppiter, Iovis 21	Jupiter
iussū (*+ Gen.*) 20	auf *jmds.* Befehl
iussī 15	→ iubēre
iūstus, a, um 21	gerecht

iuvāre, iuvō, iūvī 7, 16	1. unterstützen; helfen 2. erfreuen
iuvenis, is *m./f.* 26	jung; *Subst.:* junger Mann/ junge Frau
labor, labōris *m.* 29	1. Anstrengung 2. Arbeit
labōrāre 9	1. sich bemühen; arbeiten 2. in Not sein; leiden
lacus, ūs *m.* 24	See
laedere, laedō, laesī, laesum 28	verletzen; beleidigen
laetus, a, um 4	fröhlich
lapis, lapidis *m.* 25	Stein
latēre 28	versteckt sein
lātum 29	→ ferre
laudāre 18	loben
laus, laudis *f.* 18	Lob; Ruhm
legere, legō, lēgī 15	1. sammeln; auswählen 2. lesen
legiō, legiōnis *f.* 14	Legion
libenter (*Adv.*) 9	gern
līber, lībera, līberum 19	frei
līberāre 29	befreien
līberī, ōrum 1	Kinder
lībertās, tātis *f.* 23	Freiheit
licet (*+ Inf.*) 2	es ist erlaubt
līgnum, ī 28	Holz
littera, ae 15	Buchstabe; *Pl.:* »Geschriebenes«: 1. Brief 2. Wissenschaften 3. Literatur
lītus, lītoris *n.* 22	Strand; Küste
locus, ī 18	Ort
longus, a, um 28	lang
lucrum, ī 7	Gewinn
lūdere, lūdō, lūsī 9, 22	spielen
lūdus, ī 6	1. Spiel 2. Wettkampf 3. Schule
lūx, lūcis *f.* 32	Licht
magis (*Adv.*) 8	mehr
magnitūdo, dinis *f.* 28	Größe
magnus, a, um 4	1. groß 2. bedeutend
malus, a, um 3	schlecht; böse
manēre, maneō, mānsī, mānsum 33	bleiben; (er)warten
manus, ūs *f.* 24	1. Hand 2. Gruppe
mare, maris *n.* (*Abl. Sg.* marī, *Nom. Pl.* maria) 20	Meer
marītus, ī 6	Ehemann
māter, mātris *f.*	Mutter
maximē (*Adv.*) 8	am meisten; sehr; besonders

maximus, a, um 27	1. der größte 2. sehr groß; sehr bedeutend
mēcum 8	mit mir
medius, a, um 21	der mittlere (räuml. u. zeitl.); Mittel-
melior, melius (Gen. meliōris) 18	besser
meminisse, meminī (+ Gen./Akk.) 24	sich erinnern an (im Dt. Präsens, im Lat. Perfekt-formen!)
mēnsis, is m. 34	Monat
mercātor, ōris m. 7	Kaufmann
merx, mercis f. 7	Ware
metuere, metuō, metuī, – 16	(sich) fürchten
metuere, nē (+ Konj.) 23	fürchten, dass (ohne Verneinung)
metus, ūs 26	Furcht; Besorgnis
meus, a, um 7	mein
Mihī nōmen est …	Ich heiße …
mīles, mīlitis m. 14	Soldat
mīlitāris, e 31	militärisch; Kriegs-…
minimē (Adv.) 10	ganz und gar nicht; am wenigsten
minimus, a, um 32	der kleinste, sehr klein
mīrus, a, um 21	1. merkwürdig; erstaunlich 2. wunderbar
miser, misera, miserum 3	bedauernswert; unglücklich
mīsī 24	→ mittere
miseria, ae 7	Unglück
mittere, mittō, mīsī, missum 24, 28	schicken
modo (Adv.) 14	1. nur 2. gerade eben (noch)
modus, ī 17	Art (und Weise)
monēre 10	(er)mahnen
mōns, montis m. 20	Berg
mōnstrum, ī 24	1. Ungeheuer 2. göttliches Zeichen
mortālis, e 29	sterblich als Substantiv: Mensch
mortuus, a, um 9	tot
mōs, mōris m. 23	Sitte; Brauch; Pl. auch: Charakter
mōtus, ūs m. 25	1. Bewegung 2. Erregung 3. Aufruhr
movēre, moveō, mōvī, mōtum 2, 17, 28	1. bewegen 2. beeindrucken
mox (Adv.) 15	bald
mulier, ris f. 7	Frau
multī, ae, a 3	viele
multum (Adv.) 12	1. viel; sehr 2. oft
mūnīre 30	befestigen

mūrus, ī 13	Mauer
nam 9	denn
nārrāre 11	erzählen
nātiō, tiōnis f. 14	Volk; Volksstamm
nātūra, ae 30	Natur; Beschaffenheit
nauta, ae m. 29	Seemann
nāvis, is f. 19	Schiff
nē (+ Konj.) 23	dass nicht; damit nicht
timēre/metuere, nē (+ Konj.) 23	fürchten, dass (ohne Verneinung)
-ne …? 6	Fragepartikel
necāre 11	töten
necesse est (+ Inf.) 2	es ist notwendig
nefārius, a, um 28	gottlos; verbrecherisch
neglegere, neglegō, neglēxī, neglēctum 10, 17, 25	1. nicht beachten; miss-achten 2. vernachlässigen
negōtium, ī 1	1. Arbeit; Aufgabe 2. Geschäft; Handel
nēmō, nēminis 19	niemand
neque … neque 8	weder … noch
neque 8	und nicht; aber nicht
nescīre, nesciō, nescīvī, nescītum 15, 27	nicht wissen
nihil 13	nichts
nihil nisī 21	nichts außer; nur
nimis (Adv.) 30	zu sehr; zu (+ Adj.)
nisī 21	wenn nicht
nihil nisī 21	nichts außer; nur
nōbilis, e 18	berühmt; adlig
nōlle, nōlō, nōluī 15	nicht wollen
nōmen, nōminis n.	Name
nōn 1	nicht
nōn iam 3	nicht mehr
nōn sōlum …, sed etiam 6	nicht nur …, sondern auch
nōnne …? 6	etwa nicht? (man erwartet die Antwort: doch)
nōnnūllī, ae, a 31	einige; manche
nōs 6	wir
noster, nostra, nostrum 7	unser
nostrī, ōrum 14	unsere Leute; die Unsrigen
nōtus, a, um 11	bekannt
novus, a, um 10	neu
nox, noctis f. 25	Nacht
nūbere, nūbō, nūpsī (+ Dat.) 15	heiraten
nūllus, a, um 6	kein; keiner
num …? 6	denn; etwa? (man erwartet die Antwort: nein)
nūmen, nūminis n. 31	göttliche Macht; Gottheit
numquam (Adv.) 10	niemals

nunc *(Adv.)* 4	jetzt; nun
nūntiāre 33	melden; verkünden
nūntius, ī 17	Bote; Nachricht
nūper *(Adv.)* 13	kürzlich
nūpsī 15	→ nūbere
nūptiae, ārum 15	Hochzeit
ob *(+ Akk.)* 28	wegen
obscūrus, a, um 25	1. dunkel 2. unklar
obsecrāre 24	anflehen; beschwören
obses, obsidis *m./f.* 19	Geisel
obtinēre, -tineō, -tinuī 23	innehaben; (besetzt) halten
occīdere, occīdō, occīdī, occīsum 34	niederhauen; töten
occultāre 28	verstecken
occultus, a, um 32	verborgen; geheim
octōgintā *(indekl.)* 35	achtzig
oculus, ī 16	Auge
offendere, offendō, offendī, offēnsum 33	anstoßen; verletzen; beleidigen
officium, ī 9	Dienst; Pflicht(erfüllung)
omnīnō *(Adv.)* 25	überhaupt; ganz und gar
omnis, e 18	1. jeder 2. ganz *Pl.:* alle
oportet 14	es gehört sich; es ist nötig
oppidum, ī 19	Stadt; befestigte Siedlung
opprimere, -primō, -pressī, -pressum 19, 25	1. bedrohen; niederdrücken 2. überfallen
oppūgnāre 21	angreifen
ops, opis *f.* 16	Kraft; Hilfe; *Pl.:* Macht; Streitkräfte; Reichtum
optāre 23	wünschen
optimus, a, um 16	der beste; sehr gut
opus est *(+ Abl.)* 13	man braucht; es ist nötig
ōrāre 16	bitten
ōrātiō, tiōnis *f.* 18	Rede
orbis, is *m.* 19	Kreis
orbis terrārum 19	Erdkreis
ōrnāmentum, ī 10	Schmuck
ōs, ōris *n.* 16	Mund; Gesicht
ōsculum, ī 22	Kuss
ostendere, ostendō, ostendī, ostentum 30	zeigen
ōstium, ī 33	Mündung; Eingang
ōtium, ī 16	1. Ruhe 2. freie Zeit 3. Frieden
paene *(Adv.)* 31	fast
paenitet *(+ Akk.)* *(+ Gen. der Sache)* 35	es reut *jdn. einer Sache*
palūs, palūdis *f.* 30	Sumpf
pānis, is *m.* 10	Brot
pār *(Gen. paris)* 18	gleich

parāre 12	(vor)bereiten
parcere, parcō, pepercī *(+ Dat.)* 21	1. *etw./jdn.* schonen; auf *jdn.* Rücksicht nehmen 2. sparen
parentēs *m. Pl.* 31	Eltern
pārēre 1	gehorchen
parere, pariō, peperī 11, 16	1. gebären 2. hervorbringen; erwerben
pars, partis *f.* 24	Teil; Seite
parum *(Adv.)* 26	zu wenig; wenig
pater, patris *m.*	Vater
patria, ae 17	Heimat
pauper *(Gen.* pauperis, *Abl.* paupere*)* 34	arm
pāx, pācis *f.* 4	Friede
peccāre 34	einen Fehler machen; sündigen
pectus, pectoris *n.* 22	1. Brust 2. Herz 3. Seele
pecūnia, ae 10	Geld
pecus, pecoris *n.* 8	Vieh
pellere, pellō, pepulī 24	1. stoßen; schlagen 2. vertreiben
pepercī 21	→ parcere
peperī 16	→ parere
pepulī 24	→ pellere
per *(+ Akk.)* 4	1. durch; über (… hinaus) 2. während
pergere, pergō, perrēxī 14	1. weitermachen; fortsetzen 2. aufbrechen (≈ sich auf den Weg machen)
perīculum, ī 19	Gefahr
perīre, -eō, -iī, -itum 25	zugrunde gehen
perniciēs, perniciēī *f.* 24	Verderben; Untergang
persuādēre, persuādeō, persuāsī, persuāsum *(+ Dat.)* 27	1. überzeugen 2. überreden
perterrēre 28	gewaltig erschrecken
perturbāre 34	(völlig) verwirren
pervenīre, -veniō, -vēnī 17	hinkommen; erreichen
petere, petō, petīvī, petītum 5, 14, 27	[»anpeilen, anvisieren«] 1. aufsuchen; sich begeben 2. verlangen; (er)bitten 3. angreifen
pietās, tātis, *f.* 20	»Respekt«: 1. Gottesfurcht 2. Pflichtgefühl
pius, a, um 20	»respektvoll«: fromm; pflichtbewusst
plācāre 4	beruhigen
placēre 1	gefallen
placidus, a, um 22	friedlich; sanft
plēnus, a, um *(+ Gen.)* 21	voll von *etw.*
plūrēs *Pl.* 30	mehrere

plūs 13	mehr
poena, ae 19	Strafe
poenam dare 19	Strafe erleiden: für *etw.* bestraft werden; für *etw.* büßen
poēta, ae *m.* 6	Dichter
pōnere, pōnō, posuī, positum 11, 31	stellen; legen
pōns, pontis *m.* 30	Brücke
poposcī 19	→ poscere
populus, ī 5	Volk
porta, ae 20	Tor
portāre 28	tragen; bringen
poscere, poscō, poposcī, – 19	fordern
positus, a, um 31	gelegen
posse, possum, potuī, – 8, 13	können; Einfluss haben
post *(+ Akk.)* 17	nach; hinter
postquam 12	nachdem
postulāre 29	fordern
pōtāre 35	trinken; saufen
potestās, tātis *f.* 32	1. Amtsgewalt 2. Macht 3. Möglichkeit
potuī 13	→ posse
praebēre 8	geben
sē praebēre *(+ Akk.)* 32	sich erweisen als
praeceps *(Gen.* praecipitis) 29	1. kopfüber 2. überstürzt 3. steil
praecipere, -cipiō, -cēpī, -ceptum 29	vorschreiben; belehren
praeclārus, a, um 14	hochberühmt; ausgezeichnet
praedicāre 18	laut verkünden; rühmen
praeesse, -sum, -fuī *(+ Dat.)* 24	an der Spitze stehen; *jdn.* kommandieren; *etw.* verwalten
praemium, ī 27	Belohnung
praesēns *(Gen.* praesentis) 31	anwesend; gegenwärtig
praestāre, -stō, -stitī, -stitum 27	1. *mit Dat.:* (»vor *jdm.* stehen«) → *jdn.* übertreffen 2. *mit Akk.:* etw. geben; *etw.* leisten
sē praestāre, -stō, -stitī, -stitum 34	sich zeigen; sich erweisen als
praeter *(+ Akk.)* 13	außer
praetor, ōris *m.* 17	Prätor
precēs, precum *Pl. f.* 28	Bitten; Gebet
pretium, ī 10	Preis; Lohn
prīmō *(Adv.)* 22	zuerst; anfangs
prīmum *(Adv.)* 16	zuerst; zum ersten Mal
prīmus, a, um 21	der erste; der wichtigste
prīnceps, prīncipis *m.* 32	der erste; der vornehmste; *Subst.:* Kaiser

prō *(+ Abl.)* 17	1. vor 2. für; an Stelle von *etw.* 3. im Verhältnis zu *etw.*
probus, a, um 3	tüchtig; anständig; gut
prōcēdere, -cēdō, -cessī, -cessum 30	1. vorrücken 2. Fortschritte machen
procul *(Adv.)* 28	von fern; weit weg
profectō *(Adv.)* 10	in der Tat; sicherlich
prōferre, -ferō, -tulī, lātum 30	1. vorwärtstragen 2. erweitern
prohibēre, -hibeō, -hibuī, -hibitum 25	fernhalten; abhalten; hindern
prōmittere, -mittō, -mīsī, -missum 15, 27	versprechen
properāre 8	eilen; sich beeilen
prōpōnere, -pōnō, -posuī 19	vorlegen; vorschlagen
propter *(+ Akk.)* 16	wegen
pūblicus, a, um 32	öffentlich; staatlich
puella, ae 3	Mädchen
puer, puerī 3	Junge
pūgna, ae 5	Kampf; Schlacht
pūgnāre 5	kämpfen
pulcher, pulchra, pulchrum 3	schön
pulchritūdō, dinis *f.* 27	Schönheit
pūnīre 28	bestrafen
putāre 9	1. glauben; meinen 2. für *etw.* halten
quā dē causā 20	aus welchem Grund? weshalb? (*rel. Satzanschluss:* deshalb)
quā rē/quārē 23	weshalb? (*rel. Satzanschluss:* deshalb)
quadrāgintā *(indekl.)* 33	vierzig
quaerere, quaerō, quaesīvī, quaesītum 8, 15, 26	suchen
quaerere ex *(+ Abl.)* 8	*jmdn.* fragen
quam 13	als; wie
quam ob rem 31	warum? weshalb? (*rel. Satzanschluss:* deshalb)
quamquam 11	obwohl
quamvīs *(+ Konj.)* 26	obwohl; wenn auch
quandō *(Adv.)* 15	wann
quantopere *(Adv.)* 34	wie sehr
quantum 34	wie viel; wieweit; so viel; so sehr
quārtus, a, um 35	der vierte
-que 10	und
quī, quae, quod 19	der, die, das (*Relativpronomen)*
quia 5	weil
quid? 10	was?

quīdam, quaedam, quoddam 33	jemand; ein gewisser
quidem *(Adv.)* 22	allerdings
quidquid 28	was auch immer
quiētus, a, um 25	ruhig
quīnque *(undekl.)* 24	fünf
quīntus, a, um 35	der fünfte
quis? 22	wer?
quod 6	weil
quōmodo 15	wie
quoque *(nachgestellt)* 3	auch
rapere, rapiō, rapuī 12, 17	rauben; (weg)reißen
rē vērā 11	wirklich; tatsächlich
recipere, -cipiō, -cēpī, -ceptum 14, 26	zurücknehmen; empfangen
sē recipere 14	sich zurückziehen
rēctē *(Adv.)* 19	richtig, zu Recht
rēctus, a, um 29	gerade; recht; richtig
recūsāre 35	ablehnen; zurückweisen
reddere, reddō, reddidī 17	1. zurückgeben 2. zu *etw.* machen
redīre, -eō, -iī 17	zurückgehen
redūcere, -dūcō, -dūxī 20	zurückführen
referre, -ferō, ret-tulī, re-lātum 33	1. zurückbringen; hinbringen 2. berichten
regere, regō, rēxī 19	lenken; leiten; beherrschen
rēgnum, ī 11	1. Königsherrschaft; Allein-herrschaft 2. Königreich
religiō, religiōnis *f.* 31	Ehrfurcht; Gottesverehrung
relinquere, relinquō, relīquī, relictum 2, 17, 25	1. verlassen 2. unbeachtet lassen (zurück)bleiben
remanēre, -maneō, -mānsī, – 13	
removēre, -moveō, -mōvī 13	entfernen
renovāre 35	erneuern
reparāre 13	wiederherstellen; reparieren
repellere, repellō, reppulī 14	vertreiben; zurückschlagen
reprehendere, reprehendō 8	tadeln
rēs mīlitāris *f.* 31	Kriegswesen
rēs pūblica 32	Staat; Gemeinwesen; Politik
rēs, reī *f.* 24	1. Sache; Ding 2. Angelegenheit
resistere, resistō, restitī – 5, 18	1. stehen bleiben 2. Widerstand leisten
respondēre, respondeō, respondī 8, 15	antworten
restituere, -stituō, -stituī, -stitūtum 13, 25	wiederherstellen
rēx, rēgis *m.* 11	König
rīdēre, rīdeō, rīsī 15	lachen
rogāre 8	1. fragen 2. bitten
Rōmānus, a, um 9	römisch
Rōmānus, ī 9	Römer
ruere, ruō, ruī, rutum 26	1. eilen; stürmen 2. einstürzen; herabstürzen (zer-)brechen
rumpere, rumpō, rūpī, ruptum 13, 25	
rūrsus *(Adv.)* 13	wieder
sacer, sacra, sacrum 28	heilig; *(einer Gottheit)* ge-weiht
sacerdōs, dōtis *m./f.* 4	Priester / Priesterin
sacrificium, ī 6	Opfer
saepe *(Adv.)* 16	oft
saevus, a, um 17	schrecklich
salūs, salūtis *f.* 7	1. Wohlergehen 2. Rettung
salūtem dīcere 26	grüßen
salūtāre 5	grüßen
salvē!	Sei gegrüßt! Hallo!
salvēte! 6	Seid gegrüßt! Guten Tag!
salvus, a, um 17	gesund; am Leben
sanguis, sanguinis *m.* 32	Blut
sapere, sapiō, sapīvī – 22	1. Geschmack haben 2. Verstand haben
sapiēns *(Gen.:* sapientis) 27	klug; weise; *Subst.:* der Weise
sapientia, ae 27	Klugheit; Weisheit
saxum, ī 29	Felsen
scelerātus, a, um 32	verbrecherisch; *Subst.:* Verbrecher
scelus committere 32	ein Verbrechen begehen
scelus, sceleris *n.* 32	Verbrechen
scīre, sciō, scīvī 15	wissen
sē dēdere, dēdō, dēdidī *(+ Dat.)* 18	sich *jmdm.* ausliefern; sich *einer Sache* widmen
sed 1	aber; sondern
sedēre, sedeō, sēdī, sessum 22, 27	sitzen
sēdēs, is *f.* 23	1. Sitz 2. Wohnsitz 3. Heimat
semper *(Adv.)* 2	immer
senātor, ōris *m.* 14	Senator
senex *(Gen.* senis) 33	alt; alter Mann
septem *(indekl.)* 20	sieben
sermō, sermōnis *m.* 23	1. Gespräch 2. Redeweise 3. Sprache
sērō *(Adv.)* 21	spät; zu spät
servāre 11	retten; bewahren
servus, ī	Sklave
sevērus, a, um 33	ernst; streng
sex 35	sechs
sexāgintā *(indekl.)* 34	sechzig
sextus, a, um 35	der sechste

sī 9	falls; wenn
sīc (Adv.) 11	so
sīcut (Adv.) 26	so wie
sīgnum, ī 5	1. Zeichen 2. Feldzeichen 3. Statue
silentium, ī 1	Stille; Schweigen
silva, ae 30	Wald
similis, e (+ Gen/Dat.) 21	jdm./einer Sache ähnlich
simul (Adv.) 18	zugleich; gleichzeitig
simulāre 11	vortäuschen
sīn 21	wenn aber
sine (+ Abl.) 12	ohne
singulāris, e 18	einzeln; einzigartig
socius, ī 21	Bündnispartner; Verbündeter; Kamerad
sōl, sōlis m. 31	Sonne
solēre 23	gewöhnlich tun, gewohnt sein
sōlus, a, um 12	allein
solvere, solvō, solvī, solūtum 19, 29	1. lösen 2. bezahlen
somnium, ī 34	Traum
somnus, ī 18	Schlaf
soror, ōris f. 4	Schwester
spectāre 1	betrachten; (hin)schauen
spērāre 14	hoffen
spēs, speī f. 24	Hoffnung
sponte (meā, tuā, suā …) 19	freiwillig
stāre, stō, stetī, statum 4, 18, 27	stehen
statim (Adv.) 2	sofort
statuere, statuō, statuī, statūtum 26	1. aufstellen 2. festsetzen; beschließen
stetī 18	→ stāre
studēre (+ Dat.) 15	sich bemühen (um)
studium, ī 18	Eifer; Interesse; Beschäftigung
stultus, a, um 11	dumm
sub 27	1. m. Akk.: unter etw. (wohin?) 2. m. Abl.: unter etw. (wo?); unten an etw.
subitō (Adv.) 1	plötzlich
sūmere, sūmō, sūmpsī, sūmptum 35	nehmen
summus, a, um 32	der oberste; der höchste; der letzte
superāre 17	besiegen; übertreffen
superior, superius (Gen. superiōris) 29	der obere

supplicium, ī 32	1. flehentliches Bitten 2. Opfer 3. Todesstrafe; Hinrichtung
suscipere, -cipiō, -cēpī, -ceptum 32	übernehmen; auf sich nehmen
sustulī 18	→ tollere
suus, a, um 7	sein/ihr
taberna, ae 7	1. Laden; Werkstatt 2. Gasthaus
tabula, ae 21	1. Brett; Tafel 2. Verzeichnis; Karte
tacēre 3	schweigen
tālis, e 23	solch ein
tam (Adv.) 6	so
tamen 9	trotzdem
tamquam (Adv.) 12	wie
tandem (Adv.) 2	endlich
tangere, tangō, tetigī, tāctum 22, 34	berühren
tantopere (Adv.) 34	so sehr
tantum (Adv.) 31	1. nur 2. so sehr; so viel
tantus, a, um 14	so groß; so viel
taurus, ī 22	Stier
tēctum, ī 25	1. Dach 2. Haus
tēlum, ī 28	Wurfgeschoss
temperāre 23	Maß halten
templum, ī 21	Tempel
tempus, temporis n. 17	Zeit
tendere, tendō, tetendī, tentum 26	1. spannen; ausstrecken 2. streben
tenebrae, ārum 26	Dunkelheit (Sg.)
tenēre 19	halten; haben
tergum, ī 14	Rücken
terra, ae 19	Land; Erde
terrēre 19	jmdn. erschrecken
terror, terrōris m. 28	Schrecken
tertius, a, um 35	der dritte
timēre 4	(sich) fürchten (vor)
timēre, nē (+ Konj.) 23	fürchten, dass (ohne Verneinung)
timor, ōris m. 25	Furcht; Angst
toga, ae 10	Toga
tolerāre 3	ertragen
tollere, tollō, sustulī 18	1. aufheben: hochheben; 2. aufheben: beseitigen
tōtus, a, um 5	ganz; gesamt
trādere, trādō, trādidī 11, 17	1. übergeben 2. überliefern
trādūcere, -dūcō, -dūxī, -ductum 30	hinüberführen; mit dopp. Akk.: jdn. über etw. führen
trahere, trahō 2	ziehen

trāns *(+ Akk.)* 30	jenseits *einer Sache;* über *etw.* hinaus/hinüber	verbum, ī 3	Wort
trānsīre, -eō, -iī, -itum 14, 30	hinübergehen; überqueren	vērē *(Adv.)* 3	wirklich
trēs, trēs, tria 16	drei	vērō 26	aber; wirklich
tribuere, tribuō, tribuī 13	zuteilen	vertere, vertō 2	drehen; wenden
triennium, ī 33	drei Jahre	vērus, a, um 16	1. wahr 2. richtig; echt
trīgintā *(indekl.)* 35	dreißig	vester, vestra, vestrum 7	euer
trīstis, e 21	traurig	vestis, is *f.* 10	Bekleidung
triumphus, ī 21	Triumph; Siegeszug	vetus *(Gen.* veteris; *Abl.* vetere) 26	alt
tū 6	du	via, ae 26	Weg; Straße
tulī 29	→ ferre	vīcī 14	→ vincere
tum *(Adv.)* 4	dann; damals; darauf	vīcīnus, ī 35	Nachbar
turba, ae 4	1. Menschenmenge 2. Lärm; Verwirrung	victōria, ae 17	Sieg
		victum 29	→ vincere
turpis, e 31	hässlich; schändlich; (moralisch) schlecht	vīcus, ī 30	Dorf
		vidēre, videō, vīdī, vīsum 2, 17, 28	sehen
tūtus, a, um 25	sicher; geschützt		
tuus, a, um 7	dein	vigintī *(indekl.)* 19	zwanzig
ubī? 1	wo?	vīlla, ae 16	Haus
ubīque *(Adv.)* 26	überall	vincere, vincō, vīcī, victum 7, 14, 29	(be)siegen
ultimus, a, um 18	der letzte; der äußerste		
umbra, ae 20	Schatten	vinculum, ī 19	Band; Fessel
unda, ae 29	Welle	vīnum, ī 23	Wein
undique *(Adv.)* 26	von allen Seiten	vir, virī 3	Mann
ūnus, a, um 12	1. ein (einziger) 2. einzigartig	virgō, virginis *f.* 11	(junge) Frau
		virtūs, tūtis *f.* 9	*alles, was einen echten* vir *auszeichnet:* Tapferkeit; Tüchtigkeit; Tugend; Vortrefflichkeit
urbs, urbis *f.* 12	(sehr bedeutende) Stadt; Rom		
ūsque ad *(+ Akk.)* 30	bis zu	vīs *f. (Akk.* vim, *Abl.* vī; *Pl.* vīrēs, vīrium) 5	1. Kraft 2. Gewalt *Pl. auch:* Streitkräfte
ut *(+ Indikativ)* 29	wie		
ut *(+ Konj.)* 22	dass; damit; sodass	vīsum 28	→ vidēre
uterque, utraque, utrumque *(Gen.* utrīusque, *Dat.* utrīque) 35	beide *(Pl.);* jeder (von beiden) *(Sg.)*	vīta, ae 5	Leben
		vitium, ī 23	Fehler; schlechte Eigenschaft
		vīvere, vīvō, vīxī 12, 29	leben
uxor, ōris *f.* 6	Ehefrau	vīvus, a, um 34	lebendig; am Leben
valē! 26	lebe wohl!	vix *(Adv.)* 14	kaum
valēre 26	1. gesund sein 2. stark sein 3. imstande sein	vocāre 7	1. rufen 2. nennen
		volāre 12	fliegen
validus, a, um 31	stark, gesund	voluptās, tātis *f.* 14	Lust; Vergnügen
vallum, ī 30	Palisaden; Wall (mit Palisaden)	vōs 6	ihr
		vōx, vōcis *f.* 5	1. Stimme 2. Wort; Äußerung
varius, a, um 10	1. verschieden 2. bunt; vielfaltig		
		vulgus, ī *n.* 22	Volk; Menge; die große Masse
vāstus, a, um 24	1. ungeheuer weit 2. öde; wüst		
vel 16	oder		
velle, volō, voluī 15	wollen		
vēndere, vēndō 3	verkaufen		
venīre, veniō, vēnī 1, 13	kommen		
verberāre 2	prügeln		

Zeittafel

ca. 1200 v. Chr.	Zerstörung Trojas; Flucht des Aeneas (Mythos)

Königszeit

753 v. Chr.	Gründung Roms durch Romulus (Mythos)

Republik

ca. 500 v. Chr.	Vertreibung des letzten Königs Tarquinius Superbus; Entstehung der Republik
264–146 v. Chr.	drei Punische Kriege; Rom wird Vormacht im Mittelmeerraum
133–31 v. Chr.	Jahrhundert der Bürgerkriege

Kaiserzeit / Prinzipat

1. Jahrhundert

27 v. Chr.–14 n. Chr.	Alleinherrschaft des Augustus
9 n. Chr.	Schlacht im Teutoburger Wald; Niederlage des Varus gegen die Germanen
14–68 n. Chr.	Kaiser der julisch-claudischen Dynastie: Tiberius, Caligula, Claudius, Nero
69–96 n. Chr.	Kaiser der flavischen Dynastie: Vespasian, Titus, Domitian
79 n. Chr.	Ausbruch des Vesuvs

2. Jahrhundert

98–117 n. Chr.	Trajan
117–138 n. Chr.	Hadrian

3. und 4. Jahrhundert

	Beginn der Völkerwanderung; Teilung des Reichs in ein West- und ein Ostreich
284–305 n. Chr.	Diokletian
303–311 n. Chr.	große Christenverfolgung
306–337 n. Chr.	Konstantin
313 n. Chr.	Toleranzedikt erlaubt den Christen die freie Religionsausübung
380/81 n. Chr.	Kaiser Theodosius erklärt das Christentum zur Staatsreligion
476 n. Chr.	Ende des Weströmischen Reiches

Mittelalter

800 n. Chr.	Kaiserkrönung Karls des Großen
1453 n. Chr.	Untergang des Oströmischen Reiches

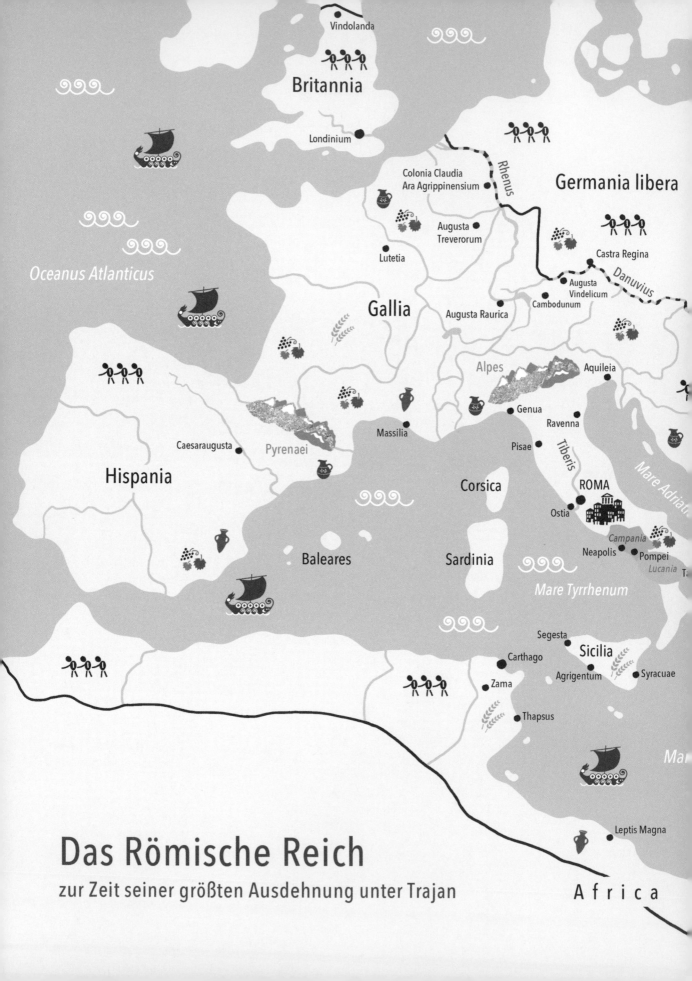

Vindolanda

Britannia

Londinium

Colonia Claudia
Ara Agrippinensium

Rhenus

Germania libera

Augusta
Treverorum

Castra Regina

Lutetia

Danuvius

Gallia

Augusta
Vindelicum

Cambodunum

Augusta Raurica

Oceanus Atlanticus

Alpes

Aquileia

Genua

Ravenna

Caesaraugusta

Pyrenaei

Massilia

Pisae

Tiberis

Corsica

ROMA

Hispania

Ostia

Mare Adriati

Campania

Neapolis

Pompei

Baleares

Sardinia

Lucania

T.

Mare Tyrrhenum

Segesta

Sicilia

Carthago

Agrigentum

Syracuae

Zama

Thapsus

Mar

Leptis Magna

Das Römische Reich
zur Zeit seiner größten Ausdehnung unter Trajan

A f r i c a

Römisches Reich

Grenzen der römischen Provinzen

Grenzen des Römischen Reichs

Flüsse

Getreide

Wein

Olivenöl

Keramik

Sklaven

Papyrus

Dacia

Danuvius

Pontus Euxinus

Bithynia

Philippi

Graecia

Troia

Mare Aegaeum

Asia

Actium

Delphi

Ephesus

Ithaka

Sparta

Athenae

Antiochia

Euphrates

Tigris

Rhodos

Syria

Cyprus

Crete

Cnossos

Tyrus

Cyrene

Alexandria

Aegyptus

Nilus

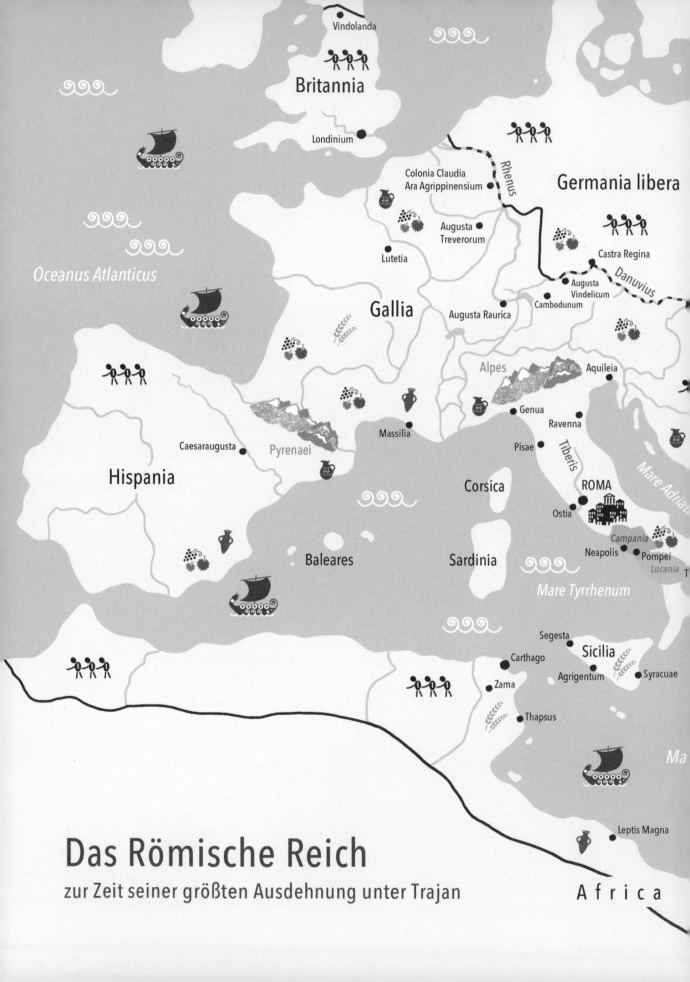

Vindolanda

Britannia

Londinium

Colonia Claudia
Ara Agrippinensium

Rhenus

Germania libera

Augusta
Treverorum

Castra Regina

Lutetia

Danuvius

Augusta
Vindelicum

Gallia

Cambodunum

Augusta Raurica

Alpes

Aquileia

Oceanus Atlanticus

Genua

Ravenna

Caesaraugusta

Pisae

Tiberis

Pyrenaei

Massilia

Corsica

ROMA

Mare Adria...

Hispania

Ostia

Baleares

Sardinia

Campania

Neapolis

Pompei

Lucania

Mare Tyrrhenum

Segesta

Sicilia

Carthago

Agrigentum

Syracuae

Zama

Thapsus

Ma...

Leptis Magna

Das Römische Reich
zur Zeit seiner größten Ausdehnung unter Trajan

A f r i c a